# 基于知识图谱的技术转移模式

## —— 研究与实践 ——

林宏权　刘柏嵩　彭　洁　主编



科学技术文献出版社
SCIENTIFIC AND TECHNICAL DOCUMENTATION PRESS
·北京·

**图书在版编目（CIP）数据**

基于知识图谱的技术转移模式研究与实践 / 林宏权，刘柏嵩，彭洁主编. —北京：科学技术文献出版社，2023. 12
ISBN 978-7-5235-1112-1

Ⅰ. ①基… Ⅱ. ①林… ②刘… ③彭… Ⅲ. ①企业管理—技术转移—研究 Ⅳ. ① F273.1

中国国家版本馆 CIP 数据核字（2023）第 241694 号

**基于知识图谱的技术转移模式研究与实践**

策划编辑：胡　群　责任编辑：赵　斌　责任校对：王瑞瑞　责任出版：张志平

出 版 者　科学技术文献出版社
地　　址　北京市复兴路15号　邮编　100038
编 务 部　（010）58882938，58882087（传真）
发 行 部　（010）58882868，58882870（传真）
邮 购 部　（010）58882873
官方网址　www.stdp.com.cn
发 行 者　科学技术文献出版社发行　全国各地新华书店经销
印 刷 者　北京时尚印佳彩色印刷有限公司
版　　次　2023 年 12 月第 1 版　2023 年 12 月第 1 次印刷
开　　本　710 × 1000　1/16
字　　数　272千
印　　张　17
书　　号　ISBN 978-7-5235-1112-1
定　　价　98.00元

# 编　委　会


**主　编**　林宏权　刘柏嵩　彭　洁

**副主编**　胡克佳　杨文智　周艳桃　王晓东　豆洪青　王　灏

**参　编**　柳文丽　潘美君　刘　鹏　陈屹宇　洪方哲　闻必峥　沈波涛　赵　燕　陈林杰　李可馨　梁　晔

# 前　言

科技成果如何迅速转化为生产力是全球关注的问题，其中技术转移是关键环节，扮演着创新主体向企业过渡的重要角色，助力企业增强核心竞争力，是我国实施创新驱动发展战略、构建自主创新链条的至关重要的一环。技术转移服务机构位于技术转移网络供需双方的中间节点，有助于加速机构间的信息、资源和技术交流。基于互联网的在线对接与交易平台构建了跨越时空、汇聚海量信息的技术转移服务模式，虽能降低技术转移的搜寻和交易成本，但智能性相对不足，服务效率和质量仍有待提升。本书主要探讨如何运用大数据、人工智能等手段赋能技术评价和技术对接，助力线上线下服务融合，带动技术转移模式创新。

本书研究利用大数据构建知识图谱，实现信息共享，强调从整体视角研究技术转移的重要性。借助大数据科学知识图谱的工具，构建以知识图谱为技术核心的技术转移新模式，通过“简化内部管理”“构建资源网络”“跨越内外边界”，解决技术转移实践中所面临的“管理”“资源”“文化”三大困境。

编者认为实现技术转移服务机构的数字化转型，关键是提升技术转移效率。通过对外源性科技成果、科技人才等信息进行大数据环境下的知识图谱分析形成技术洞察，在技术转移关键路径上智能化匹配、联结技术供需双方，解决技术交易中外生性信息的不对称问题，促使技术转移的发生，降低技术转移成本。围绕区域企业科技创新、技术转移精准对接服务需求，在事实数据、工具方法、专家智慧相结合的科技咨询工程方法论指导下，以基于大数据的技术洞察为基本思想，以知识图谱为核心技术构建技术转移智能对接服务平台，以高效的线上平台解决技术转移效率和成本问题，并结合专业的线下服务改善信息不对称性和风险不可控性。

本书是宁波市“科技创新 2025”重大专项“基于知识图谱的技术转移服务平台研发及应用”（2021Z014）的重要研究成果之一，共六章。第一章为技术转移的概念、理论和实践综述，第二章介绍知识图谱理论和技术，第三章分析基于知识图谱技术转移的新思路，第四章提出了基于知识图谱技术转移的新路径，第五章研究了基于知识图谱的技术转移服务平台构建，第六章介绍了宁波市生产力促进中心联合科技服务机构共同开展基于知识图谱技术转移创新与实践取得的阶段性成果。

本书的出版得到了宁波市科技局、北京万方软件有限公司、宁波大学、上海云孵信息科技有限公司等的大力支持，得到了宁波大学大数据智能管理研究中心王其冬、浙江赛创未来创业投资管理有限公司吴志轶富有启发的指导和帮助。本书由林宏权整体策划，由林宏权、刘柏嵩、彭洁主编，王晓东、豆洪青、王灏等负责知识图谱与技术开发部分的撰写，由潘美君、胡克佳、杨文智、周艳桃、刘鹏、陈屹宇、洪方哲、闻必峥、沈波涛、赵燕、陈林杰、李可馨等负责服务规范建设和实践应用推广部分的撰写，由柳文丽负责技术转移服务模式的梳理与撰写。对于钦蒋承、唐浩、胡测等研究生和张正锋、甘大广、张文杰等工程师在书稿写作中的付出，以及其为本书提供的宝贵原始研究材料，我们深表感谢。

本书在写作过程中直接或间接地借鉴了国内外大量的文献素材，仅对主要参考文献进行了列示，谨对本书相关参考文献所有原作者一并表示最诚挚的感谢。由于编者水平和实践的局限性，书中难免存在疏漏之处，若存在观点上的错误及偏差，欢迎各位专家和读者批评指正。

林宏权

2023 年 12 月 1 日

# 目 录

# 第一章
# 技术转移的概念、理论和实践

## 第一节　技术转移的概念与理论

### 一、技术转移的相关概念

#### （一）技术

技术（Technology）一词源自希腊语 techne（技术、技巧）和 logos（言词、说话），意为完美的技艺和演讲。对于什么是技术，由于人们对技术的研究角度和所处的技术发展过程的阶段不同，其理解也有不一样的看法。关于技术的定义最早可追溯至古希腊哲学家亚里士多德的论述，他把技术定义为人类活动的技能。亚里士多德的定义虽然简单，但是深刻地反映了技术的发展对人类社会发展的推动作用。其后，以蒸汽机为代表的第一次工业革命，以电力技术为代表的第二次工业革命，以信息技术等为代表的第三次工业革命，都是通过技术的革新给人类社会的发展带来了天翻地覆的变化。

在狄德罗主编的《百科全书》中，第一次对技术做了一个理性的定义：所谓技术就是为了完成某种特定目标而协调动作的方法、手段和规则的完整体系。马克思技术哲学则把技术当作人和自然的中介，技术是人改变自然的一种生产方式。因此，《苏联大百科全书》对于技术的定义更偏向“手段说”，即技术是为了实现生产过程和为社会的非生产需要服务而创造的人类活动手段的总和。德国的贝克曼将技术定义为指导物质生产过程的科学或工艺知识。

熊彼特在《经济发展论》中提到“发明”的概念是企业家对生产要素的新的组合。在他提及的“创新”所包含的5种情况中，强调了“采用一种尚未通过检验的新的生产方法且不需要建立在新的科学发现基础上”，这里的“新的生产方法”指的就是新技术的产生。

虽然关于技术的定义呈现出“百家争鸣”的局面，但是从各个定义的本质来看，技术和人的生产活动密不可分，技术的进步推动着生产生活方式的进步。该技术本身具有物质化、多样性、实用性等特点。物质化是指技术的来源，技术本身就是劳动能力、生产经验、实验技能和科学理论的物质化形式。无论技术类型如何，它都是以物质形式表现出来的。多样性是指可以通过技能、经验、方法来表现的各种形式的技术存在。这可以通过出版材料、信息、设计图纸等各种技术知识来完成。实用性是指各种技术知识所形成的材料，将被作为支撑载体，其最终目的是要将技术应用于社会生活中。改造自然、利用自然是技术的根本目的。技术不仅可以为生产过程提供强大的物质手段，而且可以为生产过程提供必不可少的劳动技能和经验总结。部分颠覆性的技术变革不仅对生产关系产生影响，也提高了劳动生产率，优化了社会的生产结构。

### （二）技术哲学

随着学者们对技术的研究深入，逐渐形成了技术哲学研究。法国著名学者雅克·埃吕尔构建的技术哲学体系中，认为现代社会是以技术为基础的技术社会，技术是以设计为中心的控制事物和人的方法，整个人类的社会活动都是为了服务技术的发展。并且，所有的技术都是互相作用、互相渗透、互相吸收和互为条件，正是由于技术之间的相互关联，才使得技术不断进化和提升。技术之间所形成的技术系统具有自主性，它制定自己的法则与路径，有其内在的逻辑和规律，技术进步不是个人行为和决策的结果，技术不再服从人类设定的目标。当技术化超过一定程度后，社会演变成一个由技术因素的发展而决定的社会，不是科学决定技术，而是技术决定科学。到那个时候，“人”在社会中其实是第二性的存在，人只能在技术系统内，为了技术系统的进步，按照技术的规律选择和定向，人的选择只能是在技术的判断和选择下决定。从表面上看，技术的发展让人类社会充满了力量。例如，计算机互联网技术的出现让人类更加从容不迫地面对大数据，各种智能化、数据化的交互式体验让人类的生活更加便捷。但是，是否由技术进步带来的充满力量与便利的社会生活就是自由呢？埃吕尔认为，人类恰恰因为这些技术的进步而陷入了技术系统中，受技术发展的控制。

海德格尔在《技术的追问》中提出，技术其实就是“座驾”。技术是自然界的一种“揭示手段”和“支配方式”，自然界提供技术这种“隐蔽的能量”，将人“座驾”在技术上，人就是这样被“技术”安排着，被“技术”强求着。莱顿在《作为知识的技术》一文中充分肯定了技术的知识性，认为技术的变迁其实就是知识的变迁。技术史学家乔治·巴萨拉认为，技术和技术发展的重点在于关注人造物本身，并不是科学知识，也不是技术开发群体和社会环境因素。卡尔·米切姆在《技术思考》中把技术分为4种类型：技术作为客体，技术作为过程，技术作为知识，技术作为意志。德国技术哲学家拉普在《技术哲学导论》中，揭示了自然发展与现代技术之间的关系，技术的发展与人类社会的科学、文化、社会等方面的发展都紧密相连。他阐述了技术的价值属性和伦理属性，思想的核心在于要平衡技术和人之间的关系，引导技术走向可持续发展的道路，这是全人类都应具有的使命感和社会责任。

围绕着技术是什么，它从何而来，技术是如何进化的，技术的本质是什么等，著名学者布莱恩·阿瑟在《技术的本质》中试图回答这些关于技术的问题。首先，阿瑟提出技术发展过程存在路径依赖性，即新技术的诞生总是以现有的技术作为基础，技术通过现有技术的重新组合和不断创新来实现新技术的发展。技术是某种不同的组合，任何复杂的技术都是由各种不同的部件、集成件和系统组件组成的。这就是阿瑟理解的“技术的演化机制”。其次，阿瑟认为技术是实现人类目的的手段，技术的表现形式可以是一种装置、一种方法或是一种流程，可以分为知识的技术和实体的技术。关于技术的起源，阿瑟认为技术源自对“现象”的捕捉和征服。技术就好像是一个指挥家，对各种现象进行“合奏”，通过编排达到某种目的后展现出来。技术要实现在某个领域应用的目的，总是需要依赖于对现象的开发与利用。当这种现象在理论上被合理解释后，其技术原理就能广泛应用于行业领域。因此，阿瑟更多强调的是人要看到技术的动态变化。技术本身是活的，技术离不开人，技术具有流动性，技术不能一成不变，也需要生长。因此，无论我们如何开发技术、使用技术，总会受到自然环境的制约，我们只能利用开发某些自然现象，通过不断总结这些现象来重新创新和发展技术。人为了满足自身的生存发展就需要持续进行物质生产活动，这些活动促进了技术的生成和进步。

技术是沿着“更高、更快、更强”的逻辑发展，流行技术的进一步发展几乎只遵循效率的逻辑，而不再依赖个别人的好恶。摩尔定律就是最典型的例子，即技术自身给出了确定的方向和节奏，人类仿佛只是技术自我演变的工具，想要让它发展得快一些或慢一些都做不到。新的技术一般都是为了获得更高的效率而被引进的，然而并不总是如此，许多技术最终还是提高了效率。例如，自动化的流水生产线可以提高劳动生产率，但是当工厂中仍然有大量熟练工可以发挥作用时，引进这种生产线未必是为了促进效率。再如，麦考密克在19世纪80年代引入气压铸模机的意图就是为了打压由熟练工领导的工会。又如，汽车这种便利的交通工具最初也不以效率取胜，在配套设施并未完善时，汽车出行未必比马车高效。

生活在技术时代，无论身处哪个行业，都应该保持对“技术”的思考，超越通常的“工具理性”，不再仅仅把各种技术当作中性的工具去衡量，而是在选择或采用各种新技术时多一层思考。例如，我们如何思考高铁的意义？不要仅仅只是思考高铁缩短了多少出行时间、节约了多少时间成本。重点是思考城市将会被高铁带往何方？城市在高铁的影响下，已经不是原来的模样。城市可能成为“进城务工”“旅游工业”“商务差旅”的目的地，这些活动都是前所未有的。同样，对于技术的理解，也不能简单思考成技能或生产方式、实物设备抑或是知识体系，它们都不能全面准确地概括技术的内涵，尤其是难以体现技术在时代发展过程中所产生的推动作用。

因此，必须根据技术的出现和发展阶段动态地确定技术的性质和内容。技术的出现主要是由于人类在自然中的主动性的异化，这种主动性是以人与自然的联系为基础，并以技术的形式表现出来。随着社会发展新因素的出现，技术方面继续演变为人类为满足社会需要而创造和开发的物理、技术和智力对象的总和。技术力量是社会的生产力，是物理工具和设备、工作经验、技术知识和信息知识及相互关联和相互依赖的保护要素的有机整体。因此，技术集成到3个维度：物理设备、技能和技术知识。技术是独立的，不以人的意志为转移，同时技术的发展要遵守客观的发展规律。

### （三）科学与技术的关系

我国在发展过程中，常常提到“科学技术是生产力”“科教兴国”等论断，似乎将“科学”与“技术”捆绑成一个“科技”的概念。科技这个词是中国创造的，在英文中并没有对应的词。其实，科学与技术是两个不同的概念，两者有着本质的区别。

科学是人类根据自然现象探索寻求客观规律与逻辑的过程和结果，通过科学研究活动，形成自成体系的科学理论来指导实践；技术被当作改造自然的方法和手段，在于发明改造客观世界的工具。科学注重于人们对自然界的认识，它主要以知识形态表现出来；技术注重人们对自然界的改造，它主要以物质形态表现出来。

科学与技术的主要区别体现在 3 个方面：任务、性质和目的。就任务而言，科学的主要任务是理解自然，重点是回答关于“什么”和“为什么”的问题；技术的主要功能是改造和利用自然，重点是回答关于“做什么”和“如何做”的问题。科学是发现，技术是发明。从自然的角度来看，科学的基础是从教育到理论的科学。技术的基础是积累理论和经验的过程，技术是将知识与需求相结合的研究。科学研究的目标是探索自然的秘密，探索自然的规律、进化和变化。创造技术的目标是理解自然规律，成为改变动态自然的工具和方法。

随着现代科学和技术的深入发展，两者之间的联系日益密切，从而形成辩证统一的整体。一方面，现代科学的发展越来越依赖于先进而又复杂的技术手段；另一方面，现代技术的发展也越来越依赖于科学的进步，许多高新技术的产生和发展，直接来自于现代科学研究的成就，技术活动越来越科学化。

技术的产生是为了解决生产过程中的实际问题，因此技术本身没有对与错、好与坏之分。技术就好比是桶底，桶底并不是越厚越好，需要有一定的桶壁相支撑。技术也是如此，需要与特定的环境相匹配。与环境相匹配的“合适”的技术就能够解决生产过程中的特定问题。例如，在改革开放初期，我国引进了发达国家的先进技术和装备，但是很多先进设备引进后却无法使用，因为没有专业性的人才。可见，技术效用的发挥肯定需要相匹配的技术生长环境。

### （四）技术转移

技术的进步与成长存在着路径依赖性，新技术的诞生总是以现有的技术为基础，通过现有技术的重新组合和不断创新来实现新技术的发展。技术的创新发展主要包括两类。一类是原发性的技术创新，技术进步主要取决于当地的创新和创造力，而创新能力强的地区通常拥有大量自主的基本技术知识产权；另一类是扩散技术，即技术进步主要依靠模仿和学习现有的先进技术和其他形式的引进。创新能力低的地区通常拥有较少的自主知识产权，而且在技术发展中没有开发能力。他们通过采用其他国家的工业技术来实现本国工业的增长。在技术实践中，技术由创新能力强的地区向创新能力弱的地区流动的过程，即技术转移实践的开始。

20 世纪 60 年代，联合国在技术转移方面做了大量工作，促进南北合作，帮助发展中国家发展，并建议发展中国家采用发达国家的先进技术，实现快速发展。第一届联合国贸易和发展会议提出了国家间投资和技术生产统称为“技术转移”的概念。随着社会经济的进一步发展和相关研究的深入，技术转移的重要性不断增加。关于技术转移的定义，联合国贸易和发展会议（简称“贸发会议”，United Nations Conference on Trade and Development，UNCTAD）在《国际技术转移行动守则》中指出，技术转移是关于制造某种产品、应用某项工艺流程或提供某种服务而转移系统的知识，只涉及货物出售或出租的交易。其主要途径有许可贸易、技术咨询、技术服务和协助等。UN-OECD（联合国经合组织）认为，技术转移是从一个国家做出的发明，包括新产品或专有技术转移到另一个国家的过程。

我国的《国家技术转移示范机构管理办法》对技术转移给出了确切的定义。该办法第二条第一款规定：技术转移是指制造某种产品、应用某种工艺或提供某种服务的系统知识，通过各种途径从技术供给方向技术需求方转移的过程。这其中包含了两层意义：①技术指的是“制造某种产品、应用某种工艺或提供某种服务的系统知识”，也可以理解为技术成果；②说明了转移的方向是从技术供给方向技术需求方转移，包括技术的所有权或技术的使用权的转移，以及技术知识的应用与推广等。

在中国台湾科学家袁建忠教授主编的《技术管理》一书中，他将技术转移描述为知识流动的行为过程，主要包括 3 个方面：一是学术机构（大学和研究机构）向公司的转移。这也是产学研合作的基础和前提，公司可以根据学术机构的创新研究成果，快速减少独立开发所需的时间和成本。二是跨行业和区域转移。旨在将成熟的技术创新应用于其他行业或部门，通常将先进和成熟的行业和产业转移到落后的行业和产业。由于科学知识水平参差不齐，通常是成熟的产业向落后的产业转移。三是跨国转移。由于国家与国家、地区与地区科研水平的不均衡，存在较大差距，发展中国家模仿、消化、“山寨”发达国家转移过来的先进技术。

《世界经济百科全书》认为，技术转移是指构成技术三要素的人、物和信息的转移。三要素中的任何一种、两种的转移，或者三种同时转移都是技术转移。包括三种知识的转移：一是有形知识体系的转移，包含设备、工具、生产线等硬件形式的技术转移；二是无形知识体系的移动，即科学知识的传播或普及，商业秘密和专利等知识产权的转移或软件技术的转移；三是掌握知识的人才的流动。

综上所述，从技术转移的主题、方向、目标、方法和过程等方面，技术转移可以定义为不同地区和组织之间提供和获得技术资源的过程，即从技术所有者到技术寻求者。随着资金、设备、人员、时间和其他资源的流动，可以采取合作和指导方针等各种实施方式，获得经济、政治或社会利益。其具体表现形式包括科研院所的研究成果向企业转移应用，也有跨行业跨产业的转移和跨地区跨国家的技术转移实践。

### （五）技术转移和科技成果转化的区别

我国还存在“科技成果转化”的说法。技术转让是技术产出供需转移的过程，重点是两个企业之间的流动性和成果转移。科学和技术成果的转变意味着科学和技术成果从知识形式转变为实际应用形式。将抽象性的知识转化成实际可应用的产品或服务，从而实现知识的经济价值与应用价值。广义上讲，科技成果转化是技术转移的分支之一，科技成果转化更多的是早期技术，技术成果就像爬楼梯一样，从原理性的技术积累到技术研究、技术开发、小试、中试、产品应用、产业化、商品化等，每一次爬坡都是技术成熟度的升级。随着技术的成熟和提升，技术的可转移性就越强，越是成熟的技术，其在产业及市场的应用价值就越高。

区别技术转移和科技成果转化的意义在于，技术转移应遵循知识流动规律和技术商品的市场交易规律，要通过政策、技术手段和有效的服务来促进知识流动和技术商品的交易；科技成果转化应遵循价值实现规律，构建并不断完善和延伸价值链，围绕市场需求开发市场需要的商品、产品和服务，着重解决人才激励、资金融通、市场准入和供应链等问题。

我国的科技成果转化大部分都是自上而下，依靠政策推动，真正原生动力不多。我国的科技成果转化之路起源于原子弹及氢弹爆炸后的二十世纪六七十年代，那时科研院所有一批可应用的技术成果。既然已经耗费大量的人力和物力，何不将成果转化应用至实际生产中呢？这就是最初科技成果转化在中国开始的背景。中国作为社会主义国家，大量的科研投入全由政府买单，政府在研发上投入了大量的人力、物力和财力，自然觉得这些科技成果转化起来成本已经很低了，既然已经是沉没成本了，那这些技术成果就可以直接转化应用到市场。

究其原因，还是对技术转移的理解不深，对科技成果转化的理解不深，国内更爱用科技成果转化，不用技术转移的概念，实际上两者存在着区别。科技成果的转化都是依靠外部的推力，这个推力就是那双“看得见的手”。因此，成果转化的效果不佳，市场缺乏对技术的主动选择，技术转移实施“身不由己”。国外应用更多的是市场化的技术转移，技术的需求由市场拉动。

## 二、技术转移的相关理论

从早期的技术流动分析到现今成熟的技术转移理论、政策和战略的研究，国内外学者和专家从不同的角度揭示了技术转移实践中的丰富内涵和其背后产生的动因，取得了大量的研究成果。

### （一）技术差距理论

技术差距理论认为两个国家之间存在技术差距是促使技术转移行为产生的必要条件。在没有技术差距的情况下，技术转移活动将无法发生。早期提出技术差距理论的波斯纳（1961）将这一理论应用于解释国际技术贸易的产生原因。他认为，技术创新能力较强的国家可以利用与其他国家技术差距的存在，从事相关技术产品的国际贸易。随着这种技术产品的贸易扩大，为了追求更多利润，技术创新能力较强的国家可能通过多种途径和方式进行技术转移。其他国家受到该技术产品在经济增长中的示范效应影响，开始研发同类或类似的产品，随着技术差距的缩小，相关技术的国际贸易将逐渐终止。因此，发达国家的技术转移实质上是技术的溢出和流动。

然而，“技术差距理论”也存在一定局限性。随着全球化和技术进步的加速，国家之间的技术差距不再是促使技术转移的唯一因素。事实上，还有许多其他因素可以促使技术转移的发生，如市场需求、成本优势、产业政策等。此外，技术转移也可以通过合作研发、联合创新等方式进行，而不仅依赖于技术差距。

因此，深入研究和理解技术转移的动因和机制，不仅局限于“技术差距理论”，还应考虑更为广泛和复杂的因素。只有充分认识和把握这些因素，才能更好地推动技术转移的发展，促进技术创新和经济增长。

保科等（1991）将“技术差距理论”延伸到技术转移领域，他们在《国际贸易技术差距理论》一书中总结了不同发展情况下国家的技术差距和技术转移问题，并归纳出两种主要的技术差距模式。第一种是“纯技术差距模式”，该模式仅通过比较两国之间的工资水平差异来反映技术差距，工资水平差异被视为是否进行技术转移的最重要因素；第二种是“商品模式”，该模式源于经济学家李嘉图的经典理论，认为技术差距的产生是由于生产效率的不同，而生产效率又取决于技术的优劣和技术熟练度。因此，生产效率是决定技术转移的重要因素。这两种技术差距模式又可以细分为两类：一是发达国家之间的技术差距，二是发达国家与发展中国家之间的技术差距。研究认为，创新能力的高低是产生技术差距的主要原因。

然而，仅仅依靠这两种模式和创新能力来解释技术转移存在局限性。在当今全球化和复杂多变的经济环境中，技术差距和技术转移受到更多因素的影响。例如，市场需求、政府政策、知识产权保护、人才需求等因素也对技术转移起到重要作用。此外，技术转移不仅发生在发达国家之间，而且在发展中国家之间及不同发展水平的国家之间也存在技术转移。因此，需要以更加综合和全面的视角来理解技术转移的机制和动因，以便更好地推动技术转移的实践和促进经济发展。

韩国学者金泳镐基于技术转移差距论的观点，提出了“边缘双重技术差距论”，该理论指出技术转移的绩效不仅受到供给方或接收方单方面的影响，而且由技术转移双方的条件共同决定。评估技术转移绩效时，需要考虑接收方的技术积累基础。如果技术差距过大，接收方将无法顺利获取供给方提供的高质量技术，导致技术转移效果微乎其微。

坎特韦尔（1987）从企业技术转移的角度解读了双重技术差距论，他认为企业技术密度的提高导致与其他企业的技术差距扩大，从而促进技术转移活动。然而，这种差距是有边界的，一旦超过某一临界值，将无法进行有效的技术转移。

克鲁格曼（1979）提出了“技术差距均衡论”，认为要保持技术转移的持续有效进行，就必须保持发达国家与发展中国家之间的技术差距。他将资源配置、世界收入分配和技术综合考虑在内，认为技术在发达国家持续创新，并以创新产品形式在发达国家生产。随后，这些新技术与发展中国家的技术形成差距。由于发达国家在技术创新和新产品开发方面具有绝对优势，决定了发达国家与发展中国家之间的贸易类型。发达国家出口创新产品，而发展中国家则出口仿制产品，技术成为发达国家与发展中国家的共同财富。技术的变化影响着发达国家与发展中国家的贸易和经济，这种影响的大小和受益的高低取决于各自技术创新和技术扩散的速度。

童书兴（1993）对均衡论表示认同，他认为技术差距引发的技术转移活动对发展中国家利大于弊。事实上，发展中国家之所以从技术跟跑到技术平跑，部分原因是存在技术差距并在一定程度上保持了技术差距。

然而，姜毓峰（2011）提出了不同的观点。他认为这种技术转移机制无法永久保持均衡。随着发展中国家的不断进步，他们通过技术转移获取了技术资源，并进行了二次创新。通过渐进的技术积累，他们可以不再依赖廉价劳动力来获取技术，而是能够自主研究技术。这打破了所谓的技术差距均衡状态，使得这种机制失去了效力。

在全球化加速发展和日益复杂的经济环境中，技术转移不仅受创新能力和技术差距的影响，还受到市场需求、政府政策、知识产权保护、人才需求等多种因素的影响。因此，我们需要以更加综合和全面的视角来理解技术转移的机制，以便更好地推动技术转移的实践并促进经济的发展。

### （二）技术寿命周期与需求资源关系理论

技术寿命周期与需求资源关系理论最初由日本学者斋藤优（1986）提出，

也被称为“NR 关系论”。他认为，国家的进步和发展必须将需求（Need）和资源（Resource）相结合、相适应，两者之间形成相互补充和制约的关系。如果资源和需求之间无法达到平衡，那么国家的发展就会受到限制。这一理论阐明了技术转移的潜在动力，即由于需求和资源关系的不适应，需要通过技术转移来实现资源和需求的协调。同时，该理论认为这一动力具有可持续性，因为随着技术转移活动的不断发展，旧的需求和资源可能会相适应，但是新的需求和新的资源又会产生新的矛盾，从而形成技术转移的良性循环。

孙斌等（2003）在斋藤优的研究基础上进行了延伸，并提出了“NRA 关系论”，基于技术商品化理论。他认为，基于技术商品化的技术转移是在技术需求、资源和能力之间相互协调的情况下进行的必然选择。技术转移是一个复杂的系统工程，不仅涉及有形物质方面的转移，还包括以技术为载体的生活方式、价值观念和政治意识形态等无形精神文化方面的转移。

因此，技术转移除了受到需求和资源因素及其关系的影响外，双方在体制、文化、资源状况及基础结构方面对技术的匹配程度也是影响技术转移顺利实现的重要因素，即技术转移的消化吸收能力。总之，技术转移在发达国家和发展中国家之间共同创造了财富，但实现可持续发展的关键在于双方的合作与共赢，以及发展中国家的技术创新和能力提升。

### （三）技术转移选择论

货物贸易、对外投资和技术转移是国际经济活动的 3 种方式，其中技术转移并不是唯一的选择。曼菲尔德提出了“技术转移选择论”，认为直接投资是国际技术交流的最佳选择。直接投资能有效保护自身的技术成果，也能获得发展中国家廉价劳动力等优势。技术转移实质上是在直接投资受阻时的替代方案。凯富也支持技术转移选择论的原则，但与曼菲尔德的理论观点完全相反。他认为，技术转移是企业进行国际经济活动的最佳选择。因为技术转移的对象是无形资产，如专利、商标、管理经验和技能等。由于技术市场的不确定性和竞争结构，企业无法稳定控制该市场，因此必须进行技术转移，以实现该项技术的价值。而通过对外投资和出口贸易无法实现这一目标。然而，这两种观点实际上并非对立。技术转移和直接投资在国际经济活动中都有各自的优势和适用场景。在一些情况下，直接投资可能是更理想的选择，特别是当企业需要在发展中国家获取大量廉价劳动力和当地市场知识时。在另外一些情况下，技术转移可能更为适宜，特别是当企业仅需要在特定领域或技术领域进行合作和交流时。邓宁（1988）在技术转移选择论的基础上提出了“条件选择论”，该理论认为，企业如何选择他们所进行的经济活动取决于企业自身优势的权衡，直接投资并非必然是最优选择。简而言之，条件选择论将货物贸易、对外投资、技术转移看成一种三选一的过程。另一种以斋藤优（1979）为代表的“周期选择论”也是由技术选择论优化而来。同样认为货物贸易、对外投资、技术转移 3 种方式共同构成了国际经济活动。与前者不同的是，该理论认为 3 种方式实际是按照周期进行循环的，技术转移是三者中的必然环节，企业要先进行商品贸易、再进行对外投资、最后实现技术转移，技术转移是获取高额利润的最有效手段。即周期选择论认为货物贸易、对外投资、技术转移按照顺序周期发展，技术转移是最终的结果。

### （四）技术从属论与适用论

比昂契克等于 1990 年提出了技术从属论，该理论认为技术转移实际上是发达国家对发展中国家进行掠夺和控制的手段，存在一定程度的目的性。在技术转移中，技术接收方有可能处于被支配的地位。该理论的核心观点是改变发展中国家对发达国家技术的依赖关系。提出发展中国家应建立科学共同体，通过类似联盟的合作关系进行技术开发和创新，不应接受由技术差距引起的技术转移活动。即使必须进行技术转移，也应废除国内的专利制度，不让发达国家或企业拥有垄断地位。

技术从属论强调了技术转移中存在的不平等和不公正问题，以及发展中国家在技术方面的依赖性。它主张发展中国家应积极推动自身的科学技术发展，摆脱对发达国家的技术依赖。通过建立科学共同体，发展中国家可以在技术创新上发挥更大的主导作用，并通过合作和联盟实现技术的共享和共同发展。

然而，在实践中，摆脱技术依赖并建立科学共同体是一个复杂而艰巨的任务。发展中国家需要投入大量的资源和努力来加强自身的科学研究和技术创新能力。此外，国际科技合作和知识共享也需要更加平等和公正的机制来保证发展中国家的利益。

总之，技术从属论对技术转移中的不平等问题发出了有力的警示，并提出了建立科学共同体的理念。然而，实现技术独立和创新仍然面临诸多挑战，需要国际社会共同努力，创造更加公正和平等的技术环境。

此外，还有一些学者在技术从属论的基础上提出了技术适用论，相对于技术从属论来说，这种理论更加温和。技术适用论认为技术从属是技术转移的必然特性之一，发展中国家确实应该利用联盟等方式来发展适合自己国情的技术，但并不否定技术转移和专利制度的存在。同时，该理论强调技术转移必须具备目的性和适用性，不能盲目追求先进的技术，而是应该选择适合自己国情或实际需求的技术进行转移。

技术适用论相对于技术从属论而言更为实事求是，它充分考虑到技术转移的复杂性和国情差异，主张在技术转移过程中兼顾发展中国家的实际需求和资源条件。这种理论的提出对于发展中国家在技术转移中的决策和实践具有重要的指导意义。

然而，技术适用论本身也面临一些挑战。确定适用的技术需要深入了解发展中国家的国情和需求，同时要注意避免过度依赖和局限性。此外，在技术转移过程中，也需要考虑知识产权保护、人才培养等问题，以促进技术的顺利转移和应用。

综上所述，技术适用论相对于技术从属论来说更加温和和实事求是，强调发展中国家在技术转移中的目的性和适用性。尽管存在一些挑战，但发展中国家可以结合自身国情，灵活运用技术转移策略，推动本土适用的技术转移和创新发展，实现经济可持续增长和增强自主创新能力。

### （五）其他技术转移机制探讨

一方面，一些学者提出了知识转移论（麦耶斯，1998）。他们认为，虽然知识流动、技术流动、人才流动从表面上看有着不同的内涵，但实际上它们是紧密相连、不可分割的。技术转移实际上就是知识的转移和流动，而技术的差距实际上反映了知识水平的不同。傅正华等（2005）在研究我国技术转移发展阶段时指出，技术转移已经分裂了知识群体的传播，而非技术的单一流动。

另一方面，人才流动论（王福波，2008）强调国际人才流动带来的是技术的流动。有时技术转移并不需要明确的法律依据（如签署合同等），只需要通过人才的合同流动性即可以实现。不同国家和组织中人才能力活动的差异是造成技术差距的原因，从而产生了技术转移的发生。

上述理论从不同的角度解释技术转移为何发生、如何发生，各自从一个角度分析技术转移发生的原因、机制、动力等，有助于认识技术转移的发生发展过程。根据这些技术转移的理论，我们不难看出，技术变革的本质在于知识、经验和创新的跨越性传递，推动先进技术从一个领域、地区或组织传播到另一个地方。这涉及技术的适应和再创新过程，推动社会进步和经济发展。技术转移能加速创新、提高效率，并推动全球各地人民共享科技成果，推动全球科技水平的整体提升。这些理论虽然用于解释国际技术转移，但也可用于解释地区之间的技术梯度转移、企业之间的技术转移。

同时，要看到技术转移理论的选择都是有局限性的，不可生搬硬套。每一种理论都有其前提。企业在进行技术转移时，要确定阶段性目标，要根据技术本身的“桶底厚度”来匹配适应技术生长和发展的环境。

技术进步在国家技术创新体系中发挥着重要作用，是推动技术进步、经济和社会发展的必备途径。然而，技术进步是一个复杂系统的过程，其内外部结构的复杂性直接影响了它的效率，限制了技术进步、经济增长和社会发展。洞察世界的复杂性使技术进步系统成为一个开放的复杂系统，只有提升技术进步的效率，才能充分发挥其作为桥梁的功能。

## 第二节　技术转移的意义与作用

科技是促进经济可持续发展、社会进步和提高生活水平的基础，是推动生产力迅速增长和改变经济发展方式的核心。马克思强调，科技是人类社会进步的重要动力，作为普遍的社会生产力，一旦融入生产过程，与劳动者、劳动对象及劳动工具等生产要素相互结合，就能够实际转化为直接的生产力，从而推动人类社会的不断发展。

一般来说，获取先进技术的方式主要有两种：一是通过自主研发，即技术创新；二是积累和学习外部的先进技术，即技术转移途径。由于科技新技术只有在产业化和广泛应用的过程中，才能在宏观层面上推动国家社会经济的发展。因此，技术转移成为将技术创新转变为实际生产力的重要路径，也是国家技术创新体系的重要途径的关键阶段。

由于科技发展受到不同区域社会、经济和自然条件的限制，科技在不同领域的发展存在不平衡性。即使是科技发达的国家或地区，在某些领域仍存在技术研发的“盲点”，而科技总体水平较低的发展中国家在某些领域或专业上可能达到世界先进水平。在当今科技迅猛发展的时代，单纯依靠自身技术实力进行科技研发已经不再是实际可行的发展方式。通过技术转移来提升自身科技实力，推动经济发展，已成为知识经济时代的基本趋势。

由于任何国家或地区都不可能具有其经济发展所需的一切资源和生产要素，而通过技术转移可以使各类资源、知识、智力、技术和生产要素在国家或地区之间进行有效的移动，优化资源配置，对实现区域经济协调发展具有重大意义。

技术转移有助于获取外部追求的技术要素，推动产业升级。不同国家和地区由于社会条件的差异，在全球化带来的技术转移中所关注的地位各异，因此获取的利益也存在差异。我国国内市场规模庞大，产业链完整，配套能力强，且劳动力充足，这些因素决定了我国在技术转移中占据有利地位。我们可以将市场优势、产业规模优势和劳动力优势与外部的资金、技术和管理优势有效结合，打造具有较强竞争力的开放型经济。

根据许多国家和地区的发展经验，实现经济的高速增长需要产业技术结构的升级。因此，在国际化技术转移的大环境下，通过适当的技术转移和模式，充分利用外部技术资源来获取经济整体必需的要素，使其与我国的后发优势有机结合。在更长的时期内保持经济的高速增长，提升技术能力和研发水平，从而实现产业升级。

技术转移有利于提升产品的技术含量与产业技术结构。技术成果不仅需要多领域人才的共同努力，还需要科研人员投入大量的时间与精力。技术转移的目的就是能够有效利用现有的科技成果，将有限的资源更好地利用到生产生活中，以更新的技术、更有效率的生产方式，提高生产竞争力，扩大自身优势。企业对于新产品及新技术的创新推动着社会的进步、科技的发展，在这样的经济环境中，技术转移是架起在高校和科研院所与企业之间的一座桥梁，将高校及科研院所的科技成果转移转化到企业新产品及新技术的开发使用中，使得科研成果更好更快地应用于社会中。目前，借助外部资源的主要作用是弥补资金缺口、提升技术水平、调整产业结构和增强竞争力。投资如今被称为“一揽子富有创造的投资”，这是因为随着资金的流动、理念、机制、技术、管理、营销、市场网络等各个方面都会向投资方转变。企业通过引进这一系列要素，可以影响其生产和产业的发展，使得企业产品的技术含量、产业技术结构的升级速度大幅加快。

技术转移有利于更广泛地获取国际分工，逐步培育核心技术开发能力。随着对外开放的不断扩大，我国大量引进资金、先进技术和设备，在多个产业中形成规模庞大且成本较低的制造能力。扩大和成熟的制造能力有利于培育核心技术研发的能力。扩大规模的制造能力使企业能够承担高额的研发投入，技术能力的不断积累使得企业开始形成必要的技术选择和技术组合能力。同时，伴随配套产业群的形成和升级，核心技术的突破能够较快地体现在成熟且具有竞争力的最终产品和产品群上。在这些领域中自主开发核心技术的条件正在形成，并具备在商业上取得成功的可能性。在这些产业中，通过增加研发投入，研究开发和掌握核心技术，实现跨越式发展，使我国在全球技术与制造分工格局中获得更多的利益。

改革开放以来，我国科技发展日新月异，科技实力伴随经济发展的不断壮大，为我国综合国力的提升提供了重要支撑。我国科技创新事业蓬勃发展，迅速迈入加速跨越的新时期，实现了历史性、整体性、格局性的深刻变革。随着创新驱动发展战略的快速实施，创新型国家建设取得显著成效，诸如天宫、蛟龙、天眼、悟空、墨子、飞行器、高速铁路等一系列重要科技创新成果问世。科技创新的支撑引领作用推动了质量变革、效率变革和动力变革，使我国经济由高速增长阶段更加深刻地转向高质量发展阶段。

技术转移和科技成果转化是加强科技与经济紧密结合、发挥科技创新在现代化经济体系建设中的关键环节，是实施创新驱动发展战略的重要方面。特别是当前世界新一轮科技革命和产业革命正在兴起，全球科技竞争更加激烈，以数字化、网络化、智能化为主要特征的科技发展与应用正在加速推动经济发展方式转变。科学技术向经济、产业和社会发展转移转化的速度和效果，已经成为决定国家和产业竞争优势的关键。

面向未来，我国已踏上步入创新型国家前列、建设世界科技强国的新征程，技术转移和成果转化的工作任重而道远。科技成果快速转化为生产力，实现科技与经济的紧密结合成为全球各方关注的焦点。积极推动科技成果的迁移和变革，推动科技与经济深度交融，为科技创新的发展发挥卓越作用，为支撑经济社会的高质量发展贡献力量。

目前，我国面临着教育、科技和经济之间衔接不够紧密的问题。一方面，企业在技术创新和市场竞争方面面临一些挑战。企业的技术创新能力相对有限，市场竞争较弱，难以承担起技术创新主导的责任。另一方面，尽管许多高校和科研机构积累了大量的创新资源和成果，但由于理念引导的偏颇、制度和政策不够完善，亟须有效推动释放高校和科研机构内部积聚的创新，这不仅是完善国家技术创新体系的紧迫任务，也是加快推动发展转型、提升科技创新和国家竞争力的需求。技术转移作为我国自主创新链条中的关键环节，是实施技术创新战略的不可或缺的组成部分，是实现创新主体向企业转型的关键手段，也是促进创新成果转化为生产力的重要途径。

## 第三节　技术转移的形式与分类

### 一、技术转移的主要形式

技术的迁移并非独立发生，同时也伴随着资金、市场、信息、人才、知识产权等多方面要素的迁移。在实践中，技术迁移的形式主要包括以下几个方面。

技术与资本的结合，包括直接投资与合资企业。其中，直接投资是指投资者向被投资企业注入资金、资源等，以获得有效的控制权。包括企业的技术及相关知识产权，如专利权、商标权、品牌权、商业秘密权等，虽然这些技术及知识产权仍属于被投资的企业，但投资者通过获得有效的控制权，也获得了对这些技术及知识产权的控制权。合资企业是指两个或两个以上的投资者共同投资，按照各自投资占总投资的比例或者约定分担风险与收益，共同对合资企业进行控制与决策。这可能涉及以科技成果或技术作为投资，与其他投资者合资成立新公司，或者投资到现有企业。

技术 + 知识产权，即将技术的部分或全部权利授予他人。技术的权利转让，即技术权利的所有者将技术的所有权利转移给受让人，由受让人取得技术权利或实施该技术权利，并取得收益。技术授权是指许可人允许被许可人在特定的期限和特定的形式下使用该技术。

技术 + 市场。通过专利经营，专利权人允许受让者使用商标或品牌权，并提供技术上的帮助、培训和管理服务，以获取专利费用。这种方式实现了技术的市场化，使技术更快地拓展市场。

技术 + 人才。通过人才流动实现技术转移。科研机构的科技人员通过聘用、挂职、兼职、离岗创业等方式流动到企业，传递并应用他们所掌握的技术知识。人才流动是技术转移的重要途径。

技术 + 管理。通过管理咨询、管理输出等方式实现管理技术的转移。企业可以接受其他公司的管理技术咨询，提高其管理水平和研发能力。

技术 + 知识或信息。通过专业展览、培训、咨询、会议等形式交流知识，实现技术转移。专业图书、媒体等渠道有助于传播新知识，推动技术的快速传递。

技术 + 仪器设备。通过购买机器设备、科研仪器等硬件实现了技术进步。先进的生产设备和科研仪器能够显著提高技术水平。

技术 + 服务。通过委托方接受受托方提供的技术服务实现技术转移。在服务的过程中，技术得以交付。

技术 + 工程。包括工程项目的设计与施工。工程设计方向施工方提供工程设计要求，施工方按照设计图纸进行施工，确保工程中包含的技术能够成功转移。

这些综合形式利用了不同的要素，推动了技术在不同领域的传递和应用。

## 二、技术转移的常见通道

技术转移的通道和路径不是单一和单向的，结合技术转移的主体和要素相互作用而不断丰富。在实践中，技术转移的通道如下。

产学研协同。产学研协同的过程，就是技术从高校院所与企业之间双向转移的过程。这是科技成果转移最常见、应用最广的一种通道。产学研协同载体比较多，产业技术创新战略联盟、“四技”服务、共建科研机构等，都是产学研结合的具体形式。

跨国技术转移。跨国技术转移包括从国外引进技术和出口技术两方面。建设国际技术转移中心，可构建全球技术合作的纽带，搭建国际技术转移协作和信息对接平台。在此框架下，将加强国际伙伴间的技术引进、孵化、消化吸收，以及输出、引进人才等方面的合作，通过和技术转移机构的紧密对接，形成各方的技术转移通道。特别是在“一带一路”科技创新合作行动中，沿线国家共建技术转移中心及创新合作中心，互相提供先进适用技术，发挥产能合作的引领作用。这一举措旨在加强国际技术共享与合作，推动全球科技创新发展和区域技术转移与合作。技术转移具有较强的跨区域特征，技术成果总是从技术发达地区向技术欠发达地区转移。

科技成果推广应用。科技成果推广应用是一项科技活动，涉及技术转移和成果转化的过程交互。第一，进行技术转移，进而实现科技成果的广泛应用。第二，高校和科研院所内部建设专业化技术转移机构，强调科技转移市场开拓、营销推广和服务，加强科技成果的推广应用。这个过程旨在确保科技创新成果能够快速、有效地融入社会和市场，实现科技的实际应用，从而推动科技进步对社会和经济的积极影响。

科研仪器设施共享。科研仪器设施共享不仅能够充分利用已有科研仪器设施，节约科研投入，加快科研仪器设施的更新换代，也是为了加快科技成果的转移、扩散，因而是技术转移的通道之一。科研设施与仪器原则上应当对社会开放共享，为其他高校、科研院所、企业、社会研发组织及个人等社会用户提供服务，尤其要为创新创业、中小微企业发展提供支撑保障。

其他转移通道。一般以互联网为主要技术支撑，科技文献数据作为技术知识，其传播和数据共享也是技术转移的重要通道。另外，科学数据的开放共享是以科学数据体现出来的科技成果实现的转移，通过对科学数据的加工、利用可以产生新的成果。

事实上，上述各种方式的技术转移都是从供给方向需求方的技术成果的转移渠道，实现了从一个主体向另一个主体的传递。这个转移的过程既包括技术的实质性输出，也包括知识、经验、管理模式等非物质性方面的交流。

## 三、技术转移的分类

### （一）从技术转移的方向分类

技术转移根据交付体系可分为创制型技术转移和关系型技术转移。创制型技术转移指的是技术从试验研发者向产品生产者的纵向交付，将创新成果快速转化为实际生产，推动产品的不断更新和改进。关系型技术转移包括水平型技术转移和垂直型技术转移。水平型技术转移是在同一层次的组织间进行，既可以在同一组织内部进行，也可以在不同组织之间进行。这种有利于同一产业链或同一水平方式上的多个参与者共享和交流技术，提高生产效率和优化生产流程。垂直型技术转移是纵向传递的一种形式，可以在不同的组织之间进行。例如，研究院和产品生产部门之间的技术转移，推动研究与实际应用相结合，全面推动技术的应用和落地（图 1–1）。

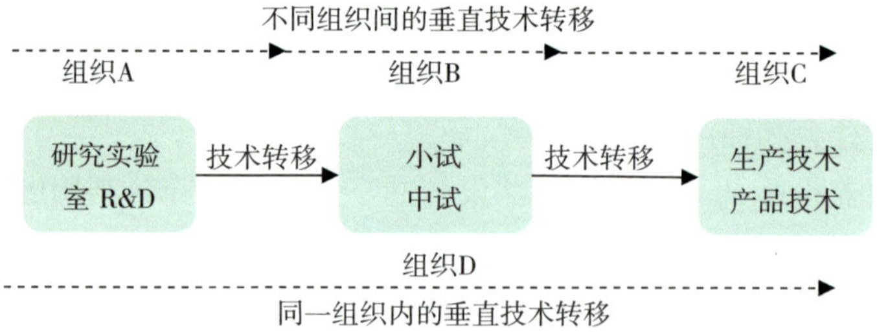


**图 1–1　垂直技术转移**

水平技术转移是指一项已经在某个兼容背景环境中商业化应用的技术，从这个环境移动到另一个兼容环境中。这种技术转移是在不同背景间的水平移动，包括国内和国际范围内的技术转移。通常，水平技术转移通过技术交易（技术贸易）或技术扩散等方式来实现，尤其是在高新技术向低的技术转移中，水平转移的情况较为普遍。在实践中，垂直技术转移与水平技术转移往往是交叉的，一种转移往往伴随着另一种转移进行。这种双重转移的形式有利于促进技术在不同背景和地域之间的全面传播与应用（图 1–2）。

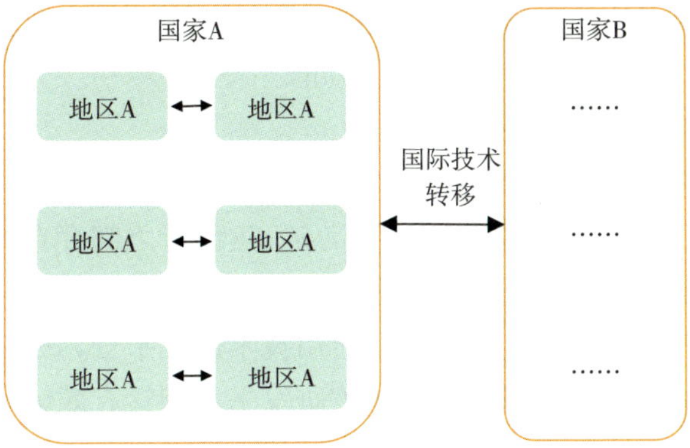


图 1-2　水平技术转移

### （二）技术传播和应用形式的分类

根据高校与企业之间技术传播和应用形式的不同，高校的技术转移主要可以采用以下形式。

1. 高校及科研院所与企业建立联合研发中心

企业联合研发中心一般由企业出资，在高校、科研院所内部或周边建立联合实验室、创新平台、研发中心等，充分发挥高校及科研院所的创新优势，为企业技术创新提供服务。有助于提高高校及科研院所的科技创新条件，提升其研发能力，培育并形成符合产业需求的核心技术和关键技术。同时，由于企业的提前投入和持续投入技术创新，使科研更加贴近市场需求，更容易形成能够产业化的专利成果，缩短产品化周期，也有利于培养企业自身的研发技术人员。这种合作方式更容易实现双方共同的目标，达到合作共赢的效果。联合研发中心的模式在推动产学研深度合作、促进科技成果转化方面发挥着积极作用。

2. 共同参与国家和区域科技创新项目

目前，国家和区域很多科技项目（如国家科技重大专项、“863 计划”、科技支撑计划、重大研发专项）都明确要求企业与高校及科研院所共同参与，采取产学研用协同创新的模式，这就加强了技术转移主体之间的合作。更重要的是，国家和区域科技创新项目的产业关联度大，能够用促进一大批相关衍生技术的产生和上下游产业链的发展，显示出很强的优化资源配置的催化效应。这为体现高校及科研院所的创新优势，为主动向企业推广创新技术和创新能力提供了充分的理由和巨大的空间。

3. 面向产业的共性技术研发平台

当前，高等院校和科研机构主要致力于基础研究或基础应用研究，而企业更注重将技术转化为产品并推广到市场。这两者之间存在着差异，技术转移也面临着困难。为了解决这一问题，国际上采取的通用方法是在高校及科研机构与企业之间建立一个产业化的通用技术研发平台，如美国标准技术研究院、德国弗朗霍夫应用研究中心，该研发平台能够有效解决共性技术研发和技术中试验阶段推广的问题，同时解决技术扩散过程中的技术成熟性。在我国的技术转移实践中，也有对这种模式的探索。例如，成立产业技术研究院或工业技术研究院。其中，上海紫竹新兴产业技术研究院、西北工业技术研究院、中国科学院深圳先进技术研究院等取得了比较显著的成果。

4. 以大学科技园、高科技园区等为中心的空间载体

大学科技园和高科技园区以一个或多个研究型大学为支撑基础，整合大学人才、技术、信息、实验设备、图书资料等多种资源和其他社会资源，旨在促进科技创新和科技成果转化为服务，以实现区域经济的快速发展。科技园区通常形成集结政府优惠政策、企业群体、各类内部组织和社会公共服务等多方位功能的科技服务区域。世界上第一所大学科技园是在 1951 年由美国斯坦福大学建设的斯坦福工业园区，后来演变成世界著名的“硅谷”，成为全球高新技术产业发展的支柱。

5. 技术衍生创业

技术衍生创业的参与主体主要包括高校及科研院所、资产经营公司、高校风险投资机构及产业应用端的企业等。与拥有相关技术的高校及科研院所合作成立公司，将技术成果转化为产业实践。另外，开发的技术往往具有周期创新性和突破性，其研发和市场化时间长达数十年，存在不确定性增加的风险。因此，现有企业不一定要承担这种风险。科研人员对于他们的研究成果在市场上的潜力和前景有较深的了解，能够有效克服技术上的风险，因此产生了技术衍生创业的现象。

### （三）技术转移机构的作用

为促进技术转移有效实施，技术转移机构迎来了发展机遇。这些机构把

技术转移作为主要职能。根据《国家技术转移示范机构管理办法》第二条第二款的规定，转移机构是指为实现和加速技术转移进程提供各类服务的机构，包括在高校及科研院所内部设立的专门从事技术转移工作的职能部门，也包括第三方技术转移内部机构。

这些技术转移机构被视为技术供需双方的媒介，负责收集、筛选、整理、分析供需双方的信息。通过对技术的集成或二次开发，实现技术工程化的设计服务；同时也可作为技术移交和代理机构，提供技术咨询、技术培训等辅助服务。技术转移服务机构位于技术转移网络的中间节点，有利于加速不同机构之间的信息、资源和技术资源的交流，降低技术交易的搜寻成本和交易成本。

技术转移机构的核心价值不只是提供交易信息等中介服务，而是提供专业化服务。专业性或专业能力主要体现在提高技术转移的效率，加快技术转移进程，增强技术创新能力和科技竞争力。专业服务是其存在的价值，主要表现在：一是利用所掌握的科技信息和需求信息帮助科技成果寻找到买家，或者帮助技术需求方找到卖家，即技术经纪服务，其价值在于提高科技成果供需匹配度，节省供需匹配时间，加快技术交易进程，促进科技成果的转化；二是为科技成果提供更好的知识产权服务，协调解决产学研之间在知识产权质量、供需等方面的信息不对称问题，提高科技成果的商业价值；三是通过对科技成果的专业化评估，帮助买卖双方研判科技成果的成熟度及市场前景，降低投资科技成果转化带来的收益不确定性。

技术转移服务机构的核心能力不在于掌握多少信息，不在于牵线搭桥，而在于利用经济、技术、法律、商务、知识产权等方面的专业知识为高校院所和企业等提供增值服务，促进产学研结合，促进科技成果供需双方交易，降低供需双方之间的交易风险与成本，提高交易效率和成功率。如果仅提供交易平台，技术转移服务机构是没有生命力的。

## 第四节　技术转移成功的关键要素

### 一、技术转移的参与主体

#### （一）技术转移参与的主体构成

1. 技术供给方

高校科研院所作为技术的主要供给方，始终走在技术基础性研究和吸纳分析的前沿。他们的研究方向、研究类型、技术开发力量、技术转移意愿、技术评价及成果转化的激励机制直接影响技术储备的顺利进行。在实际操作中，经常存在科技成果被“束之高阁”的情况，高校及科研院所的技术成果往往难以贴近实际，与企业的实际需求不够契合，从而难以将优秀技术有效进入产业化和产品化阶段。

针对这一问题，需要深入挖掘技术需求并在技术转移的阶段介入早期技术投入方。这可以提高客体技术与技术需求的匹配度，增加成果技术的有效投入。这对高校和科研院所意味着开展技术研究时，要更加关注市场需求和行业应用，加强产学研合作，提前考虑技术的扩散和适用性。通过这样的方式，可以更好地促进技术的顺利转移，确保高校及科研院所的技术成果能够真正为产业和社会创造价值。

2. 技术需求方

企业作为技术转移的主要需求方，由于市场的领先，更有可能迅速推动技术成果的产业化和产品化，以获得更大的市场优势和经济利益。企业对技术需求的细化程度、自身优势技术吸收和创新能力，以及对技术吸收方的信任和认同，都直接影响着技术转移实施的成功。

企业站在市场的风口上，了解市场对技术的需求，但也可能缺乏对技术本质的深刻理解。因此，在表达技术需求时，企业更关注显性的技术效果，而对于隐性需求他们通常了解市场需要的技术能力，但在技术需求的表达中可能缺乏对系统性技术转移所需的其他外部条件的理解。因此，在明确与技术需求方面的理解意向时，可能存在一条难以逾越的鸿沟，使得技术转移的沟通和合作面临一定的挑战。

3. 中介机构

中介机构在技术转移中扮演着桥梁的重要角色。由于技术的复杂性和对环境的认知，技术供给方和技术需求方对技术的市场价值判断存在差异，难以达成共识。因此，引入第三方机构来斡旋并进行技术转移极其重要。

技术引入机构为技术的供需双方提供信息服务和沟通渠道。通过引入、引导和衔接技术转移服务，使得技术供需双方能够更加紧密地联系在一起，降低技术搜寻的成本，快速实现技术的匹配。专业化的内部机构还为技术转移提供技术服务，如技术转移后的培训、技术咨询、金融支持等，以提升技术需求方的“生根能力”。

4. 政府

政府在技术转移过程中的支持和引导政策发挥着至关重要的作用，为技术转移的成功提供了良性的外部环境保障。政府制定与技术转移相关的法律、知识产权政策，都有助于规范技术市场的运作，促进技术创新和转移。

技术市场与传统的劳动力市场和金融市场不同，涉及技术、资金、人才、信息等多种要素的整合。因此，在技术转移中政府不仅要提供资金支持，更需要树立激励创新的产权制度和培育竞争性的市场制度。在技术研究方向、技术路线选择、要素价格形成及政府创新资源配置等方面，都应发挥积极的作用。

### （二）技术转移参与的主体关系

技术转移的主体在追求各自利益最大化的过程中，成功实现了技术的转移和转化。对于技术投入方而言，转移现有技术带来的收益可以弥补研究成本，通过合理的分配和奖励机制，还能激发科研人员在研究领域的积极性。另外，与产业的紧密合作有利于技术的发展和创新，为技术的长期研究和开发提供了更加有利的条件。

对于需求方而言，通过技术的引进、消化、吸收、产业化、产品化、商品化的过程，不仅能够实现短期内市场竞争份额的提升，还能通过技术优势形成企业优势，为企业创造更大的发展空间。这种技术的成功转移不仅满足了需求方的实际业务需求，还为市场上的竞争赢得了强有力的支持。对于中介机构而言，能够促进供需双方的精准对接，是技术转移全过程高效开展的保障。中介机构在获得服务收入的同时，更需要专业性、高水平的服务人才。

政府提供整体外部环境能够保障创新的氛围和相关支持措施，促进技术转移的达成。由于技术转移所处的阶段不同，各主体在各阶段的参与程度也不同。例如，在技术转移的前期，主要参与者为技术供给者；在技术转移的后期，技术需求者作用于技术的商品化和产业化。

技术转移活动具有其特殊性，主要表现在以下几个方面。

第一，信息的不公平性。相比客体技术的特点，技术转移方通常不会充分公开技术的核心信息，以更好地保护其技术资产。由于技术本身的复杂性和专业性，导致信息不明确的问题。技术交易合约通常是不完全的、难以有效监督和验证对方的行为。

第二，存在价值不确定性。在技术变革过程中，技术商品的价值使用逐渐增值，但由于信息不透明，技术的经济价值难以准确判断。

第三，技术转移伴随着较高的交易成本状态。信息不对称和分散均衡导致技术供需双方需要较高的搜寻成本。技术中面临隐性知识和显性知识，增加了人力、财力和物力等交易成本。此外，不成熟和不稳固的技术市场也提高了技术交易的成本。

第四，技术转移面向系统性。技术转移是多个要素响应的结果，技术需求方的技术水平和能力的提升需要系统性的知识转移。这涉及技术、人才、组织等多方面的要素，需要有系统性的策略和方法来推动技术的有效转移。

## 二、影响技术转移成功的因素

技术转移的过程具有鲜明的系统性特征，多种要素融合、多类主体参与、多项环节紧扣（表 1–1）。技术转移系统包括技术转移客体、技术转移主体、主客体之间的价格期望、技术实施的附着条件、技术本身的先进性和成熟度、技术转移实施的外部环境（包括技术转移活动的法律保障、政策推动效应和地区科技创新环境）。

表 1-1 影响技术转移成功的因素

| 转移主体 | 转移媒体 | 转移物 | 转移受体 | 需求环境 |
| --- | --- | --- | --- | --- |
| 内部文化 | 项目数量 | | 内部文化 | 地理环境 |
| 科技人才资源 | | | 企业能力 | 政策法规 |
| 技术角色 | | | 技术角色 | |
| 行政冗余 | | | | |
| 组织规模 | | | | |

### （一）技术

技术自身的特点影响着技术交易的成功。

1. 技术的先进性

根据技术的先进程度不同，技术可以分为实验室技术、中试技术和产业化技术。实验室技术通常具有一定的先进性，但被企业认可需要一段时间，且从技术转化为市场接受的产品往往需要更长的时间，其中存在更大的不确定性和市场风险。然而，一旦被市场认同，实验室技术可以为企业带来可观的超额垄断利润。因此，企业对采用实验室技术既秉持坚定的态度，又渴望实验室技术带来的潜在利益。

中试技术和产业化技术已经在现有市场中占据主导地位。这些技术非常适合向企业转移，因为企业采用了此类技术后，可以迅速将其转化为市场中的主流产品。较之于实验室技术，这两类技术几乎没有市场转化的风险，并且具有一定的利润空间。因此，它们受到了企业的广泛欢迎和认可。企业更倾向于选择这些已经在市场中占据优势地位的技术，以确保更稳定和可预见的市场表现。

2. 技术的盈利性

追求技术增益最大化，获取技术创新带来的经济利益，是技术增益各方的主要目标。技术的盈利性增益，对于技术接受方而言吸引力较强。然而，技术增益与一般企业在决策是否采用新技术时，通常需要在成本平衡和预期市场收益之间进行权衡。

因此，企业更愿意实施技术转移时选择那些实用性和盈利性相对有把握的技术。这意味着企业会更加关注技术的实际应用效果和市场潜力，以确保技术的投入最终能够转化为经济利益。这种权衡有助于企业在技术转移过程中更多地选择适合其业务需求的技术，以最大限度地保证投资回报。

### （二）企业

1. 企业规模

一般来说，企业规模与企业采用创新的能力和速度之间存在正相关关系。规模越大的企业通常具有越强的创新能力，因此可能更早采用创新技术。这是因为大企业拥有更强的生产能力和设备，更容易面对技术更新的挑战。另外，为了维持在行业内的领先地位，大企业通常会积极追求新的发展。由于大企业拥有相对更多的资金和更强的风险承受能力，它们能够在创新技术的应用研究甚至基础研究阶段介入，从而提高技术转移的成功率，并推动新技术更好地在市场中落地。

相反，小企业往往处于早期成长阶段，面临更大的市场生存压力。通常情况下，小企业更加关注成熟的技术，因为它们既缺乏接受高度风险的创新技术的能力，也缺乏足够的动力。小企业可能更倾向于采用已经验证和相对成熟的技术，以确保在市场上的竞争力和生存能力。

2. 企业的研发活动

企业的研发活动主要包含两项功能：创造新技术和开发吸收新技术的能力。企业开发吸收新技术的能力主要受到研发基础、研发投入、学习强度和学习机制等重要影响。企业要成功采纳并运用创新技术，不仅受到现有研发基础和研发能力的影响，还受到企业的学习强度、学习方法和学习机制的影响。

技术转移需要在两种不同类型的组织之间实现技术交付。科研院所主要从事基础研究和应用基础研究，创新技术与市场需求存在一定距离，不可能直接评估企业。市场技术不同，企业不能直接将创新技术用于产品生产。企业采用创新技术后，通常需要进行二次开发，甚至通过中试才能使技术转化为工艺化、产品化和市场化。因此，这对企业的创新能力和研发投入提出了更高的要求。如果企业没有足够的研发基础和研发能力，就可能与高校及科研院所之间存在“技术鸿沟”和“学习代沟”。因此，技术转移的成功也受企业研发能力的影响。如果企业对转移的技术“水土不服”，对技术没有正确的认识，或无法理解该技术的内涵和实质，或认为转移的技术缺乏市场价值，都会阻碍技术的采用和转移。同样，如果企业缺乏足够的学习能力来理解、认知和应用创新技术，即使企业采用了转移过来的技术，也难以将其有效地进入企业的研发体系和生产体系，最终可能导致技术转移不成功。

3. 企业文化

不同的企业文化类型对企业决策、执行及员工间的交流等产生不同的影响，从而对技术转移的影响也不同。例如，灵活型文化强调创新导向、弹性和宽容的文化理念，凸显企业的价值，这种文化对企业的创新能力及内部显性和隐性知识的迁移具有积极作用，特别是适应新技术的采纳与推广。

相反，制度型文化集中于企业的命令、控制和规则，规则导向是其显著特征。在这种文化中，知识和信息分布不均衡，主要集中在高层管理者的手中。企业的决策行为往往与高层管理者的知识背景、个性特点和人际关系网络直接相关。因此，在制度型文化的企业中，企业是否采用创新技术一定程度上取决于高层管理者的意愿。

### （三）环境要素

环境为技术转移活动的实施创造条件，包括信息、技术、经济和资源等各种条件。技术转移活动总是在一定的环境下进行，受到政治、经济、文化、法律、政策、市场、信息、资源等各种环境要素的作用和影响。

1. 政策环境

从激励的角度来看，技术活动转移存在仅依赖市场的局限性。企业通常因为眼前的利益而缺乏采纳高校及科研院所创新技术的动力。高校及科研院所是国家主导的创新源头，每年都产生大量的技术创新成果，但大多都处于闲置状态，未能产生经济效益，导致国家科技资源的巨大浪费。因此，政府需要通过适当的调控和激励政策，提高技术转移速度，促使企业更积极地采纳创新，以提升技术创新对经济发展的推动作用。

政府在激励技术创新和转移方面有两个重要的责任。第一，政府应制定相应的法律来保护知识产权，因为离开了知识产权的保护，创新活动的合法利益就不能得到有效保护。知识产权保护政策通过完善的法律体系和政策制度，对技术创新主体与创新成果之间进行产权定义和保护。缺乏知识产权保护政策可能导致技术创新者的合法权益受损，因为新技术一旦应用到经济领域，就可能面临大量的模仿行为，这会让技术创新者难以获得应有的收益，从而破坏技术创新和转移的步伐。

第二，由于产生的新产品在面临市场推广、宣传及消费者认可等方面存在现实问题，技术创新涉及技术不确定性和市场不确定性，企业可能缺乏足够的理由和动力去采用新技术。在此情况下，政府的财政援助变得至关重要，可以帮助企业克服新技术应用进程中的困难，促进新技术的推广和接受。因此，政府的法律保护和财政援助都是推动技术创新和转型的重要手段。

2. 金融环境

企业在采用新技术时面临高风险、高投入、高收益，同时伴随技术和市场等多方面的不确定性。这实质上将企业置于风险投资的境地。在技术市场化阶段，潜在的采纳者难以充分了解新技术的市场需求信息，也难以准确预测新技术在市场上的适用程度和前景，从而在商业化或产业化阶段存在市场风险。另外，确保技术创新采用企业能够获得相应的资金投入、选择合理的资源投入方式，以及提高资金使用的风险成效比，都是决定技术转移成功的关键条件。

在此背景下，金融环境的成熟度至关重要，尤其是投资的发展状况。以美国硅谷为例，其成功经验表明风险投资在技术创新的推动中发挥着至关重要的作用。投资的发展主导从政府投资转向市场投资，近 50% 的美国风险基金设置在硅谷。这里的风险投资家对高科技非常敏感，对高校创新技术充满热情。大学教师和学生参与创业，只要创意技术好、市场价值高，就能吸引风险投资，促进企业的创新发展。英特尔、苹果、谷歌等企业就是成功的例子。

3. 信息传播环境

确保技术转移成功的关键在于建立一套便捷、快捷的信息交流系统和信息传播网络。企业能否及时了解创新成果和创新能力，直接影响着技术转移的成败。这包括企业对技术信息的熟悉程度、获取信息的时间点及信息获取的准确性等因素。这些因素不仅决定了技术转移的成功与否，也左右了技术转移的速度和效率。因此，搭建高效的信息传播网络是推动技术创新迅速落地的必要条件。

科技机构在技术转移中扮演着关键角色，是技术信息传播的主要桥梁和传递者。这些机构为企业提供技术咨询和技术增值服务。由于技术交流中存在一定的不确定性，因此需要第三方机构来促进技术研发者和技术接受者之间的交流。科技机构不仅对创新技术进行深入研究，还要了解市场需求，在技术与市场之间起到了关键的桥梁作用。

高校、科研院所和企业由于侧重点、专业特色和组织性质的不同，在语言系统、信息表达方式等方面存在差异，导致技术争论和企业之间难以深入交流。由于误解或缺乏理解和信任，造成有前景的技术合作项目容易搁浅。科技纳入服务包括采集和分析客户问题、进行初步诊断、参与解决问题的过程及辅助客户创新等方面。通过科技机构对科技信息的整理和翻译，将其编解成企业易理解的语言，可以促进双方之间的相互交流，增强合作可能性。

除了科技机构，各种信息技术也是现代信息传播环境中的技术基础。大众现代传媒对信息通信技术的高度依赖催生了互联网、博客、微博等新兴通信媒体，同时也对传统传媒如广播、电视、报纸等的内容和形式产生了影响。

在互联网、云计算和大数据技术的支持下，在线交易与交易平台的建设构建了一种新型的技术转移服务模式。这种模式使得技术交易能够跨越时间和空间的限制，同时聚集大量的信息资源，有效降低了技术交易的搜寻成本和交易成本，这为技术转移提供了更加便捷的途径。

## 第五节　国内外技术转移实践

### 一、美国的技术转移实践

20 世纪 50 年代起，美国政府开始调整战略核心，从提升大学的科研能力逐步转向将科技创新成果商业化。这一转变的目标是改变大学和研究机构对资金的过度依赖，通过在大学周边建立技术产业密集区（研究园区或科技工业园区），尝试在大学周边推动科技成果的后续试验、开发、应用、推广，形成新产品、新工艺、新材料，促进新产业的发展。在这一政策引领下，大学开始认识到科研人员难以实现科技成果的有效商业化，于是成立了专门的组织或机构来承担这一任务，即技术转移办公室（Office of Technology Transfer，OTT）。技术转移办公室通常由各大学直接管理，由研发、法务和商务等专业团队组成，协助学校进行专利保护，发布多项发明和技术，实现专利转让和技术产品的商业化，支持学校的开发研究活动，并与产业部门合作，确保遵守相关政策和法规，为大学的研究开发事业提供支持和保障。

1980 年，美国国会通过了《拜杜法案》（Bayh-Dole Act），该法案允许高校保有由政府部门资助的科研成果，并明确了知识产权的所有权。该法案从根本上改变了高校科研成果发展严重依赖资助的模式，为美国科技成果转化国际领先地位奠定了基础。《拜杜法案》的实施减少了大学与工业之间的无形障碍，提高了大学在经济增长中的作用，使大学逐步成为经济增长的新引擎。通过在大学设立中央管理体系的技术转移办公室，科研成果的产业化才能超越传统的技术转移方式，并逐步走向成熟。随着政府对经济领域的干预，从学术到工业的技术转移成为美国政府的产业政策选择。政府通过一系列政策推动大学和科研机构的科研成果与实际应用相结合，其中包括激励资本投资高风险项目、加强知识产权保护等。这一政策框架促进了中小企业的创新发展，为美国科技创新和经济的持续增长提供了支持。据了解，美国修订了一系列相关政策和法案，为各大学的研究成果提供了不同形式的商业化途径（如独家或永久授权），逐步建立了完善的国家法律法规和政策体系，在技术转移服务机构的不断帮助下，美国的科技成果转移速度迅速提升。自 1980 年以来，美国技术转移领域支撑了超过 6000 家新技术企业，有 4350 所大学授权的技术转移产品成功进入市场。

在美国的技术转移体系中，大学和科研机构形成了各具特色的技术转移模式，成为国家技术转移体系中的重要组成部分。这些机构在推动科研成果向商业化方向转变、加速创新成果在市场化进程中发挥着关键作用。

### （一）美国大学的技术转移

美国大学主要通过技术许可办公室（Office of Technology Licensing，OTL）和概念验证中心（Proof of Concept Centers，PoCCs）来推动技术转移，形成了两种不同的技术转移模式。

1. 建立技术许可办公室

在《拜杜法案》的推动下，美国的研究型大学纷纷设立了技术许可办公室。1970 年，斯坦福大学首先设立了技术许可办公室（OTL）。这些办公室的工作人员通常由专业技术人员组成，他们了解国家政策法规，具有丰富的产业经验，也是经验丰富的谈判专家。技术许可办公室的职能主要包括专利和版权许可、知识产权保护与管理、公共服务及创业和新公司的简介等。在技术转移中，技术许可办公室扮演着重要的角色，有时被称为“技术牧羊人”。

美国大学技术许可办公室的技术转让程序一般包括以下步骤：首先，科研人员向技术许可办公室提交“发明和技术披露表”以披露技术发明。其次，进行项目评估，授权专业人员对科技成果的用途、竞争优势、创新点、潜在市场等进行评估。在评估的基础上，通过信息数据库和对市场信息、专利信息的搜索与分析，选择符合条件的技术进行专利申请。通过信息授权人员了解锁定客户群体，与相关企业签订信任披露协议。最后，授权人员与企业进行谈判，并完成技术转让合同。一旦成功转移，授权人员还负责监督企业技术转化实施情况、跟踪产品市场化的进程、提供相关技术咨询服务并收取技术许可收入等。

2. 成立概念验证中心

进入 21 世纪，为了进一步弥补大学研究与天使投资、风险投资资助企业的资金缺口，美国一些研究型大学开始尝试建立“概念验证中心”（PoCCs）。与技术转移办公室（OTT）这种相互分离的新型机构通过定义创新思路、研究成果、技术性能和市场需求，确定产品的市场前景。通过探析大学创新成果的商业化路径，降低投资决策风险，这些概念验证中心选择有商业前景的创意和研发团队进行投资，并提供创业指导。通过将概念和技术产品商业化，概念验证中心推动这些项目变成有市场前景的新创企业。这种模式旨在加速科研成果的商业化过程，将科技创新更迅速、更有效地转化为实际的产品和服务。

概念验证中心通过与技术转移办公室的合作，对于已申请专利的技术加速进入市场，起到了重要的补充作用。这种合作模式将有前景的技术从实验室直接引入市场，搭建起科技创新到商业应用的桥梁，成为技术转移的中转站。概念验证中心主要通过5个渠道获取资金，包括衍生资金、大学知识产权商业化的收入、私人捐赠、州政府资助及民间基金会等，其主要职责包括为有创新潜力的科研项目提供种子资金支持，为科研人员提供技术进步支持，即技术的商业评估、争取外部投资、提供产品孵化空间等，并积极参与大学的创业教育活动。概念验证中心在美国大学技术商业化过程中发挥了积极作用，解决了资金、资源、技能、信息和激励等方面的问题。

### （二）美国国家实验室的技术转移

美国国家实验室是美国科研机构中关键的一部分，其研究领域涵盖了军工、物理、能源、生物技术等多个基础和前沿领域。这些实验室的管理形式分为两类：GOGO（Government-Owned，Government-Operate）和GOCO（Government-Owned，Contractor-Operate）。GOGO类型的实验室由政府全资拥有和管理，其工作人员为政府公务员，项目类型主要集中于国家公益性或涉及国家安全的科技领域。例如，美国国家卫生研究院。而GOCO类型的实验室政府不直接参与管理，而是将运营权委托给大学、科研机构、企业及其他非营利机构。这类国家实验室所从事的研究领域既符合国家战略需要又贴近市场，具有一定的产业经济价值。例如，麻省理工学院的林肯实验室。

在美国，政府部门通过设立技术转移机构、成立联邦实验室技术转移联盟及在国家实验室内设立技术转移办公室等方式，积极推动科研成果的转移和商业化。以下是这些机构和办公室的主要职能和作用。

①政府部门设立技术转移机构：美国没有专门的科技管理部门，但各财政部门下设技术转移机构，负责管理下属的国家实验室，完成技术转移工作。商务部在此过程中充当协调和整合的作用，对各财政部门的技术转移工作进行信息收集和汇总，同时向国会与总统提交国家实验室技术转移专题报告。此外，1989年成立的罗伯特·C·波德国家技术转移中心专注于提供科技成果的转移服务，推动美国技术转移及技术成果产业化。

②联邦实验室技术转移联盟（FLC）：成立于1974年的技术转移联盟是由所有国家实验室共同组成的技术转移组织机构。其目标是促进和帮助国家实验室科技成果的快速转移。技术转移联盟主要用途包括成员培训、实验室奖励的技术转移项目、培育技术转移环境及促进技术供需者的合作。通过与14个联邦机构和超过343家联邦实验室的联系，技术转移联盟提供大量咨询

服务，推动了数千次技术转移成功。

③实验室内部设立了技术转移办公室：国家实验室内部设立了研究和技术应用办公室（技术转移办公室），以科研促进成果的转化。通过1980年的《史蒂文森・怀德勒技术创新法》和1986年的《联邦技术转移法》，每个国家实验室都被要求设立这样的办公室。技术转移办公室的主要职能包括为实验室的研究项目提供应用评估报告、实验室推广研究项目的产业化信息、实验室建设研发资源与产业需求信息的联系平台等，以支持国家实验室的技术转移、信息推广和相关服务。

### （三）美国的技术转移实践特点

研发合作、技术转移及提供技术咨询服务是美国大学与产业界进行产业资源利用和开发的重要组成部分。大学在这一过程中充当了创新的源泉，通过与企业和政府的合作，将科研成果转化为实际的产品和服务。这种密切的合作关系有助于加速科技发展，推动创新，也为企业提供了获得先进科技的途径。

在这一体系中，有效的技术转移市场化机制和完善的法律体系相互协调，共同促进了科学技术成果的实现和经济价值的释放。技术转移办公室、概念验证中心等机构的设立，为科研成果的商业化提供了桥梁，使创新的成果更好地服务于社会。

总的来说，美国大学研发与转移体系的典型特征在于政府、大学和产业的合作紧密有序，形成了一个相互促进、协同发展的生态系统，推动了科技创新与经济的协同发展。

## 二、德国的技术转移实践

第二次世界大战结束后，德国利用保留的大量科技人才和工业基础，迅速实现了经济的复苏和崛起。德国在全球科技水平中居于前列，是欧洲最大的技术拥有国和出口国，科技产出能力在世界上享有盛誉。德国的专利估值数量远远超过其他国家，显示了其在科技创新方面的卓越成就。

德国的科研能力集中度主要集中在企业领域，超过60%，高校和科研机构分别约占20%。这种高度的技术能力集中度表明德国大型企业，如西门子和拜耳等，承担着提高技术水平和开发新产品的重要责任。

随着科技竞争和研究开发难度的增加，德国大企业之间加强了合作，从而在一定程度上积极推动了技术转移市场的发展。技术创新是德国中小企业的核心生命力，政府采取的科技政策，资助科技成果向中小企业转移，促进科技制度创新和科技型风险基金的发展，也加强了中小企业与高校、科研机构之间的合作。

德国的科技转移体系经过近 20 年的发展已相当完善，形成了结构合理、服务水平较高的体系。与科研体系的密切联系是其最大的特征和优势，许多科研机构不仅涉及技术创新活动，还深度参与技术转移和推广工作，为德国的科技创新和经济发展提供了坚实的支撑。

### （一）德国技术转移中心

德国技术转移中心是一个非营利公共组织，分布在德国各地，几乎每个州都设有一个分中心。这些分中心在州的经济技术和交通部门的指导下，开展技术咨询和技术转移工作。其运作经费主要来自政府，即各州的科技基金会，以及来自工商协会的会费，即各行业企业征收的费用。

德国技术转移中心的专职人员组成了具有严格专业分类和配比的团队，其中包括许多在高新技术领域拥有博士和硕士学位的人员。此外，该中心还聘用领域内的权威人士担任技术顾问。主要服务收入包括技术交易服务、咨询服务、专利和信息服务等，以支持企业和研究机构在技术创新和转移方面的需求。通过这些服务，德国技术转移中心促进了科技成果的应用和商业化，为德国的科技创新和产业发展提供了支持。

### （二）史太白技术转移中心

史太白技术转移中心（Steinbeis Transfer Centers，STC）成立于 1971 年，是一家纯私营机构。其核心架构包括公益性的史太白经济促进基金会和专门从事技术转移、具有非营利产权的史太白技术转移有限公司。经过 40 多年的发展，史太白技术转移中心已发展成为国际化、全方位、综合性的技术转移网络。该中心拥有 700 余名专家教授和 6000 余名各类员工，年营业收入超过 1 亿欧元。史太白技术转移中心规模和业绩居于领先地位，全球排名第三。

史太白技术转移中心及其附属机构依托大学、科研机构或公司成立。在用人机制上，史太白技术转移中心以大学教授、科研机构专业人员为基础，充分利用项目合作大学的教授和科研机构人员，在史太白技术转移中心和附属机构中担任负责人的角色。这种模式较为灵活，有利于加强大学与产业界之间的紧密联系，推动科技成果的转移和应用。

### （三）弗劳恩霍夫应用研究促进会

弗劳恩霍夫应用研究促进会（Fraunhofer-Gesellschaft，FhG）成立于1949年。不隶属于政府或其他部门，而属于“民办公助”性质的机构，是一家非营利科研机构。其年度总经费已超过20亿欧元，其中70%来自企业和政府委托的项目收入，30%由政府负担。

作为非营利机构，弗劳恩霍夫应用研究促进会将重点放在应用研究领域的技术开发和成果转化。其主要任务是为中小企业及政府部门提供合同式的科研服务，通过提高技术水平和改进生产工艺，加强企业伙伴的竞争力。促进会设立多个研究所，这些研究所是科研项目的具体实施单位，通常设置在各地的大学。研究所的所长和技术骨干由各大学科研领域的知名教授担任，员工中的40%是在职博士和硕士，其余为社会聘用人员。这一模式旨在促进高校学术界与产业界之间的紧密合作，推动科研成果的应用和推广商业化。

### （四）德国的技术转移实践特点

德国的技术转移生态系统在定位和服务层面表现出明显的分工。国家级的德国技术转移中心重点在于提供基础技术信息和咨询服务，为科技成果的初步交付提供支持。与此不同，市场化运作的史太白技术转移中心，通过其庞大的网络提供了更为综合和深层次的技术咨询、研发和国际性技术转移服务。弗劳恩霍夫协会以自身的实验室和研究所为基础，直接为中小企业提供实践性的技术创新和研发支持。三者形成了相互补充的技术转移体系，推动了德国科技成果的广泛应用和产业化。

## 三、日本的技术转移实践

在日本，科技内部机构主要分为国家内部机构和民间内部机构两类。国家内部机构包括科学技术振兴机构和中小企业厅，这两个独立行政法人机构执行国家政策、拨付预算，以促进学术界、产业界和政府之间的技术转移活动。科学技术振兴机构主要服务科研机构，中小企业厅服务中小企业。

另外，民间参与机构是根据1998年的技术转移机构法成立的。国家研究所和大学通过这些技术转移机构，将研究成果授权给企业，其中一部分利润返还给大学和发明者。这种制度推动学术界和产业界更加紧密合作，推动科技成果的商业化和社会应用。

### （一）国立中介机构——科学技术振兴机构（JST）

科学技术振兴机构（JST）是隶属于日本文部科学省的政府拨款资助机构，成立于1996年，由日本新技术开发事业集团（JRDC）和日本科学技术情报中心（JICST）合并而成。日本国立大学法人化前，JST负责政府资助项目成果的专利申请和许可授权。管理机构改革后，JST的使命转向了从基础研究到实现产业化全过程的基础设施。

JST有5项支柱业务，包括创造先进技术（基础研究）、利用先进技术促进产业发展（技术转让）、促进科技信息传播、研究人员交流和研究支持及促进公众对科学和技术的理解。

研究成果最适宜展开支持项目（A-STEP计划）：该项目自2009年设立，为大学和产业合作项目提供资金支持。分三阶段支持五类项目，包括产业需求型和战略重点型基础科学项目、培育类项目、两类中试支持项目及面向中小企业的小批量项目。该项目旨在促进研究成果与企业需求的紧密对接。

技术转移支持中心：除研究成果最适宜展开支持项目外，JST还设有技术转移支持中心，为技术转移机构（TLO）提供全方位支持，包括专利获取、专利执行、人力资源开发、技术转让咨询等。该中心定期向大学TLO派遣专利调查员，支持搜索和获取专利，吸收海外专利申请资金提供支持。JST通过建立专业数据库（如J-STORE）及时披露研究成果，便于企业评估其商业价值。

JST的综合性支持和服务致力于推动科研成果产业化，促进学术界和产业界的紧密合作。

### （二）民营中介机构——技术转移机构（TLO）

技术转移机构（TLO）在日本是学术界和产业界知识流动的重要桥梁，

主要分为内部 TLO、外部一体化 TLO 和广域 TLO 的清晰形态，其工作流程如图 1-3 所示。

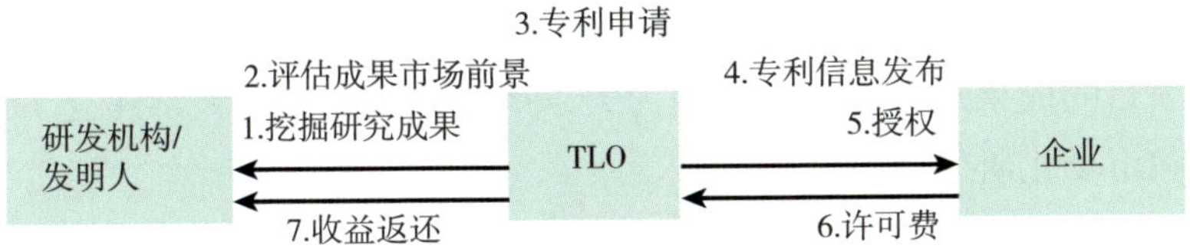


**图 1-3　TLO 工作流程**

内部 TLO：在校园内部设立，由大学直接管理，利用大学资金和设施。与大学连接紧密，但受于学校统一管理，管理自主权相对较低，决策过程较为复杂。

外部一体化 TLO：作为校外实体为大学提供专门服务，是独立的法律实体，需要独立承担法律责任。大学提供资金并作为股东参与经营管理，但在人才引进、项目管理和收入分配方面 TLO 拥有较多的自主权。由于设置在校外，可能阻碍其与大学内部技术转移部门的合作。

广域 TLO：由众多大学出资设立，为周边某地区的大学提供服务。自治程度最高，与市场关系最紧密，业务范围最广。大学负责知识产权的创造、保护和管理，TLO 负责知识产权的市场化。合作相对不紧密，但分工更明显。

TLO 的服务内容分为技术转让前、技术转让中和技术转让后 3 个阶段。

技术转让前：挖掘、评估和筛选具有商业化潜力的研究成果。通过网站、数据库、交易会等方式向企业披露相关专利信息，采用会员制为企业提供研究成果信息。

技术转让中：负责相关科技成果专利及许可的商业化活动。许可成功后，提取一定比例的许可费作为服务费，将剩余收入按事先约定返还至大学和研究人员，通常 TLO 保留 30% 的收入。

技术转让后：专利许可后，继续在业务管理、技术指导和财务支持方面为企业提供服务。TLO 的员工包括兼职教授和专业经理，提供专业建议并进行管理。营业收入包括业务许可收入、会员费用、政府归属及大学拨款。

### （三）日本的技术转移实践特点

日本政府在推动技术成果向企业转移方面制定了一系列法律政策和支持

措施。其中，“基本法”和“TLO 法”为技术转移机构提供了法律基础，使得知识产权的管理能够通过官方和政府在财政、人力资源等方面的配套政策支持，消除技术转移机构运作的体制障碍。通过“振兴特别措施法”，将政府资助项目的成果从政府所有转变为大学所有，推动更多大学建立 TLO 机构来管理和市场化研究成果专利。

此外，日本政府机构如文部省和经济产业省，在宏观和专业角度对科技入境组织进行指导和扶持，通过基本计划推动学术界与产业界的合作。科学技术振兴机构作为国家级入境组织，从战略和漫长的一个角度推动和管理国家整体技术转移活动，包括市场化项目资助、TLO 人力资源培养、国家级免费数据库建设等。而 TLO 则在市场化原则下自主经营，青少年能获得多种渠道资金支持。

有意义的是，日本科技机构的市场化运作模式以市场为导向。整个知识创造、管理和传播过程都以市场需求为基准。科技机构在专利申请和许可等流程中设置高标准的评估要求，以提高企业许可专利的可能性。成功的 TLO 通常以公司形式运营，专利许可服务费是其主要的收入来源。此外，日本技术转让系统以信息共享网络为特点，通过免费数据库、大学 JST 建立了多个专业数据库，如 J-STORE 等，以保证信息的及时传递和共享。

## 四、中国技术转移实践

改革开放初期，中国对技术引进，尤其是成套技术的引进表现出了强烈的热情。1978 年，中国首次引进了彩电生产线，推出了国产品牌如长虹、熊猫等。此后，中国指定了一系列大型引进项目，包括数十级苯乙烯生产装置、合成模块生产装置、化学化纤设备、采煤设备及家电等。虽然这些项目基本采用了“拿来主义”，即直接引进并照搬国外的经验和技术，但它们为中国市场繁荣和技术进步带来了积极影响。

在技术转移的理论与实践方面，1978 年召开的全国科学大会掀起了新时代的开端。1984 年，“对内搞活经济，对外实行开放”的政策引导了技术转移从城市走向农村，并为引进国外先进技术提供了政策保障。1986 年，推出的“863 计划”致力于跟踪研究国外高技术发展，为未来技术转移奠定了基础。1987 年，“一个中心，两个基本点”的国家战略发展理念促进了本阶段的技术引进，也催生了21世纪跨国公司的崛起。邓小平提出的“科学技术是第一生产力”将科技置于前沿的高度，为高精度的研究、转移和应用提供了理论和实践基础。这一时期的政策和思想为中国技术转移的发展打下了坚实的基础。

自改革开放以来，中国逐步从盲目引进技术过渡到选择性引进，并注重技术的消化和吸收。成套引进虽然带来了技术上的进步，但由于对技术人才的引进缺乏，通常需要高价雇佣国外工程师进行修复和指导，带来了一系列问题。因此，中国开始探索“多快好省”进行技术转移的方式和途径。

1992年，中国正式提出“市场换技术”的理念，旨在通过市场机制进行技术交流。国内企业迫切希望获得技术，而国外企业则希望在不多元化核心技术的情况下占领中国市场。1993年，建立了现代企业制度，通过引入现代管理制度，能够更快速地与国际接轨，改善作为技术接收方的条件。

1995年，中国开始实施“科教兴国”战略，寄希望于高校的力量来改变技术落后的局面。1997年，启动了“973”计划，旨在建设创新型国家，这一技术重点是要有计划地引进、有目的地吸收、有意识地创新。

在法律方面，1991—1998年，中国陆续制定了一系列与技术转移相关的法律法规，包括《中华人民共和国科学技术进步法》《中华人民共和国反不正当竞争法》《中华人民共和国对外贸易法》，这些法规为技术转移体系建设提供了强有力的制度保障。

1999年，科技部等七个部门联合制定了《关于促进科技成果转化的若干规定》，规定高新技术成果作价金额接近35%，高等学校技术转让收入免征营业税。同年《关于加强技术创新，发展高科技，实现产业化的决定》明确提出加强技术创新，深化科技体制改革，促进高技术研究成果商业化和产业化，并强调要促进企业之间、企业与高校、企业与科研院所之间的技术转移。同年，西部大战略开发为西部地区技术转移提供了机遇，也促进了西部直接引进投资。

2001年，中国在国家战略层面首次认定清华大学、上海交通大学、西安交通大学、华东理工大学、华中科技大学、四川大学的技术转移机构为国家技术转移中心。对技术转移高度重视，通过认定高校技术转移机构来推动技术转移体系建设。

同年，中国加入 WTO，这一时期跨国技术转移研究兴盛，跨国公司在中国迅速发展。微软在跨国公司中稳居第一，宝马、丰田、西门子等跨国公司也在中国扩大规模。得益于一些国家战略的积极作用，进一步促进了外国技术转移体系的建设。2002 年，人才强国战略秉承“尊重知识、尊重人才”的方针和政策，特别是在“科教兴国”战略的引领下，为建设技术转移体系提供了支撑。

2007 年，《国家技术转移促进行动实施方案》提出，构建新型技术转移体系、支撑技术市场法律法规政策保障体系、开展国家技术转移示范工作、加强人员培训与管理、促进技术与资本结合的五大方针，该方案旨在推动技术转移体系健康发展，建立有利于技术转移和扩散的运行机制及有效途径，为技术转移提供法律环境和人才队伍支撑。

2008 年以来，国际金融危机频发，中国经济进入新常态。党的十八大报告指出，科技创新能力不强、产业结构不合理，这是调整产业结构、促进产业融合、提升技术转移效率的重要背景。2010 年上海举行世博会，创新和融合成为关键词。2013 年国务院正式批准设立中国（上海）自由贸易试验区，对外开放、贸易自由为中国对比中外技术转移、寻找差异、弥补不足提供了方向和渠道。自由贸易试验区试点至今已扩大至广东、天津、福建、辽宁、浙江、河南、湖北、重庆、四川、陕西等地。2015 年，国家发展改革委、外交部、商务部联合发布了《推动共建丝绸之路经济带和 21 世纪海上丝绸之路的愿景与行动》。同年，国家提出军民融合战略，推动军民技术转移的发展。2015 年，习近平出席博鳌亚洲论坛年会开幕式并发表《迈向命运共同体，开创亚洲新未来》的主旨演讲，为中外技术转移步入快车道指明了方向。2011 年至今，科技部每年都在北京召开中国跨国技术转移大会，汇集全球高端资源，聚焦国际前沿议题，打造技术转移与创新合作国际平台，推动重点领域创新发展。中国技术转移近年发展势头十足。

近年来，在政府的直接推动下，由大学、科研院所、企业等积极参与，相继组建了一大批产业技术研究院，它们以共性技术研究为主要目的，在高校、科研院所与企业之间形成纽带与桥梁，共同进行共性技术及关键技术研发与合作。这些产业技术研究院成立时间虽然不长，但作为一种新型的有别于传统的科技中介服务机构，在培育科技型企业等方面进行了有益探索和实践，展现良好的发展势头和广阔的市场前景，并获得了企业、高校和政府越来越高的评价与认可。

### 五、我国技术转移实践过程中存在的问题

国内的技术转移实践从 20 世纪 80 年代起步，经过近 30 年的行业发展呈现出日益活跃的势头，发展也进入了关键阶段，逐渐完善了技术成果转化、技术转移服务体系。通过政府主导建设、政府支持市场化运营和市场自发建设平台等方式，为企业提供需求挖掘、诊断分析、技术搜索、技术评估、技术定价等技术转移服务。其中，各级各类的科技大市场平台就是一个典型例子，通过引进从事技术转移、咨询评估、投资融资、知识产权等科技中介机构入驻，形成一站式的创新服务链，初步实现了实体技术市场与网上技术市场功能的互补。

但是，在当前国内高等院校科研院所科研实力日益增强、技术转移蓬勃发展的同时，从国内的现实发展角度来看，其具体操作过程中仍然存在很多不足，技术转移在国内的实践亟待进一步改善，从而提高技术转移的效率。

首先，技术转移行业缺乏良好的外部环境和完善的服务体系。从法律保护角度来看，我国没有真正的技术转移操作规范的立法，没有法律保障技术的转移转化；从管理角度出发，科技部门缺乏对专业技术成果、技术转移的管理机构，这些管理机构中缺少相关的专业性管理人员，导致大量的科研成果无法应用于实践，被市场拒之门外；从服务流程来看，高校及科研院所、企业、市场三者之间缺少准确及时的信息沟通，三者的信息是不对称的，技术转移的成果无法被准确地判断和应用，更无法给到市场化的估价。市场的需求被大大的模糊化和延迟反应。另外，专业化的技术转移机构不足，专业的技术转移人才更是凤毛麟角。专业化的技术转移机构应具备敏锐的触觉和嗅觉，有较强的市场意识、商业化的经营理念、复合型的知识储备，能够有效地帮助供需双方实施技术转移，有效地匹配到可应用的目标技术，从而提高创新技术的市场应用价值。

其次，高校科研院所的科研成果与企业需求之间存在一定的脱节。高校的研究成果一般需要 3 ~ 5 年的研发周期，成果从实验室阶段到小试、中试、生产再到产业化，这中间的应用过程可能耗费科研人员的整个职业生涯。但

是，对于企业来讲，企业是投资见效快的投入产出价值观，面临的是残酷的市场竞争，失之毫厘，谬以千里，可以说，没有抓住市场机遇，可能失去的就是整个市场前景。高校科研院所和企业之间如何跨越研发周期、开发成本、应用效果等鸿沟，这些问题也是技术转移行业所面临的关键问题。

最后，在国内技术转移的行业大环境中缺少投融资机制导入。活跃的投融资氛围是技术转移活动的催化剂。资本的青睐不仅能够解决企业技术应用过程中的资金问题，也代表着技术投资的发展前景。完善的投融资机制能够提高技术转移的成功率。许多发达国家，如美国的投融资机制、天使孵化资金都为项目保驾护航，帮助技术成果的转移、孵化和成长。

目前，随着大数据的发展给社会发展带来创新的同时，也对各行各业的传统模式造成冲击。大数据与人工智能技术的发展，对于技术转移行业或许是一次行业内的颠覆和革新。如果没有掌握真本事，没有真正的服务态度，很难做好技术转移这件事情。作为技术转移的从业者要吃透技术，不能简单地把技术转移定义为中介，不能当作“婚介”，要把技术转移当作项目去完成，做一个负责任的技术转移经纪人。技术转移的从业者，不一定是行业内的专业人员，即便是专业人员也不一定对所有的技术问题都能做到面面俱到。技术的发展日新月异，技术承接双方的对接不好，不一定是供需双方不匹配，很有可能是“媒婆”的能力有限，造成技术转移活动出现问题。这个问题不仅是人员素质问题，即便是专业人员也未必能够真正理解技术供需双方的需求。

针对技术转移服务模式主动性不足、时效性较差、技术转化率较低、转化能力较弱、服务人才不足等问题，需要高效的技术手段和创新模式支撑。目前，基于互联网实现了线上线下的服务融合已经初步成形，但智能性相对不足，运用大数据、人工智能等手段赋能技术评价、技术对接，创新技术转移服务模式值得深入研究和积极实践。

# 第二章
# 知识图谱理论和技术

## 第一节　知识图谱的概念和起源

### 一、知识图谱的概念

知识图谱可以追溯到1955年加菲尔德在*Science*上发表的一篇关于将引文索引作为新的文献检索与分类工具一文，而知识图谱这一概念则是由Google公司在2012年提出的。在知识图谱的概念正式提出后，早期的知识图谱指Google公司为支撑其语义搜索功能而建立的知识库，即知识图谱是Google公司使用的一个知识库及服务，它利用多种来源收集的信息提升搜索引擎返回的结果质量。随着知识图谱的不断发展，相关领域的研究得到了众多专家、学者的关注，其应用领域也逐步扩展，发展势头迅猛，但对于知识图谱的准确定义，尚未形成统一表述。百度百科上将知识图谱称为多学科融合目的的现代理论，指通过将应用数学、图形学、信息可视化技术、信息科学等学科的理论与方法和计量学引文分析、共现分析等方法结合，并利用可视化的图谱形象地展示学科的核心结构、发展历史、前沿领域及整体知识架构，达到多学科融合目的的现代理论。它把复杂的知识领域通过数据挖掘、信息处理、知识计量和图形绘制而显示出来，揭示知识领域的动态发展规律，为学科研究提供切实的、有价值的参考。

国内众多学者也对知识图谱给出了不同的概念表述。武汉大学曹倩等认为，知识图谱本质上是一种语义网络，是语义网络的成果之一，以关联数据集等知识库为支撑，对数据资源进行语义标注和关联，建立关系网络等。华东理工大学王昊奋等认为，知识图谱旨在描述真实世界中存在的各种实体或概念，其中每个实体或概念用一个全局唯一确定的 ID 来标识，这个 ID 被称为它们的标识符，属性值用来刻画实体的内在特性，关系用来连接两个实体，刻画它们之间的关联。南京政治学院焦晓静等认为，知识图谱的研究对象是科学知识，这些知识是源于不同领域的科学文献样本数据源所表征的，知识图谱的分析对象包括与研究主题相关的所有学术载体形式，采取多元统计分析、社会网络分析、信息可视化等方法。大连理工大学陈悦等认为，知识图谱是显示科学知识的发展进程与结构关系的一种图形，当它在以数学方程式表达科学发展规律的基础上，以曲线形式将科学发展规划绘制成二维图形时，便成为最初的知识图谱。

笔者参考上述相关表述和肖仰华《知识图谱概念与技术》等书中的定义，倾向于将知识图谱定义为知识的一种表现形式，是一种大规模的语义网络，包含实体、概念及之间的各种语义关系，用户可以借助知识图谱高效、精准、智能地查询所需信息。

## 二、知识图谱的起源

知识图谱的起源可以从人工智能和语义网两个领域进行追溯。一方面，人工智能的研究目标是使计算机更智能，让计算机能够完成一些人脑才能完成的任务，如推理、分析、预测、思考等高级思维活动。人们希望借助知识库完成该目标，即把人类的知识用计算机进行表示和组织，并设计相应算法完成推理、预测等任务。另一方面，随着互联网的发展，虽然存储和检索海量数据的能力日益提高，但是却没有推理、预测等完成复杂任务指令的功能。人们希望通过引入知识，使得原始数据能够支撑推理、问题求解等复杂任务，即语义网。因此，知识图谱可以在人工智能和语义网两个领域进行追溯，即知识的数据化（让计算机表示、组织和存储人类的知识）和数据的知识化（让数据支持推理、预测等智能任务）。

### （一）知识图谱在人工智能领域的追溯

纵观知识图谱的发展历史，知识图谱其实是伴随着人工智能技术的发展而发展。早在人工智能发展的第一个十年，研究者们看重的是如何构建推理模型进行问题的求解，而忽视了对于数据中蕴含的知识的加工、处理和利用。图灵奖获得者、美国斯坦福大学荣誉退休教授爱德华·费根鲍姆（Edward Feigenbaum）最早提出了“知识工程”的概念，他认为“知识中蕴藏着力量”，通过实验和研究证明了实现智能行为的主要手段在于知识。自“知识工程”的概念提出以来，很多专家、学者投入知识工程、专家系统领域的研究中，对人工智能技术研究的发展起到了积极的促进作用。此后，研究界提出了一系列知识表示方法，同时，人们也在试图基于这些知识表示方法构建知识库，如 20 世纪 80 年代以 Cyc 为典型代表的大型知识系统。随着“知识工程”的提出，它已经成为人工智能的重要组成部分，也是人工智能领域中取得实际成果最丰富、影响最大的分支之一。从 20 世纪 90 年代开始，以统计机器学习为核心的人工智能技术逐步占据主流，“如何自动学习和利用知识进行推断和决策”逐渐成为人工智能的研究热点。进入 21 世纪，随着互联网的蓬勃发展，数据的规模呈现爆炸式增长的趋势，其类型也更加复杂，在大数据环境下的知识获取、组织和服务也颇受关注。然而，传统搜索引擎仍然基于关键词匹配，尽管这一模式在一定程度上提升了用户获取信息的效率，但是由于其信息服务的模式仍然停留在字符层面的匹配上，因此在信息服务的准确度上存在缺陷。随着搜索技术的发展，研究人员逐步意识到这些字符背后存在大量的知识，为了进一步提升信息服务的质量，需要正确理解符号背后的语义，将文字符号转化为可利用的知识信息。

### （二）知识图谱在语义网领域的追溯

语义网是由蒂姆·伯纳斯·李（Tim Berners Lee）在 1998 年为了打破语义理解的障碍提出的一个概念，实际上语义网的渊源可以追溯到 20 世纪 60 年代末期，它的提出是基于很多当时现有的技术，也依赖于后来和网络文本标引与知识表现的技术综合，语义网概念的提出揭开了世界范围内语义网领域研究的序幕。语义网使用能够被计算机理解的方式描述事物之间的联系，它的基本出发点是计算机能够自动识别并理解互联网上的内容，并对不同来源的内容进行融合，从而为人们更加快速地获取信息提供技术支撑。简单地说，语义网是一种智能网络，它不但能够理解词语和概念，而且还能够理解它们之间的逻辑关系，可以使交流变得更有效率和价值。从概念上，现有

Web 上的内容只是简单的字符串，对于计算机而言，它们没有任何语义信息。而语义网的目标就是对现有 Web 内容增加语义支持，使得计算机在一定程度上能够理解 Web 上信息的含义，并通过分析用户查询的语义信息，提供快速和准确的信息服务。从本质上，语义网的目标是以 Web 数据的内容和语义为核心，并以计算机能够理解和处理的方式链接起来的海量分布式数据库，其理想是将在线文档所构成的数据编辑成一个巨大可用的数据库。以上的愿景虽好，但是它在数据处理和智能应用上仍然存在缺陷，限制了语义网在实际中大规模使用的可能性。一方面，为了计算机能够更方便地处理 Web 数据，需要对这些数据标注语义信息。但是，Web 数据量十分巨大，且涉及的领域范围非常广泛，这就要求标记方法必须具备很强的扩展性。因此，如何自动地给 Web 上的网页内容添加合适的标签就成为关键问题之一，解决这一问题涉及的技术包括信息抽取、分类、关联等。另一方面，要让计算机处理人类生成的内容，就需要机器具有“思考”和“推理”的能力，这需要把数据集合转交为知识系统，并赋予其描述逻辑知识的能力。目前，在这个问题上语义网还存在很多的不足，在很多应用场景下需要研究表达能力更强的知识表示形式。由于上述问题的存在，在语义网刚推出时并没有在实际中大规模应用，但是在这方面的成果大力推动了使用本体形式化模型表达数据语义的方法的研究，为后续的知识图谱研究奠定了基础。

知识图谱是一款语义网真正意义上的应用产品，极大地推动了语义网、自然语言处理、数据库等相关技术的发展。起初，以维基百科（Wikipedia）为核心的协同知识资源的知识图谱的发展，切实地推动了语义网的研究进程，最典型的两个大规模通用领域知识图谱 Freebase 和 DBpedia 都是以 Wikipedia 的 Infobox 数据为基础构建而成的。紧接着，为了满足真实的应用需求，Google 公司于 2012 年正式提出知识图谱这一概念之后，试图通过知识图谱对网页中客观、事实性文本内容中的语义信息进行刻画，从这些非结构化的文本内容中提取出实体及实体关系，将其事实性的文本内容转化为相互连接的图谱结构，让计算机真正做到内容理解，从而使知识图谱得到蓬勃发展。紧随Google的步伐,国内的多家公司也纷纷构建了自己的知识图谱,如百度的“知心”、搜狗的“知立方”等。

# 第二节 知识图谱的通用表示和特点

## 一、知识图谱的通用表示

从本质上来说，可以将知识图谱理解成一张由不同知识点相互连接形成的语义网络。任何一种网络都是由节点和边构成的。因此，知识图谱也是由节点和边构成。节点表示实体或概念，边表示实体的属性或实体间的关系。

知识图谱中的节点分为以下两种：①实体。指具有可区别性且独立存在的某种事物，如一个人、一座城市、一种商品等，某个时刻、某个地点、某个数值也可以作为实体，实体是一个知识图谱中最基本的元素，每个实体可以用一个全局唯一的 ID 进行标识。②语义类 / 概念。语义类指具有某种共同属性的实体的集合，如国家、民族、性别等；概念反映一组实体的种类或对象类型，如人物、气候、地理等。

知识图谱中的边分为以下两种：①属性（值）。指某个实体可能具有的特征、特性、特点及参数，是从某个实体指向它的属性值的“边”，不同的属性对应不同的“边”，而属性值是实体在某一个特定属性下的值。②关系。是连接不同实体的“边”，可以是因果关系、相近关系、推论关系、组成关系等。在知识图谱中，将关系形式化为一个函数，这个函数把若干个节点映射到布尔值，其取值反映实体间是否具有某种关系。

基于以上知识图谱中节点和边的定义，引入三元组的概念。三元组是知识图谱的一种简洁的通用表示方式，促进计算机对实体关系的理解和处理。通常用三元组 G=（E，R，S）来表示知识图谱。其中，E 是知识图谱中的实体集合，R 是知识图谱中的关系集合，S 属于 E×R×E 代表知识库中的三元组集合。三元组的主要基本形式包括（头实体，关系，尾实体）及（实体，属性，属性值）等。（头实体，关系，尾实体）（实体，属性，属性值）都是典型的三元组。例如，浙江的省会是杭州就可以用（实体 1，关系，实体 2）即（浙江，省会，杭州）来表示。

## 二、知识图谱的特点

目前，知识图谱无论在学术界还是产业界都备受关注，主要是由于以下几个方面的特点。

①知识图谱是人工智能应用不可或缺的基础资源。知识图谱在语义搜索、问答系统、智能客服、个性化推荐等互联网应用中占有重要地位，在金融智能、商业智能、智慧医疗、智慧司法等领域具有广阔的应用前景。

②语义表达能力丰富，能够支持很多知识服务应用任务。知识图谱源于语义网络，是一阶谓词逻辑的简化形式，并在实际应用中通过定义大量的概念和关系类型丰富了语义网络的内涵。一方面，它能够描述概念、事实、规则等各个层次的认知知识；另一方面，它也能够有效组织和描述人类在自然环境和社会活动中形成的海量数据，从而为各类人工智能应用系统奠定知识基础。

③描述形式统一，便于不同类型知识的集成与融合。知识图谱以语义网的资源描述框架规范形式，对知识体系和实例数据进行统一表示，并可以通过对齐、匹配等操作对异构知识进行集成和融合，从而支撑更丰富、更灵活的知识服务。

④表示方法对人类友好，为以众包等方式编辑和构建知识提供了便利。传统知识表示方法和描述语言需要知识工程师具备一定的专业知识和技能，普通人群难以操作。知识图谱以实体和实体关系为基础的简洁表示形式，无论是专家还是普通民众都容易接受，这给以众包等方式编辑和构建知识提供了便利，为大众参与大规模知识构建提供了低认知成本的保证。

⑤二元关系为基础的描述形式，便于知识的自动获取。知识图谱对各种类型知识采取统一的二元关系进行定义和描述，为基于自然语言处理和机器学习方法进行知识的自动获取提供便利，从而为大规模、跨领域、高覆盖的知识采集提供技术保障。

⑥表示方法对计算机友好，支持高效推理。推理是知识表示的重要目标，传统方法在进行知识推理时复杂度很高，难以快速有效地处理。知识图谱的表示形式以图结构为基础，结合图论相关算法的前沿技术，利用对节点和路径的便利搜索，可以有效提高推理效率，极大降低计算机处理成本。

⑦基于图结构的数据格式，便于计算机系统的存储与检索。知识图谱以三元组为基础，使得在数据的标准化方面更容易推广，相应的工具更便于统一。结合图数据库技术及语义网描述体系、标准和工具，为计算机系统对大规模知识系统的存储与检索提供技术保障。

## 第三节　典型的知识图谱

知识图谱的诞生宣告了知识工程进入大数据时代。知识图谱是大数据知识工程的代表性进展，2017 年我国学科目录做了调整，首次出现知识图谱学科方向，教育部对知识图谱这一学科的定位是“大规模知识工程”。不同类型的知识图谱随着互联网的发展孕育而生，下面介绍一些具有代表性的知识图谱。

### 一、WordNet

WordNet 是由普林斯顿大学（Princeton University）不同领域的专家学者联合设计的一种基于认知语言学的英语词典。它不仅把单词以字母顺序排列，而且按照单词的意义组成一个“单词的网络”。按照词性分类将名词、动词、形容词和副词分别组成对应的同义词网络。每个同义词集合代表一个基本语义概念，找到集合之间的关系进行连接。以名词网络为例，其关系连接主要是上位和下位关系，它占据了关系中的 80% 左右。

### 二、ConceptNet

ConceptNet 是 Open Mind Common Sense project 的知识图表版本，是基于一个人所知道的最基本事物的常识知识库。ConceptNet 的作用是提供一个足够大的、免费的知识库，重点关注自然语言中使用的单词的常识意义。这种对单词的关注使得它特别符合将单词的意思表示为向量的思想。ConceptNet 的本质是一个包含开始节点、关系标签和结束节点的三元组。ConceptNet 的知识主要来源包括从开放思维常识和其他语言的姐妹项目中获得的事实、使用自定义解析器解析 Wiktionary 中提取的信息、开放多语言 WordNet 及其他的多语言并行项目、从 Wikipedia 信息框中提取的事实网络等内容。

## 三、Freebase

Freebase 是个类似 Wikipedia 的创作共享类网站，所有内容都由用户添加，采用创意共用许可证，可以自由引用。两者之间最大的区别在于，Freebase 中的条目都采用结构化数据的形式，而 Wikipedia 不是。例如，已故明星奥黛丽·赫本的条目，其中所有的内容都是格式化的，包括出生时间、死亡时间、性别、职业、国籍、配偶等，这一套格式是固定的，所有人物条目都包含同样的字段。这样一来，数据之间就可以很容易地联系在一起，为信息的查询和处理提供了便利。

## 四、GeoNames

GeoNames 是一个免费的全球地理数据库，它把各种来源的免费数据进行集成并制作成一个数据库或一系列的 Web 服务。GeoNames 地名辞典包含了近 200 种语言的 1100 万个地名和 200 万种别名，地理信息详细到坐标、行政区划、邮政编码、人口、海拔和时区。GeoNames 的数据收集自（美国）国家测绘机构、国家统计署、国家邮政局和美国陆军。GeoNames 回答了诸如此类的问题：这个地方在哪儿？它的坐标是多少？它属于哪个地区或哪个省？GeoNames 的用户一般利用这些数据或服务计划旅游、房地产、在线社区、商店定位、交通工具追踪、地址确认或关于地理地图方面的应用。

## 五、DBpedia

DBpedia 是一个很特殊的语义网应用范例，它从维基百科（Wikipedia）的词条里摘取出结构化的资料，以强化维基百科的搜寻功能，并将其他资料集结连至维基百科。透过这样的语义化技术的介入，让维基百科的庞杂资讯有了许多创新而有趣的应用。例如，手机版本、地图整合、多面向搜寻、关系查询、文件分类与标注等。DBpedia 也是世界上最大的多领域知识本体之一。DBpedia 2014 版的资料集拥有超过 458 万个物件，包括 144.5 万人、73.5 万个地点、12.3 万张唱片、8.7 万部电影、1.9 万种电脑游戏、24.1 万个组织、25.1 万种物种和 6000 种疾病。其资料不仅被 BBC、路透社、《纽约时报》所采用，也是 Google、Yahoo 等搜寻引擎检索的对象。

### 六、Wikidata

Wikidata 即维基数据，是维基百科的一个项目。该项目已经在维基百科德国分部开始进行，项目完成之后，将会交给维基百科基金会进行操作和维护。Wikidata 允许用户问不同类型的问题，如“世界上十个最大的城市中，哪个城市有女性市长？”对于这样的问题，目前维基百科中的答案是由用户手动创建的，而在 Wikidata 中，答案将会由 Wikidata 自动创建。

### 七、Google 知识图谱

Google 知识图谱于 2012 年发布，是一个从多种来源收集信息的 Google 知识库，目的是提高 Google 搜索结果质量。具体展现形式是输入搜索词后，在品目右侧的大块区域显示有关人、地点和事物信息，帮助搜索者快速了解某个内容，通常显示的位置是在自然搜索页面的右侧，中下部位置，包含与搜索关键词相关度较高的丰富信息。

### 八、搜狗知立方

为了让用户获取信息更简单，搜狗搜索发布全新的知识库搜索引擎——知立方，这是国内搜索引擎行业中首家知识库搜索产品。知立方通过整合海量的互联网碎片化信息，对搜索结果进行重新优化计算，将核心的信息展现给用户，这就需要区别于传统的“关键词搜索”，不是单纯的抓取网页数据，而是引入“语义理解”技术，试图理解用户的搜索意图，才能将搜索结果准确地传递给用户。

### 九、百度知心

百度知心，是百度下一代搜索引擎的雏形。运用数据挖掘能力将散落在互联网上碎片化的知识整合起来形成答案，满足用户需求，实现搜索结果即答案的效果。百度知心在百度展现形式为左侧三条广告位以下，占据 7 个百度推广广告位置，可翻页。

### 十、CN-DBpedia

CN-DBpedia 是由复旦大学知识工场实验室研发并维护的大规模通用领域结构化百科，其前身是复旦 GDM 中文知识图谱。CN-DBpedia 主要从中文百科类网站（如百度百科、互动百科、中文维基百科等）的纯文本页面中提取信息，经过滤、融合、推断等操作后，最终形成高质量的结构化数据，供机器和人使用。CN-DBpedia 自 2015 年 12 月发布以来，已经在问答机器人、智能玩具、智慧医疗、智慧软件等领域产生 3.5 亿次 API 调用量。

## 第四节　知识图谱的常用工具

### 一、Pajek——处理大数据集的网络信息分析工具

Pajek 是由斯洛文尼亚卢布尔雅那大学（Univerza v Ljubljani）的弗拉迪米尔·巴塔盖尔吉（Vladimir Batagelj）和安德烈·姆尔瓦（Andrej Mrvar）共同开发，是一款快速有效地分析和仿真复杂网络的可视化软件。在斯洛文尼亚语中 Pajek 是蜘蛛的意思，其软件标志也用一只蜘蛛来表示，象征着 Pajek 能像蜘蛛一样编织出错综复杂的网络结构。Pajek 可为用户提供一整套快速有效复杂网络分析算法和可视化的界面，方便用户从视觉角度更加直观地了解各种复杂网络的结构特性。Pajek 可以为合著网、化学有机分子网、蛋白质受体交互网、家谱网、因特网、引文网、传播网、数据挖掘网等多种复杂网络提供分析和可视化操作工具。与一般计算机图形的结构相比，复杂网络的复杂

性主要表现在结点数目巨大，通常达到几千甚至几万个，其结构要比一般计算机图形的结构复杂得多。Pajek 是一种可以快速有效地分析和仿真复杂网络的可视化软件。

Pajek 具备快速性、可视化、抽象化 3 个方面的特点。其快速性体现在由于 Pajek 算法时间复杂度都低于 0（$n^2$），使 Pajek 有别于其他算法，可以为用户提供一整套快速有效的算法，用来快速处理大型的复杂网络；其可视化体现在 Pajek 为用户提供了一个非常人性化的可视化平台，可以便捷地绘制出一张网络图，还可以根据自己的需要以自动或手动方式来对该网络图进行精细调整；其抽象化体现在 Paijek 为分析复杂网络的全局结构提供了一种抽象方法。

## 二、Ucinet——社会网络分析工具

Ucinet 是由加州大学欧文分校（University of California，Irvine）的一群网络分析者开发，对该软件进行扩展的团队是由斯蒂芬·博加提（Stephen Borgatti）、马丁·埃弗里特（Martin Everett）和林顿·弗里曼（Linton Freeman）组成。该软件最初是一组用 Basic 语言编写的模块，逐渐发展成为综合性的 DOS 程序，现在已经可作为一种 Windows 程序来使用了。Ucinet 软件涵盖了一些基本的图论概念、位置分析法和多维量表分析法等，可以同时处理多种关系，并可以根据结点的特性设置结点的颜色、形状和大小，并可做数据分析，如中心性分析、子图分析、角色分析等，具有很强的矩阵运算能力，是一个非常灵活的可视化软件。

Ucinet 具备运行速度快、操作便捷、便于数据转换和管理 3 个方面的特点。其运行速度快体现在 Ucinet 在运行时，可在降低最大处理的网络结点大小占用大量内存的算法，还是使用能处理更多数据集合、节省内存空间的缓慢算法之间做出最佳选择。其操作便捷体现在 Ucinet 是菜单驱动程序，菜单是嵌套的，选择菜单中的某个功能时可以显示该功能下的所有子菜单，用户可以根据需要选择。其便于数据转换和管理体现在利用 UCINET 软件可以读取文本文件、KrackPlot、Pajek、Negopy、VNA 等多种格式的文件，与软件 Mage、NetDraw 和 Pajek 集成在一起，实现选择子集、合并数据集、序化、转化或记录数据、可视化等数据功能。

### 三、BibExcel——文献计量分析工具

BibExcel是由瑞典科学家佩尔松(Persson)开发的科学计量学研究软件。BibExcel可辅助用户分析数目数据，或者格式相近的自然语言文本，最终产生的数据可导出至Excel或其他数据的程序中。主要用于文献计量分析、引文分析、数目耦合、聚类分析，并可为Pajek、NetDraw等软件提供数目数据等。

BibExcel是一款供学术非营利使用的免费软件，其主要特点是小巧实用、功能丰富。

### 四、HistCite——绘制时序图谱的引文分析工具

HistCite和Web Of Science隶属于同一家公司——汤森路透（Thomson Reuters），它是一套比较完整的引文编年可视化系统，支持Web of Science数据库。HistCite能够用图示的方式展示某一领域不同文献之间的关系，可以快速帮助用户绘制一个领域的发展历史，定位出该领域的重要文献及最新的重要文献。

HistCite具备识别关键文献、分析领域发展情况、可分析下载作品数量和引用比率3个方面的特点。其识别关键文献特点体现在识别出对该主题发展做出重要贡献的文献、识别出该领域内被引用最多的作者和期刊、识别出其他的可以扩检的关键词。其分析领域发展情况特点体现在可创建历史图表来显示关键的文献和时间、创建某个作者的历史发展图、找到高被引文献、发现重要的共作者关系、找到对某位作者所写文献中贡献最大的出版物和文献、找到作者所出版作品的时间序列。其可分析下载作品数量和引用比率特点体现在分析发文作者的国际和所属机构，如在所下载的这些文章中，发文最多及被引用最多的作者；引文的统计情况，如计算作者的H指数、自引和排除自引的情况等。

### 五、CiteSpace——基于多元视角分析的信息可视化工具

CiteSpace是美国德雷塞尔大学（Drexel University，Philadelphia，PA，

USA）信息科学与技术学院陈超美教授基于 Java 开发的一款科学计量软件。CiteSpace 翻译为“引文空间”，是一款着眼于分析科学中蕴含的潜在知识，是在科学计量学、数据可视化背景下逐渐发展起来的一款引文可视化分析软件。由于是通过可视化的手段来呈现科学知识的结构、规律和分布情况，因此也将通过此类方法分析得到的可视化图形称为“科学知识图谱”。CiteSpace 在全世界享有盛誉，近年在中国的普及率也越来越高，大连理工大学等多所中国院校对 CiteSpace 展开了不同程度的研究和应用，并将国内的 CSSCI、CNKI 等数据库应用到了 CiteSpace 中。CiteSpace 的主要功能包括找出学科领域演进的关键路径；快速识别经典文献、关键点文献、分析学科热点和前沿、生产地理网络合作图谱、分析学科演进的潜在动力机制、找出学科领域演进的关键路径等。

Citespace 具备普及率高、操作便捷、功能齐全 3 个方面的特点。其普及率高体现在无论是国际上还是国内，越来越多的学者使用 CiteSpace 做引文可视化分析，仅 CNKI 上与 CiteSpace 有关的论文多达 8000 余篇，多所高校已开设 CiteSpace 相关学习课程。其操作便捷体现在，CiteSpace 支持 Web of Science、CSSCI、CNKI 等多种数据的导入，其中 Web of Science 等数据库的原始数据格式直接导入进行运算及作图，不需要转化为矩阵的格式，操作界面简洁清晰，可按照目前需求一键生成可视化结果。其功能齐全体现在适用于各个领域，分析自然科学、社会科学等领域，可实现研究热点分析、研究前沿探测、研究路径分析、学科交叉流动分析等功能。

### 六、SPSS——面向多元统计分析的信息可视化工具

SPSS 早期的英文全称为 Statistical Package for the Social Sciences，即“社会科学统计软件包”，随着 SPSS 产品服务领域的扩大和服务深度的增加，于 2000 年将英文全称更改为 Statistical Product and Service Solutions，意为“统计产品与服务解决方案”，标志着 SPSS 的战略方向正在做出重大调整。2010 年 SPSS 公司被 IBM 公司并购，各子产品家族名称前统一加上 IBM SPSS 字样。SPSS Statistics 软件是一款久享盛名的统计分析工具。对于统计专业人员来说，它是必须掌握的得力工具；对于非统计专业人员而言，它是最通用的数据分析平台和综合性统计分析工具。SPSS 在知识图谱中主要用到因子分析、聚类

分析、多维尺度分析等。

SPSS 具备支持多国语言、数据处理功能强大、图表结果清晰 3 个方面的特点。其支持多国语言特点体现在SPSS是一款可切换多国语言统计分析软件，且中文界面清晰友好，方便用户操作使用。其数据处理功能强大特点体现在不需要为完成数据准备工作购买其他产品，提供了强大的数据管理功能，更快地为分析做数据准备；除了常见的统计、行列计算，还提供诸如数据汇总、交叉分析、分类、描述性统计分析、因子分析、回归及聚类分析等数据分析功能。其图表结果清晰特点体现在可用演示图表清晰地表达分析结果，高分辨率、色彩丰富的饼图、条形图、直方图、散点图、三维图形及更多图表都是 SPSS 中的标准功能。

### 七、Prefuse——基于开源的知识图谱软件设计与实现工具

Prefuse 是一个基于 Java 的可扩展的工具包，能够帮助软件开发人员使用 Java 编程语言开发交互的信息可视化程序，可以免费用于商业和非商业目的的开发。Prefuse 为数据建模、数据可视化及用户交互提供了丰富的软件库，具备丰富的数据建模、可视化、用户交互的功能，提供了优化的数据结构、布局和视觉编码技术，以及对动画、动态查询、综合搜索、数据库连接等方面的支持，大大简化了与可视化数据界面交互的过程。Prefuse 的后台数据库可以进行重新组合或随机抽取某一或某些部分，应用 Java 2D 图形库，实现与 Java Swing 应用程序和 Web Java 应用程序整合。Prefuse 提供了一个完整的结构来开发新技术和具体领域的设计，能生成类似布局图、双曲树图、树图、点图、异常图这样的非结构化数据的可视化图形，为新型可视化的设计和实施提供支持。

Prefuse 具备对开发人员友好、灵活的可视化操作 2 个方面的特点。其对开发人员友好特点体现在为开发人员提供简单、友好的 API 接口，方便开发人员创建自定义的处理、互动和渲染组件；内部搭建类似于 SQL 的语言，可以针对数据进行行和列的操作；支持数据库的查询结果集合和 Prefuse 内部数据的映射。其灵活的可视化操作特点体现在支持由表、图和树组成的数据结构，内设组件帮助完成布局、颜色、大小和形状设定、变形、动画及更多功能；在位置和动画中利用了物理学中力的模拟，可视化的变形效果，包括物

体位置移动和依据空间及语义的放大缩小及灵活多样的显示方式，包括概貌、详细的方式和多个显示图。

## 第五节　知识图谱研究现状分析

选取南京大学中国社会科学研究评价中心开发研制的 CSSCI 数据库，以知识图谱为检索词，检索标题、关键词、摘要等含有知识图谱的期刊文献，检索时间截至 2022 年 8 月，筛选出与知识图谱主题相关度较低的文章，剔除重复的文章，最终在 CSSCI 数据库中检索出 3169 条结果。提取包括作者姓名、文章标题、来源期刊、关键词、摘要、发表时间等文献基本信息，利用 CiteSpace 分析软件对文章数量、来源、作者、关键词、机构等进行分析，对运行参数进行设置，生成可视化图谱。

### 一、基本特征分析

#### （一）文章数量分析

在 CSSCI 数据库中检索出最早一篇与知识图谱有关的文献发表在 2005 年 4 月 15 日，由大连理工大学陈悦发表在《科学学研究》期刊上的题为《悄然兴起的科学知识图谱》一文。由图 2-1 可知，2005—2020 年，与知识图谱有关主题文献的数量除 2013 年有小幅下降外，整体处于逐步增加、稳步上涨的趋势，并且在 2020 年达到了峰值 400 篇，相较于 2005 年翻了 400 倍。从 2021 年开始文献数量有了轻幅的回落，与 2019 年的文献数量基本持平，2022 年又呈现上升的趋势。由此可见，知识图谱领域研究的关注度整体呈现逐年上涨的趋势，近期处于平稳波动中。

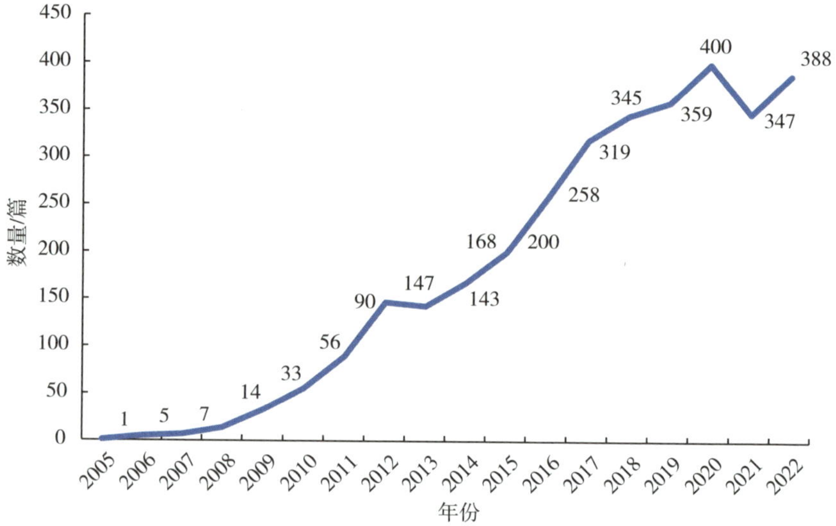


图 2-1　文献数量分析

### （二）学科分析

2005 年至 2022 年 8 月，CSSCI 数据库中收录的与知识图谱有关的文献分布于多个学科中，选取文献数量前 20 的相关学科绘制成学科分布表。由表 2-1 可知，从收录期刊的学科分类来看，排名第一的学科是图书情报与数字图书馆，文献数高达 1759 篇，占比 45.21%，文献数量是排名第二学科的近 6 倍。排名第二的学科教育理论与教育管理和排名第三的学科计算机软件及计算机应用文献数相近，分别为 296 篇和 292 篇，占比均在 7% 以上。从排名第 6 的学科新闻与传媒至排名第 20 的学科环境科学与资源利用，占比均在 4% 以下，最高为 153 篇，最低为 39 篇。由此可见，与知识图谱有关的文献涉及学科范围较广，总体集中在图书情报与数字图书馆、教育理论与教育管理、计算机软件及计算机应用、企业经济、高等教育等学科中。

表 2-1　学科分布情况

| 学科 | 文献数 / 篇 | 占比 | 排序 |
|---|---|---|---|
| 图书情报与数字图书馆 | 1759 | 45.21% | 1 |
| 教育理论与教育管理 | 296 | 7.61% | 2 |

续表

| 学科 | 文献数 / 篇 | 占比 | 排序 |
|---|---|---|---|
| 计算机软件及计算机应用 | 292 | 7.50% | 3 |
| 企业经济 | 165 | 4.24% | 4 |
| 高等教育 | 161 | 4.14% | 5 |
| 新闻与传媒 | 153 | 3.93% | 6 |
| 科学研究管理 | 148 | 3.80% | 7 |
| 体育 | 117 | 3.01% | 8 |
| 行政及国家行政管理 | 112 | 2.88% | 9 |
| 经济体制改革 | 98 | 2.52% | 10 |
| 出版 | 87 | 2.24% | 11 |
| 宏观经济管理 | 80 | 2.06% | 12 |
| 农业经济 | 68 | 1.75% | 13 |
| 中国语言文字 | 67 | 1.72% | 14 |
| 社会学及统计学 | 58 | 1.49% | 15 |
| 中国政治与国际政治 | 57 | 1.46% | 16 |
| 旅游 | 49 | 1.26% | 17 |
| 自动化技术 | 43 | 1.11% | 18 |
| 管理学 | 42 | 1.08% | 19 |
| 环境科学与资源利用 | 39 | 1.00% | 20 |

### （三）研究机构分析

选取 CSSCI 数据库中收录的与知识图谱有关的发布文献数量前 20 的研究机构，绘制成研究机构分布表。由表 2–2 可知，发文量排名前五的分别为武汉大学、南京大学、大连理工大学、吉林大学和北京师范大学，其发文量分别为 194 篇、144 篇、133 篇、97 篇、81 篇，排名前三的机构发文量总占比为 35.07%，接近 40%。发文量排前 20 的研究机构，除中国科学院文献情报中心外其余均为高校，且被 CSSCI 收录的与知识图谱有关的文献数均在 30 篇以上。由此可见，各大高校对知识图谱领域的关注度较高，且像图书情报与档案管理学科较强的武汉大学、南京大学、大连理工大学等高校发文量处于领先地位。

表 2-2　研究机构分布情况

| 研究机构 | 文献数 / 篇 | 占比 | 排序 |
| --- | --- | --- | --- |
| 武汉大学 | 194 | 14.45% | 1 |
| 南京大学 | 144 | 10.72% | 2 |
| 大连理工大学 | 133 | 9.90% | 3 |
| 吉林大学 | 97 | 7.22% | 4 |
| 北京师范大学 | 81 | 6.03% | 5 |
| 华中师范大学 | 80 | 5.96% | 6 |
| 华东师范大学 | 70 | 5.21% | 7 |
| 北京大学 | 63 | 4.69% | 8 |
| 中国人民大学 | 58 | 4.32% | 9 |
| 东北师范大学 | 51 | 3.80% | 10 |
| 中国科学院大学 | 50 | 3.72% | 11 |
| 清华大学 | 45 | 3.35% | 12 |
| 陕西师范大学 | 38 | 2.83% | 13 |
| 四川大学 | 38 | 2.83% | 14 |
| 华南理工大学 | 36 | 2.68% | 15 |
| 中国科学院文献情报中心 | 35 | 2.61% | 16 |
| 浙江大学 | 34 | 2.53% | 17 |
| 同济大学 | 34 | 2.53% | 18 |
| 天津师范大学 | 31 | 2.31% | 19 |
| 中山大学 | 31 | 2.31% | 20 |

## 二、研究热点分析

基于CSSCI数据库，借助CiteSpace数据分析软件，对近20年知识图谱相关领域研究进行关键词分析。选择出现频次大于等于3的关键词，剔除没有实际意义的关键词，生成可视化视图（图2-2）。由图2-2可知，国内知识图谱研究热点主要分为十个聚类，分别为科学知识图谱（科学知识图谱、知识基础、热点领域）、社会网络分析（社会网络分析、图书馆学、MOOC、情报学、VOSviewer）、共词分析（共词分析、聚类分析、图书情报学、知识图谱分析、竞争情报、研究前沿、知识管理、共引分析）、科学计量学（科学计量学、研究现状、主题演化、作者共被引、文献计量学）、人工智能（人工智能、知识组织、深度学习、知识发现、知识服务、网络舆情、共引分析）、信息可视化（信息可视化、专利分析、共现分析、数据挖掘）、CSSCI（CSSCI、SSCI、Web of Science、数字人文）、发展趋势（发展趋势、科学计量、研究主题、文献计量分析）、可视化（可视化、大数据）、可视化分析（研究综述、可视化分析、引文分析）。

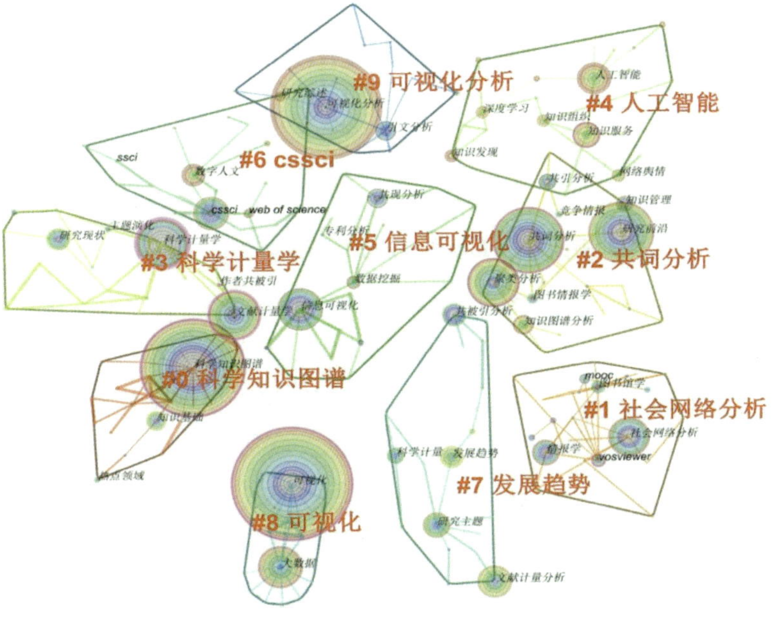


图2-2 知识图谱聚类分析

通过剔除没有实际意义的关键词如研究热点、研究前沿等，再剔除与知识图谱有相同意义的关键词如知识图谱、可视化、信息可视化、可视化分析等，结合聚类图对研究热点重新进行梳理，近20年我国知识图谱研究领域热点主要集中在理论研究、方法研究、数据处理和挖掘、学术研究、行业应用等5个方面。①理论研究指知识图谱相关概念、原理、发展等，涉及知识可视化、隐性知识、概念图、知识管理、数字图书馆等内容。②方法研究指知识图谱涉及的分析方法，涉及引文分析、共词分析、社会网络分析、定量分析、定性分析等内容。③数据处理和挖掘指在互联网技术高速发展的大数据时代背景下，知识图谱在大数据、云计算、网络计量等领域的发展与应用。④学术研究指可以借助知识图谱梳理学科研究脉络、了解研究进展、探究发展方向等，涉及教育、化学、社会学、医疗等多学科领域。⑤行业应用指知识图谱在经济社会中不同行业中的现实应用，涉及制造业、电气电子、环境、机械和石油工业等，还可应用于社会管理领域中的社会舆情分析等。

## 第六节 知识图谱的相关技术与应用

### 一、知识图谱的相关技术

#### （一）实体识别和链接（Entity Recognition and Linking）

实体识别和链接技术旨在从文本中识别出具有特定含义的实体，如人名、地名、组织机构等，并将这些实体链接到知识图谱中的相应实体。通过使用自然语言处理和机器学习技术，实体识别和链接可以帮助构建知识图谱的实体节点，并且在知识图谱中建立实体之间的关联关系。

#### （二）关系抽取（Relation Extraction）

关系抽取是从文本中提取出实体之间有关系的技术。通过分析文本中的语义和句法结构，关系抽取可以帮助构建知识图谱的关系网络。关系抽取技术可以应用于自然语言处理、信息抽取和问答系统等领域，从而提供更丰富的知识图谱信息。

### （三）知识表示学习（Knowledge Representation Learning）

知识表示学习技术旨在将知识图谱中的实体和关系表示为低维向量，以便于机器学习算法的处理。常见的知识表示学习方法包括图嵌入（Graph Embedding）和知识图谱表示学习（Knowledge Graph Embedding）。这些方法可以将知识图谱中的实体和关系映射到向量空间中，从而可以进行向量计算和机器学习等操作。

### （四）图数据库（Graph Database）

图数据库是一种专门用于存储和查询图结构数据的数据库。它提供了高效的图遍历和图查询功能，可以支持复杂的图模式匹配和图算法操作。图数据库可以用于存储和管理知识图谱数据，并提供灵活的查询和分析能力，从而支持知识图谱的构建和应用。

### （五）可视化和交互（Visualization and Interaction）

为了更好地理解和使用知识图谱，可视化和交互技术非常重要。可视化技术可以将知识图谱以图形的形式展示出来，帮助用户直观地浏览和探索知识。交互技术可以让用户与知识图谱进行交互，如通过查询、过滤、导航等方式。可视化和交互技术可以提高知识图谱的可用性和用户体验，从而促进知识的传播和应用。

### （六）知识推理（Knowledge Reasoning）

知识推理是基于已有的知识图谱知识，通过逻辑推理或机器学习方法推断出新的知识。这项技术可以帮助填补知识图谱中的缺失信息，提高知识图谱的完整性和准确性。知识推理可以应用于推理引擎和智能推荐系统等领域，从而提供更精确和个性化的知识服务。

## 二、知识图谱在不同领域的应用

知识图谱的应用非常广泛，涵盖了搜索引擎、智能问答、推荐系统、智能客服等方面，相关技术包括基于知识图谱的搜索和推荐算法、问答系统和对话系统等。这些应用可以帮助用户获取和利用知识图谱中的知识，从而提供更智能和个性化的服务。以下是知识图谱在医疗、金融、教育、智能交通、智能家居、电子商务等领域的典型应用案例。

### （一）知识图谱在医疗领域的应用

在疾病诊断与治疗方面，医疗知识图谱可以整合医学文献、临床实践和患者数据，帮助医生进行疾病诊断和制定治疗方案。例如，知识图谱可以将症状、疾病、药物和治疗方法之间的关系建模，辅助医生进行准确的诊断。在药物研发与安全性评估方面，知识图谱可以整合药物化学信息、药理学数据和临床试验结果，帮助研究人员预测药物的疗效和副作用。同时，它还可以帮助监测和评估药物的安全性和有效性。在医疗资源管理方面，知识图谱可以整合医院、医生、病人和医疗设备等信息，帮助医院进行资源调配和排班管理，提高医疗服务效率。

### （二）知识图谱在金融领域的应用

在欺诈检测方面，金融知识图谱可以整合客户信息、交易记录和欺诈模式，帮助金融机构识别潜在的欺诈行为。例如，通过分析客户之间的关系、交易模式和历史记录，可以提高欺诈检测的准确率。在风险评估与管理方面，知识图谱可以整合市场数据、公司财务信息和经济指标，帮助金融机构进行风险评估和管理。例如，通过建模企业之间的关系、行业动态和市场趋势，可以预测企业的信用风险和市场风险。在投资决策支持方面，金融知识图谱可以整合投资者的偏好、资产配置策略和市场信息，帮助投资者做出更明智的投资决策。例如，通过建模不同资产类别之间的关系、历史回报率和风险指标，可以提供个性化的投资建议。

### （三）知识图谱在教育领域的应用

在个性化学习方面，教育知识图谱可以整合学生的学习记录、兴趣偏好和教学资源，为学生提供个性化的学习路径和教学内容。例如，通过建模学生的知识水平、学习风格和学科之间的关系，可以为学生推荐适合其学习需求的教学资源。在教学内容管理方面，知识图谱可以整合教学资源、教学标准和课程评估指标，帮助教师进行教学内容的管理和优化。例如，通过建模教学资源之间的关系、知识点的连接关系和学生的学习进度，可以为教师提供教学内容的个性化推荐和评估。在学术研究支持方面，教育知识图谱可以整合学术论文、研究课题和学者之间的合作关系，帮助学者进行学术研究和知识发现。例如，通过建模学术领域的知识结构、研究成果的引用关系和学者的合作网络，可以为学者提供相关研究领域的最新进展和合作机会。

### （四）知识图谱在智能交通领域的应用

在智能交通管理方面，知识图谱可以整合交通规则、交通流量和道路状况等信息，帮助交通管理部门优化交通流动和减少拥堵。例如，通过建模道路之间的关系、交通信号灯的控制策略和车辆的实时位置，可以实现智能的交通信号灯控制和路线优化，提高交通效率和减少交通事故。在智能导航与路径规划方面，知识图谱可以整合地理信息、交通网络和用户偏好，为驾驶员提供智能导航和路径规划服务。例如，通过建模道路之间的关系、交通拥堵情况和用户的偏好，可以为驾驶员提供最优的导航路线和实时交通信息，提高驾驶效率和减少出行时间。在智能车辆控制方面，知识图谱可以整合车辆传感器数据、路况信息和驾驶行为模型，帮助实现智能车辆的自动驾驶和安全控制。例如，通过建模车辆传感器之间的关系、路况的变化和驾驶行为的模式，可以实现智能的车辆控制和自动驾驶，提高行车安全和驾驶舒适度。

### （五）知识图谱在智能家居领域的应用

在智能设备控制方面，知识图谱可以整合家庭成员的偏好、设备的功能和环境的变化，实现智能的家庭设备控制。例如，通过建模家庭成员之间的关系、设备的互联关系和环境的变化规律，可以实现智能的家庭设备控制和场景自动化，提高家庭的舒适度和便利性。在智能能源管理方面，知识图谱可以整合能源消耗数据、能源供应情况和用户需求，帮助家庭进行智能能源管理。例如，通过建模能源消耗之间的关系、能源供应的变化和用户的需求模式，可以实现智能的能源调度和节能控制，提高能源利用效率和降低能源消耗。在智能安全监控方面，知识图谱可以整合家庭安全设备、入侵检测系统和用户行为模式，帮助家庭实现智能的安全监控。例如，通过建模安全设备之间的关系、入侵检测的模式和用户的行为规律，可以实现智能的安全监控和实时报警，提高家庭的安全性和防护能力。

### （六）知识图谱在电子商务领域的应用

在个性化推荐方面，知识图谱可以整合商品信息、用户偏好和市场趋势，为电商平台提供个性化的推荐服务。例如，通过建模商品之间的关系、用户的购买记录和市场趋势的变化，可以为用户推荐符合其兴趣和需求的商品，提高用户购买的满意度和平台的销售额。在风险评估和欺诈检测方面，知识图谱可以整合用户行为数据、交易记录和欺诈模式，帮助电商平台进行风险评估和欺诈检测。例如，通过建模用户之间的关系、交易的模式和欺诈行为的特征，可以实现实时的风险评估和欺诈检测，保护平台和用户免受欺诈活动的损害。在供应链管理方面，知识图谱可以整合供应商信息、产品流通路径和市场需求，帮助电商平台优化供应链管理。例如，通过建模供应商之间的关系、产品的流通路径和市场需求的变化，可以实现智能的供应链管理和库存控制，提高平台的运营效率和降低成本。在营销策略优化方面，知识图谱可以整合市场数据、竞争对手信息和用户反馈，帮助电商平台优化营销策略。例如，通过建模市场的竞争关系、竞争对手的营销策略和用户的反馈行为，可以实现智能的营销策略优化和精准营销，提高平台的市场竞争力和用户的满意度。

## 第七节　知识图谱推动人工智能发展

人工智能（Artificial Intelligence，AI）可以通过对人类思维过程的模拟，从而仿照人类的思考方式，它是研究、开发用于模拟、延伸和扩展人类智能的理论、方法、技术及应用系统的一门新的技术科学。人工智能研究隶属于计算机科学大类，该领域的研究包括机器人、语言识别、图像识别和自然语言处理等。人类理解文本符号的过程，实际上就是建立文本符号到知识图谱中的实体、概念、属性之间的映射的过程，机器理解数据的本质实际上是从数据到知识图谱中的知识要素（包括实体、概念和关系）的映射。借助知识图谱，机器可以重现人类的这种理解与解释过程。知识图谱推动人工智能的发展主要体现在以下几个方面。

## 一、知识图谱可以为机器理解自然语言提供背景知识

自然语言多具有歧义性和多样性，导致机器在理解自然语言时异常复杂。人类对歧义和多样的自然语言的认知与理解，是基于一定的环境背景下。例如，结合自己的生活体验、教育背景等，知识图谱所提供的规模庞大、语义关系丰富、结构清晰的背景知识有助于机器理解自然语言。

## 二、知识图谱促进人工智能“可解释”功能的发展

在搜索引擎平台上，“how”和“why”之类的搜索屡见不鲜，如“如何安装 office 办公软件”“怎么从武汉去庐山名胜风景区”。“可解释”功能是人们对智能系统提出的一个重要需求。而当前人工智能技术“可解释”功能开发与运用明显不足。例如，人工智能在医疗影像领域的应用相对比较成熟，医生可以通过对各种医疗影像的不断学习，从而对目标患者影像中可能存在的疾病进行智能判断，其准确率高达 95%，然而也仅仅是进行结果诊断，需要医生结合患者的影像结果进行复诊及制定后续的治疗方法，人工智能无法对患者疾病做出进一步的解释。解释实际上与符号化知识图谱密切相关，因为解释的对象是人，人只能理解符号而无法理解数值，所以需要借助知识图谱利用符号知识开展“可解释”人工智能的研究。

## 三、知识图谱有助于机器学习利用符号知识提高学习能力

相对机器学习而言，人类的学习更加高效、灵活，且擅长结合已有的经验知识。以对不同品种的鱼类学习为例，机器学习需要成千上万种鱼类图片样本才能准确区别鲫鱼、草鱼、鲈鱼等鱼类的特征。知识图谱可以挖掘符号背后的关系和意义，使符号知识得到增强，进而完成符号知识增强下的机器学习。符号增强下的机器学习，无论是专家知识还是通过学习模型习得的统计规律经符号化表达而获得的知识，都将显著地表达并且沉淀到知识库中，

再利用知识增强的机器学习模型解决实际问题。知识图谱促使符号增强下的机器学习，可显著降低机器学习模型对于大样本的依赖，突破学习瓶颈，提高利用率。

# 第三章

# 基于知识图谱技术转移的新思路

## 第一节　传统的技术转移模式和路线图

### 一、传统的技术转移模式

技术转移在长期的实践过程中，从较为单一的横向技术转移与纵向技术转移，慢慢向更有效率更专业的模式创新。

#### （一）横向技术转移

横向技术转移分为狭义与广义的概念。狭义的横向技术转移是指国家之间的技术输入与输出。广义的横向技术转移既包括国际技术转移又包括国内的技术转移，是指技术从一种背景到另一种背景的运动，是技术在不同背景间的水平移动（图 3–1）。

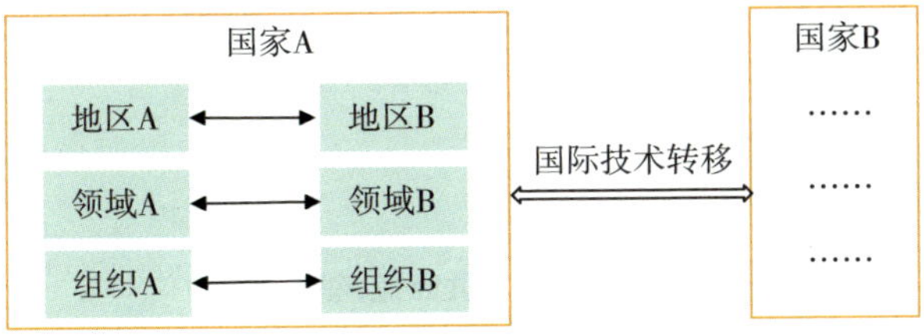


图 3–1　横向技术转移

### （二）纵向技术转移

纵向技术转移指技术从实验室向市场运动，技术被商业化开发的过程。狭义的纵向技术转移伴随着技术在不同阶段的转化，技术通常也会在不同的组织之间发生转移，广义的纵向技术转移还包括技术在同一个组织内部不同阶段的转化（图 3–2）。

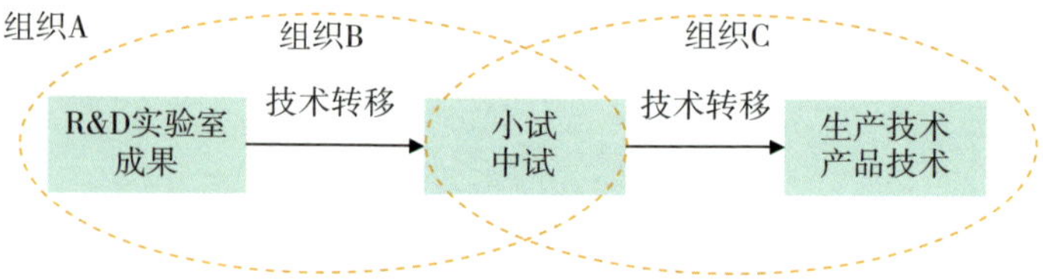


图 3–2　纵向技术转移

### （三）技术转移的传统模型（供应链模型）

在知识创新—技术创新过程中，学研方作为卖方，将研发出的各种阶段创新成果作为商品在技术市场上面向各类企业进行买卖，技术转移服务机构成为纵向技术转移的重要中介桥梁。在技术创新—市场创新的过程中，企业将非竞争性技术在行业内或行业间进行扩散（图 3–3）。

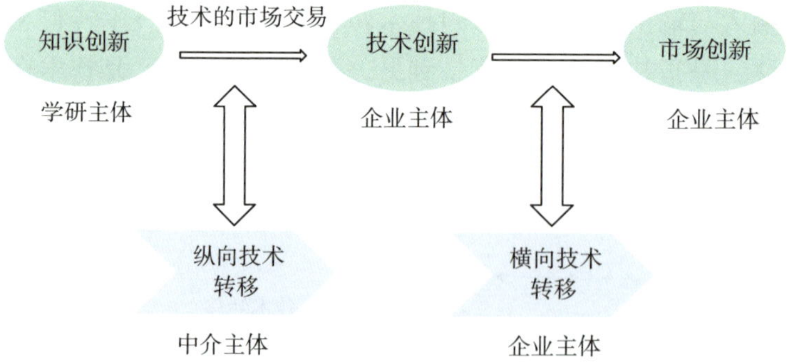


图 3–3　供应链模型

## 二、技术转移的一般过程

技术转移的 3 个过程如图 3–4 至图 3–6 所示。

图 3–4　技术转移的一般过程

图 3–5　技术供给方技术转移的一般过程

图 3–6　技术需求方技术转移的一般过程

## 三、技术转移的合作方式

### （一）交易转移方式

交易转移方式主要是指科研机构与企业之间通过市场交易进行的技术转让。现阶段，科研机构的主要工作是知识的获取和可行性的确定。交易转让可以使研究机构向机构外的企业转让具有潜在商业价值的技术，研究机构可以在为企业提供必要的技术支持和服务后退出。

交易转移有以下优点：第一，研究机构不需要负责验证回报或管理生命周期，从而降低风险；第二，有些技术转移的回报期较短，可以实现即时有效的回报。但是，交易转移也有缺点。首先，如果技术被交易，就会失去对技术的控制。其次，由于信息不对称的存在，研究机构在不了解市场状况的情况下，很容易失去潜在的高回报。研究机构不仅将确认收益的风险转移到企业，还将获得高收益的机会转移到企业。利弊分析表明，研究机构通常只交易和转让技术含量低或转化困难的技术，交易采用市场化运作。

### （二）合作转移方式

合作转移方式是一种额外的利益模式，其中一方提出问题，双方都提供答案。一种情况是企业有技术需求，没有与研究机构相关的科学技术成果，或者只有部分技术能力时，与研究机构合作，建立可行性或实验实践并转让技术。另一种情况是研究机构拥有可以生产或商业化的技术成果，但它们没有能力将其工业化或商业化，也没有能力对合资企业的技术转让回报进行实证评估。

合作转移模式的优势为研究机构只需要投资人才和技术，而公司需要投资设备和资金，从而为双方带来更高的回报。另外，研究机构可以获得更多的市场信息来适应其研究方向，公司可以获得更先进的技术信息来进行商业规划。由于合作转让的投资回报期相对较长，对人才、技术、设备和资金的要求较高，一般适合技术含量较高的项目。

### （三）衍生企业方式

衍生业务方法包括研究机构在知识获取、可行性评估、实用性测试、盈利能力审查和生命周期管理的整个过程中的技术转让。衍生企业的特征包括两个方面：公司的发起人是母组织的前雇员，或者核心技术从母组织转移。

衍生企业的优势在于：第一，可以用经济手段刺激研究者，增加研究的积极性和主动性；第二，研究机构可以控制技术和企业的后期发展；第三，潜在收益率高于其他两个模型。

衍生企业的缺点也相当明显：首先，它们的投资回报率很长，从公司成立到成功的市场化运作可能需要很长时间。其次，潜在风险很高。由于缺乏商业概念和市场意识方面的科研人员，商业发展的不确定性增加，风险在商业推广阶段尤为明显。最后，在企业和研究机构做大做强之后，很难界定它们之间的权力线。

### （四）“互联网 +”时代下的技术转移

近年来，随着互联网的普及，技术转移供需双方、第三方技术转移机构等技术转移参与角色，通过系统进行线上对接沟通、线下交流、技术评估，最终达成技术转移协议。线上的技术交易平台实现了不同组织和机构间互联互通的信息共享，相关方在线上平台信息共享、业务协同、远程会商、信息加工，促进了信息交流和技术交流。但是在“互联网 +”下的模式，更多是实现了信息的电子化和共享化，在信息的处理和分析上没有任何附加功能的实现。

## 四、传统的技术转移模式存在的难点与困境

传统的技术转移模式下，技术成果被激发却不活跃的总体困境日益凸显。自 2015 年《中华人民共和国促进科技成果转化法》修订以来，对科技成果转化的政策支持力度空前，收益留存、团队建设、转化形式、科技评价也发生了重大变化。由于早期积压了大量可转换的成果，政策制定者预测，在政策宽松之后，大学应该会进入一个爆发式转型期。然而，事实并非如此，科研人员开展成果转化的积极性没有得到有效提高，科技成果被激发而未被激活的状况依然存在。

我国以专利为代表的科技成果转化规模小、转化率低，明显落后于美国等国外高校。尽管我国每年的专利申请量与专利授权量增长迅猛，专利数量高于美国，但我国的专利转化规模与效率却远低于美国。

目前我国的技术转移还存在很多问题，如推动技术转移缺乏强有力的政策保障措施、科学研究与市场缺乏沟通、科技评价体系与奖励机制不够完善、技术转移缺乏资金支持和风险投资、技术转移机构服务平台功能较弱、技术转移人才缺乏、技术创新能力薄弱等。

概括来讲，技术转移主要面临三类困境。

### （一）管理困境

管理困境指因技术转移过程中缺少标准化的管理制度而产生的困境，体现为管理程序复杂、费时、权责不清，技术输出方内部技术转移机构对科技成果处置权限不足。究其根本原因，主要由以下几个方面造成。

1. 技术本身的复杂性

人们对技术的定义意见不一，从历史上来看，技术被人们看作是技能、手段、知识和过程等，技术多变的形态和过程让人困惑，技术的社会价值更是随着当前技术的高速发展而成为人们讨论的热点。通常情况下，技术转移视角会认为是知识或是技术产品发生了转移，而转移的形式多样。技术不仅包括技术设备等具有有形物质形态的技术成果、技术产品、技术专利，也包括信息、理念、创意等无形的认识和思想层面的研究成果，还包括技术人员的流向、服务、咨询、培训、鉴定、诊断等方面。除了编码知识，更多的缄默性知识深深凝聚于技术内容或技术产品中，而技术转移所涉及技术内容物的多样、多形、多态，

为实际操作和评价带来了困惑。仅仅从技术专利的形态衡量，或者仅仅从有形的文件等技术操作内容来说，很难对不同的技术转移过程进行理性的控制，这为技术转移管理内容物的确定和过程带来了极大的困难。

除此之外，技术存在生命周期，一般而言，可划分为孕育期、发展期、成熟期及衰退期，技术在各个时期的转移转化风险和评估价值具有较大差别。技术存在的阶段性又增加了技术本身的复杂性。

2. 技术转移过程的复杂性

由于科技成果的产权属性问题，技术转移流程变得复杂。因为程序烦琐、手续复杂、周期长、主体责任不明确、缺乏灵活性，使科研人员和技术转移人员的对接流程复杂化，而且常常因为冗长的故障过程而错失市场机会，导致企业无法进行合作。

同时，高等院校的技术推广往往涉及新型技术创新，从原型设计到商业实践的过程存在一定的不确定性。在推广过程中，专利、技术成果、设计图、核心技巧、效果样品等内容，以及各个发展阶段均受到多方面因素的影响。企业作为接收方，其技术水平、对技术内容的认可度及潜在的市场开发风险，都会受到社会文化、经济、政治环境等因素的影响。由于推广机制和传递途径的多样性，与技术相匹配的接收方需要相应地提高其能力，从而增加了技术推广过程的监管和管理难度。

另外，每一项技术都不是孤立存在的，各种相关技术要素之间存在着依存关系，即技术的相互关联。企业引入新技术融合时，如果新技术与原有技术系统不协调或缺乏其他支持性技术，往往需要进一步增加成本投入，甚至可能被迫放弃新技术。在投入生产过程中，企业生产能力与新技术不匹配可能带来风险，如与工艺不符、设备水平降低、生产环境未达标、原材料与零部件不匹配等。技术转移过程中不同阶段、技术之间的相互关系及技术转移后的实际应用风险都增加了技术转移的复杂性。

3. 技术转移政策的复杂性

政策的复杂性表明与技术转移相关的政策波动不断，技术转移的前景不明显，从而增加了政策风险。由于科研人员普遍对风险持谨慎态度，他们选择观望和等待，导致技术转移的意愿降低。科研人员普遍反映，技术转移程序复杂烦琐，缺乏明确的规范。

政府在高校或研究机构的技术转移工作上缺乏全面的指导政策，更多地以论文、专利、获奖等学术指标作为科研项目的主要考核标准。这些标准仅仅反映了成果的学术价值，而不是与经济社会紧密结合的市场价值。

在政策激励方面，科技部和财政部联合发布的有关科技成果转化的政策制度尚未得到社会广泛认可，且可操作性不强。少量科技开发和技术转移方面的评价和机制在科研人员绩效考核和评聘中无法有效实施。科技成果产权仍然存在模糊不清的问题，尤其是在高校、科研人员与高校企业之间的产权归属方面。科技成果知识产权导致了“公地悲剧”，严重影响了参与者对科技成果开发的投资，而企业对科技资源的使用障碍引发了“反公地悲剧”，导致科技成果被闲置和利用不足。

### （二）资源困境

资源困境是指资源未知、配置效率低及信息不准确的情况。特别是在技术转移供应链中涉及第三方机构时，由于这些机构的技术转移服务能力有限，沟通质量不高，从业人员责任感不强，导致信息不准确的问题非常突出。技术转移过程中的交易信息如图 3–7 所示。

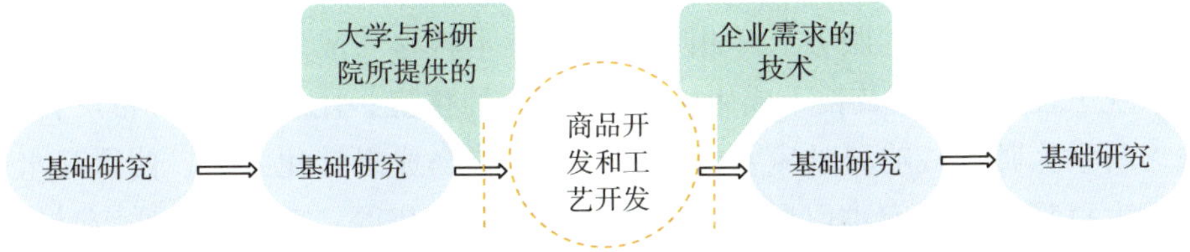


**图 3–7　技术转移过程中的交易信息**

1. 信息障碍

信息障碍是指由于技术需求信息失真和信息不对称导致资源配置效率下降。信息不对称是指市场交易双方在信息方面存在数量和质量的差异，是一种经济现象。其基本特征是交易相关的信息在交易者之间分布不均匀，一方比另一方拥有更多、更优质的相关信息，处于信息优势地位，而另一方则处于信息劣势地位。技术转移中的信息不对称主要来自技术供需双方之间，其信息不对称表现为以下几种形式。

技术供给方与需求方的信息并不公平。科研机构作为技术供给方，清楚了解技术的详细信息，包括其优势和缺陷。这使得科研机构处于信息优势地位。为了估算技术或获取更高的转让费用，科研机构可能夸大技术的实际价值，同时可能隐瞒或弱化不利于自身的信息。

企业的有效需求信息不对称。有些科研单位投入过多的精力用于技术开发，而忽略了是否符合社会需求。科研单位可能在技术含量上有很高的水平，但如果不满足企业的有效需求，就无法实现企业对其需求信息的供给，导致信息不对称。

交易成本的信息不对称。科研部门了解其科技成果的开发成本，但为了获得更多的经济利益，报价可能大大超出实际开发成本。然而，企业在技术转移过程中面临不确定性和风险，希望以较低的成本获取科技成果。因此，在科技成果交易成本方面的信息并不对称。

这些不准确的信息因素增加了技术变化的不确定性和风险，对双方的交易造成了困扰。

2. 人员障碍

人员障碍是指核心层技术转移组织缺乏复合型能力和经验的人才，包括技术、法律和商务谈判等方面的专业知识。当前，粗放型技术转移服务占据主导地位，专业化的服务人才相对匮乏。技术转移与成果转化是一项综合性的系统工程，需要涉及技术成果、信息、能力的移植、引进、交流和推广普及。缺乏科学大师、战略科学家及专业的技术转移与成果转化人员，使得高水平的重大科技前沿研究难以展开，重大科技成果的获得，特别是在适应时代发展需要方面存在困难。

长期以来，受到传统经济体制的影响，科研系统没有考虑为专业人员的技术转移与成果转化机构提供专业的服务，导致科研人员面对商业化应用领域时缺乏专业支持。遇到风险和转化成本等因素，一些科研人员可能选择将技术转移与成果转化暂时搁置，而继续从事其他研究工作，导致技术需求与技术供给之间的沟通和转化不足。具体表现在以下几个方面。

技术市场价值评估不足。科研人员对技术的先进性和学术性有专业认识，但对技术市场价值的分析不够专业，谈判能力有待提升，导致一些科研机构在技术转让价格方面未能充分考虑企业产业化后的实际成绩。

专业的技术转移人才缺乏。技术转移涉及技术、管理、法律等多个领域，需要具备综合能力的专业人才。缺乏懂技术、懂管理、善于运营的复合型人才，限制了技术转移和转化。这些人才需要具备市场营销、法律、企业管理等专业知识，以及广泛的网络和行业背景，才能应对跨行业、跨区域和跨国家的技术转移服务。缺乏这些经验丰富的人才，难以应对行业快速发展的需求，对技术转移和转化造成了一定的阻碍。

3. 技术转移中间环节缺失

技术转移的中间环节起到了关键的催化剂作用，促进了技术供给方和需求方之间的有效沟通和协调。这些中间环节包括专业从事技术转移的机构、信息沟通平台及孵化平台等，在技术转移过程中承担着重要责任，有助于推动技术的产业化。在技术转移过程中，中间阶段的作用可以归纳为以下几点。

促进供需双方的合作。中间环节作为连接技术供给方和需求方的桥梁，通过提供专业的服务和有效的信息交流平台，促使双方更好地理解对方的需求和优势，进一步增进合作关系。

提供专业服务。专业从事技术转移的机构具备丰富的经验和专业知识，能够在技术转移的各个环节提供指导、评估、法律支持等服务，有助于降低双方的不确定性，推动技术转移的循环进行。

创建信息沟通平台。中间渠道可以构建信息沟通平台，促进技术供给方和需求方之间的直接交流。有助于双方更及时、准确地了解对方的需求和供给，提高了信息的沟通。

提供孵化平台。孵化平台可以为技术的产业化提供支持。通过提供资源、网络和管理支持，孵化平台有助于技术从实验室转向市场，推动技术成果的商业化。

充当第三方中立力量。中间环节作为第三方，可以在技术转移过程中保持中立，协调供需双方的利益，帮助解决潜在的合作障碍和矛盾，从而推动技术转移的成功进行。

在整个技术转移的动态变化过程中（图 3-8），这些中间环节的支柱作用有助于创造一个更加高效、良好的效用场，推动技术转移向着预期效果迈进。

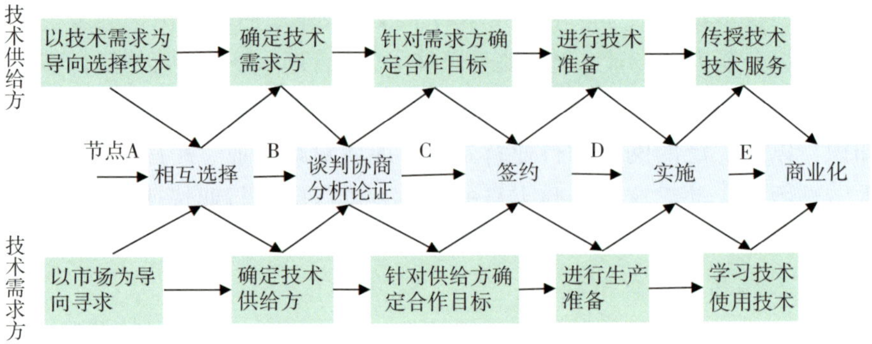


图 3-8　技术转移过程中动态变化

在当前体制下，许多科研人员在“象牙塔”中进行研究，由于大部分时间都花费在教室和实验室，很少对企业进行调研，对市场了解甚少。由于普遍缺乏对市场的理解，对应用端的理解，科研人员难以单独实现成果的中试与产业化，导致过程研究与工程研究之间存在高校脱节、阶段性成果脱节的现象，即便形成一套体系化技术，技术成果也无法直接应用到企业的产业化生产中。因此，需要建立更加完善的孵化平台，促进高校与企业之间的合作关系。

技术转移被认为是一个相对可预知的过程，技术接收（企业）方在政府的政策支持下，通过对技术成果的收购、吸收和改进，实现产业化生产。然而，实际情况却异常复杂。校企双方存在信息沟通不畅、市场调研不充足等现象，导致技术成果与企业需求不匹配。在创新链中，技术转移在创新成果最终投放市场之前经历了纵向发展，一旦技术经过测试验证实用，技术转移即开始，这意味着，根据技术转移的目标，整个过程涉及厂房、资金、知识和一系列专业技能的流动，以及技术开发和能力建设。

技术转移机构在这一复杂过程中扮演关键角色，主要从事收集、处理、新颖技术成果的供求信息，协助校企双方规划、开展协调和技术转移的流程，包括寻找合适技术、筛选候选技术。技术转移的主体双方可以通过各类技术市场、劳动力机构、产业化合作基地等建立紧密联系，着力解决成果的中试结合产业化问题，完善技术创新的价值链条和技术转移建设。特别是在技术转移转化体系中，孵化平台的建设使新技术研发和产业化风险能够得到合理分配，从而提高技术转移工作的效果。

专业化的技术转移平台在技术转移活动中发挥了关键作用，提供了多方面的附加要素，保证技术转移的成功进行。这些要素包括资金和载体保障。在资金方面，平台为专利的维护与包装、小试、中试等衍生企业提供了启动资金，有效降低了技术转移中的经济风险，促进了潜力技术的顺利转移。而在载体方面，平台提供了实验室所需技术的小试、中试设备和基地，为第一期的衍生企业提供办公场所等服务，为技术的实施和产业化提供了物质基础支撑设施。这种综合科研保障使技术转移平台成为成果向市场转化的理想场所，推动了技术转移活动的高效进行。

### （三）文化困境

文化困境是指科研人员与企业在参与技术转移时，由于动机和文化存在差异，导致技术转移受阻。这种文化差异涉及对共同目标的观念和认知规范不同，使得在技术语境中的沟通表达更加模糊、不准确且不规范。双方的文化差异在多个方面显现，包括目标导向、动机、知识共享逻辑、时间观念及风险因果等。

1. 对技术转移的功能认识不清

知识经济具有开放性，随着技术商品生命周期的竞争，企业难以独立实现技术更新。因此，除了建立产业间联盟外，企业还倾向于通过产学研合作来扩展和升级其技术体系，以追逐技术创新所带来的巨额利润和竞争优势。在此过程中，以市场为导向的企业与高校联合进行技术市场化，旨在实现项目商业化，其核心价值在于创新和获得利润。

然而，在高校传统的发展模式下，科技成果的市场化和商业化并不是一个简单的任务。拥有悠久历史的大学体系已经形成了一套复杂的价值观、信念和组织实践，具有内外显著的特征，这些理念是通过简单的愿望实现的。在相对模式化的科学共同体中引入利润和商业目标定位难度较小。学术研究的价值定位和行为与商业规则之间必然发生冲突，而克服这些困难，使学术与商业之间达到更有效的融合，是一个需要认真思考和努力解决的挑战。

2. 对技术转移的效果存在过高期望

过高期望主要发生在技术转移的早期阶段，指科研人员对学术发明的商业潜力和技术转移的优点没有切合实际的期望，往往高估知识产权价值，同时低估技术转移的投入与风险。

一方面，在传统技术转移模式下，由于产学研主体间信息不畅通，学研方的技术成果往往不符合企业的需求，导致技术市场难以跟进。这使得看似难以推广其“商品”，而实际是难以找到合适的“商品”，从而导致技术转移的供需链条出现断裂，形成了常说的科技与经济“两张皮”问题。

另一方面，企业对技术成果的需求通常会经历产业化阶段和市场验证阶段。他们更倾向于需要经过中试阶段、能够快速商品化的技术，而对距离商品化较远、风险较大的技术承载能力较低，也是导致我国企业自主创新能力不强的关键因素。这种情况导致技术需求方与供给方之间存在相当大的预期差距，使得大量技术成果在产业化过程中缺乏中试触点，从而引发技术转移的中断。

3. 对技术转移的过程缺乏理解

缺乏理解是技术转移过程中的一大难题，指高校与企业在使用不同的术语、语言和沟通模式方面存在差异。科研人员对企业的价值行为聚焦、规范和管理方式缺乏理解，导致双方在合作中不断出现冲突。在技术转移中，文化障碍普遍存在，常见学术思想与企业需求不匹配，形成了所谓的“圈子文化”问题，即商业圈与学术圈有各自不同的规则。这种差异使得高校与企业之间的合作变得复杂，需要双方共同努力建立理解和有效的沟通桥梁，以促进技术转移的成功进行。解决这一问题需要在合作中注重跨文化差异的理解和尊重，以及建立跨领域、跨文化的沟通机制。

高校及科研人员在技术转移过程中扮演着供体的角色。科研人员除参与必要的教学工作外，还要将有限的精力投入在发表论文、出版专著和申请专利等活动，并在此基础上，完成任务项目，获得高级职称和科研经费。然而，大量的科研成果却被束之高阁，无人问津。

企业在技术转移过程中扮演着接收者的角色。目前，我国大多数企业的创新能力和技术吸收能力相对较弱，企业主体普遍持有“小富即安”的思想，相对于技术市场，它们更倾向于将闲置资金投入到房地产市场和金融市场，以获得更高的政府投入比重。因此，对于技术创新要求，企业普遍采取应对态度。

## 第二节 大数据智能时代技术转移的新认知

### 一、技术转移服务亟须技术赋能

当今社会的经济发展以知识和创新思维为基础，并依赖企业对新产品、新工艺的创新和发展能力作为推动力。在这样的经济环境中，技术转移成为供需双方之间搭建的桥梁，推动两者进行深入的专业科技信息交流。交流不仅有助于提升企业的创新和发展水平，也使这种高新科技的研发成果更好地评价社会。中国经济的发展也能由此受益，由传统的“效率驱动发展”过渡到更加关注“创新驱动发展”的阶段，这样的转变有望推动科技成果更广泛地转化为实际生产力，推动产业结构的优化与升级。

近年来，我国一直致力于促进技术转移和成果转化的发展，并进行了不懈的探索。自《中华人民共和国促进科技成果转化法》修订以来，国家与地方相关法律法规和政策意见做出了规定，但是实际效果与预期之间仍存在一定差距。目前拥有批量科技成果，但其市场转化率相对较低，最高仅在 30% 左右，远低于发达国家 60% ~ 70% 的转化率。

这些现象背后主要源于技术的复杂性、技术转移过程的烦琐性，以及信息沟通不畅、配置效率低下、专业服务不足等问题，这些严重阻碍了转化效率，导致技术转移的供需双方联系不够紧密，科技服务体系不够坚固。各创新主体之间存在规则、信息、标准不统一的问题，导致技术转移阶段相互脱节、创新能力相对较低，未能形成有效的运行系统。具体表现在科技成果转化规模和收益方面未产生显著变化，长期存在的矛盾未能得到有效解决。因此，技术转移服务急需技术赋能，解决技术转移困境、提高技术转移效果已成为亟待解决的现实问题。

### 二、大数据智能化技术的融合应用

为响应国家科技成果转化的政策环境，许多地方政府、高等院校、科研机构和中介服务机构已经建立了面向行业和区域的成果转化服务平台，充分利用大数据、人工智能和互联网等技术提供辅助支持。这些平台采用“互联网 +”

思维，通过线上线下服务对接，突破了时间和空间的限制，也打破了主体不平等的局面，形成了新的生态系统。

然而，在技术需求急需复杂化和个性化的情况下，各区域的技术迁移服务平台存在功能单一、满足需求定制化程度低、成果价值评价工具缺乏、数据标签易于固化等问题。这些问题导致了创新支撑能力的弱化，与我国创新驱动发展战略的实施不够契合。

在创新模式下，推动技术转移需要依托智慧化工具，构建技术转移信息化系统工程。该系统工程旨在实现技术供需信息的高效管理、采集、共享、传播及活动应用。其核心目标是建立动态、可控、统一、全面集成和协作化的技术转移信息服务系统，使国内主要技术转移机构的供需信息资源能够在统一的平台上高度共享。

通过该系统可以解决信息流通的效率问题，降低技术交易的人力、物力消耗，减少交易时间，降低交易成本。重要的是，该系统将技术融资方和需求方作为主导地位，吸引更多高端人才参与技术转移服务，促进高层次的技术转移，从而提升技术转移的活跃度。

近年来，人工智能受到世界各国的普遍重视，很多国家纷纷出台了人工智能相关的战略和规划，力争抢占人工智能发展的制高点。当前，人工智能技术迅猛发展且应用范围逐渐扩展，智能化技术替代人类劳动的范围不断扩大，对人类劳动者的替代作用也逐渐增强，越来越多的产业领域开始应用和普及智能化技术，逐步向智能化靠拢。人工智能时代，“人造劳动者”的具化形态将发生巨大变化，不仅体现在传统的自动化装置、控制系统中，也体现在智能化装置、数字化系统中，进而参与到人类经济社会发展的各个领域。人工智能也被作为分析工具来使用，如人工智能在数据搜集方面的便利性可以为研究提供更多的数据资料，同时也有助于构建新的计量模型和新的发展理论。

在大数据标准化时代，针对研究成果的记载与评价，知识图谱与可视化技术取得了显著发展。科学知识图谱是一种用于承载科学知识发展进程和结构关系的图形表示方式。可视化的知识图形，或者序列化的知识谱系，能够清晰表达知识单元或知识群体之间存在的网络结构、交互、交叉、衍化等复杂关系。

通过研究相关知识图谱成果，可以实现“抽象—可视化—形象化”的转化，为人们提供更敏锐、更清晰的知识展示改变方式。

在不同的行业和领域中，知识图谱得到了广泛的应用。在医疗领域，知识图谱提供了更精准规范的行业数据，帮助非专业人员获取医疗知识，并为专业人员提供更便捷的信息获取途径。在金融领域，知识图谱检测数据不一致性，识别潜在的欺诈风险，并通过分析金融报告建立公司和人物关系，提供深入研究和更优化的金融决策支持。在电商领域，知识图谱构建商品关联信息，为企业提供更全面的商品信息和定制推荐服务，提升用户购物体验。这些例子表明，知识图谱在各个领域都发挥着关键作用，提高了数据组织和应用的效率，为业务决策和创新提供了大力支持。

是否能够运用当下“大数据分析”“智能化分析”“科学知识图谱”等手段构建技术转移中的人物图像，来解决技术转移实践中的“孤岛现象”和“两张皮”问题？通过大数据时代的智能化数据分析，将技术转移链条上的各参与主体、各环节和各要素进行资源打通，形成创新生态链条，使得技术转移活动链条从孤立到系统，优化技术转移生态系统，实现协同发展；从分散到立体，强化制度整体设计与执行，破除机制障碍；从构建到利用，实现转化网络提质增效，提高转化绩效。

科学知识图谱技术在技术迁移过程中的应用，有助于将供需双方的需求可视化。通过客户访问需求和搜索痕迹的数据分析，可以实现供需的匹配推荐营销。同时，通过平台交易规则、监控服务和诚信监管，实现技术交易服务的复制和促进。在信息共享、远程会商、信息服务、在线服务及技术信息收集、整理、发布、洽谈对接、组织交流等方面，科学知识图谱技术的应用将促进信息共享、技术匹配和产品服务的提升。这将推动先进适用的技术转移与创新合作，共享科技发展成果，增强区域内各地科技创新企业的能力，为加速区域经济增长提供支撑。

## 第三节　知识图谱对技术转移的价值分析

### 一、知识图谱的行业应用带来的启示

互联网的演进确立了一个信息获取与共享的新时代。从 Web 1.0 到 Web 2.0 再到 Web 3.0，人们逐步从信息的获取者转变为信息的创造者和参与者，实现了更广泛的互动与协作。然而，随着信息量的迅速增加，有效的组织知识的利用成为亟待解决的问题。知识图谱作为一种语义化的知识表示工具，为整合互联网上异源、不同知识信息提供了解决方案。其构建基于知识的充分性、群体性和标准化原则，通过建立实体之间的关系，使信息之间的语义关联更加清晰。这为企业认知需求提供了新的视角，使得知识能够更加智能地被检索和利用。总体而言，知识图谱在信息管理和利用方面具有巨大的潜力，有助于更好地适应企业在知识获取和应用方面的需求。

科学知识图谱是一种图形化的表示形式，用于展示科学知识的发展过程和结构关系。其特点既是可视化的知识图形，又是序列化的知识图谱系，能够清晰地表现知识单元或知识群之间的网络结构，以及它们之间的复杂关系，如交互、交叉和衍化。早期，著名的美国科学家、科学计量学基础和情报科学创始人普赖斯，通过定量统计方法发现了科学指数增长规律，为科学知识图谱的拓展奠定了基础。这种图谱的建立有助于更好地理解科学知识的演变过程，揭示不同领域之间的联系，为科学研究提供更有价值的参考。

知识图谱的出现引起了对传统获取知识方式的深刻转变，从“自上而下”的知识工程方式转向“自下而上”的数据挖掘和知识汲取方式。经过长期的理论创新和实践探索，知识图谱已经逐步建立了体系化的构建和推理方法。

基于构建大规模、高质量的通用知识图谱或特定领域的知识图谱，实现对大量知识的准确抽取和快速聚合，需要运用融合多种高效知识图谱构建技术，包括知识抽取、知识融合、知识加工，通过从原始数据（通过重构、半重构和非重构数据）和外部知识库中抽取知识，根据知识的语义信息进行融合和加工，最终更新技术知识图谱的时效性，从而得到一个完整、准确的知识图谱。

随着科技的迅猛发展，知识图谱在自然语言处理领域广泛应用，包括

语音搜索、智能问答和辅助决策等方面，成为推动人工智能发展的关键动力。其体系架构主要包括源数据获取、知识融合及计算知识与知识应用 3 个关键部分。在源数据获取阶段，知识图谱从不同类型的数据中提取有用的资源信息，包括格式化、半格式化和非格式化数据，通过关联数据进行知识融合阶段。知识计算与知识应用阶段包括对知识的推理、分析和处理，以及将知识图谱与具体领域或业务相结合，提高业务效率，实现更加定制化的应用。

例如，头部互联网电商平台，已经运用大数据的深度挖掘技术，描绘出企业的个性化需求与偏好，精准化推送个性需求，其背后逻辑就是科学知识图谱底层逻辑。基于海量的淘宝在线运行数据，将淘宝企业数据化，挖掘数据背后的潜在规律。采用数据挖掘和大数据分析方法，对企业进行筛选和预判，用科学算法对淘宝企业进行精准动态画像，以此支持网购过程中的企业筛选，从而定制个性化服务。通过对淘宝企业的支付行为进行行为预测体系，将企业和商品进行匹配，有利于网购过程中的企业预判，为淘宝的精准营销方案设计提供决策支持，构建企业、场景、产品、体验一体化的网购流程，进而提高淘宝在营销方面的竞争力。

将房地产平台的兼容模式引入技术转移领域，可能会提供一种解决思路。类似房地产互联网平台通过大数据和企业偏好匹配实际房源信息的发布和初步匹配，技术转移领域也可以找到这一思路，通过知识图谱技术实现科技成果和技术需求的有效匹配。这种“线上匹配 + 线下成交”的商业模式可能有助于提高技术转移的效率。房地产平台成功的经验可能为技术转移行业提供丰厚的回报和启示，尤其是在信息匹配和初步对接方面。

在技术转移领域的结构也可以进行类似的划分，分为平台层、内部层和企业层。平台层可以由技术转移服务平台、科技信息服务平台等组成，为内部层和企业层提供信息服务。企业层则包括专业的技术机构、科技服务机构等，它们充分利用信息和资源优势，为企业层提供技术进步内部服务。企业层则包括科研机构、高校、企业等，是技术进步活动的主体，需要获取并应用内部层提供的技术信息和服务。

综合对比来看，技术转移业与房地产业虽有明显不同，但最为相近。一方面，两者的市场参与主体皆包括买方（需求方）、卖方（供方）及中介机构，且不管是房地产业，还是技术转移业，中介机构都直接参与到买卖双方的交易活动中，在整个市场中扮演者举足轻重的角色；另一方面，两者交易数额大、影响因素多、交易过程复杂，特别是技术转移还存在高风险性，这也决定了两者的对接洽谈、签订合约及付款交接等交易环节不适用于线上，需在线下进行。因此，可以房地产业大数据知识图谱的结构模型为参考来建立技术转移业结构模型。

## 二、国外技术转移平台建设经验

### （一）运营方式多样化

国外技术转移交易平台具有多样化的运营方式。美国国家技术转移中心为公益性质的交易平台，负责分析整理联邦实验室、大学的研发成果，并收集其他商业化技术信息资源给中小企业；欧洲企业服务中心则通过资助中介机构，促进产学研间的合作；Yet2为会员提供发布技术供给及技术需求的信息服务，撮合供需双方进行洽谈，并获取会员费和交易佣金；InnoCentive（创励）以众包模式将有科研难题的企业和具有解决方案能力的各地知名科学家联系起来，搭建专业的技术服务平台；美国Innovaro公司采用U2B模式，与企业建立战略联盟，一方面为企业识别技术需求并帮助获取相关技术；另一方面以技术中介身份入股客户公司，为客户提供长期的技术服务；英国技术集团则采取更加积极的商业模式，主动筛选适合的知识产权推向市场，与客户共享利益、共担风险，极大地促进了初创型企业的发展。

### （二）服务提供主动化

传统的技术转移倾向于供给侧市场，大学、科研院所多专注在各自研究领域开展相关技术研究，忽视了与市场应用的积极对接，不重视研发技术与需求的匹配度，多会导致供需间不平衡，不利于科技成果转移转化和科研效率的提高。然而欧美等发达国家的技术交易平台则注重以服务对象需求为导向主动提供服务，或者以产品特性为导向创造需求。一方面，通过线上线下的客户拜访，搜集知识产权供给和需求信息，在筛选分类的基础上，运用大数据挖掘分析市场目前需求及潜在需求，并推送给大学、科研院所，从源头把握科技创新的需求方向；另一方面，应用最新的信息技术，在对供需双方进行精确预估配对的基础上，组建网络客服部门，定期向客户反馈最新的技术成果，从而将潜在技术需求转化为市场需求，并有针对性地提出专业化解决方案。

### （三）互联网技术普及化

发达国家中典型的技术市场均已实现网络化交易，并充分利用互联网技术，通过信息基础设施建设打造了各具特色的线上交易平台，辅以线下实体服务节点，构建起了完善的线上线下交易服务网络，促进了创新成果的流动与转化。其中的典型案例就是欧盟在2008年以欧洲创新中心和欧洲信息中心为基础成立了欧洲企业服务中心，成功打通了欧洲的前沿科技数据库与商业合作数据库，并在建立专业化技术转移网站的基础上，更好地促进了欧洲中小型企业、大学、研究机构之间的科技成果转移转化与产学研合作进程。此外，信息技术还能够将整个区域内的技术交易机构连接起来，建立起广泛的组织合作网络。

### （四）服务领域与人才队伍专业化

与国内的技术交易平台相比，国外技术交易平台的专业化程度更鲜明，除个别如Yet服务领域囊括了大多数行业外，许多技术交易平台都是针对特定的行业领域或客户群体，这种聚焦性有利于服务人员提供专业化服务，也有利于业内客户群体之间的信息共享和交流合作。譬如InnoCentive（创励）主要服务于化学与生物技术领域。美国Innovaro公司主要服务于能源、通信、国防、医疗等领域。比较而言，国内更多的是综合性技术交易平台，企图覆盖更大的市场范围，而针对具体行业领域或特定客户群体的知识产权交易平台数量较少。

此外，在人才队伍建设方面，由于技术转移行业专业性强、涉及领域广，这就对技术交易从业人员提出了更高的要求，所以国外非常重视服务人员的工作素养，如BTG在整合各行业科研技术专家的基础上，还建立了100多人的投资专家队伍，其员工不仅是技术交易方面的专家，更具备法律、工程、营销等多元化复合型的知识背景，在技术交易之外还可提供管理、法律等方面的增值服务。

在探究国外技术转移的互联网实践中，我们发现技术转移越来越朝着“主动出击”的方向发展。其在运营模式上主动出击，主动参与到技术转移的活动链条中；其在服务方式上主动出击，根据个性偏好精准推送技术方案；其参与主体也借助“万物互联”，朝着更专业、更全面的方向发展。

### 三、利用知识图谱解决服务困境的思路

早期关于技术转移的实践多采用孤立视角，将技术转移组织视作独立个体，重点关注技术转移办公室（TTO）。利用大数据构建知识图谱，信息不再是独立的“孤岛”，强调从整体视角研究技术转移系统的重要性。技术转移系统是一系列以支持技术转移活动为目的的组织所构成的集合，包括TTO、孵化器、科技园等机构。

借助大数据科学知识图谱的工具，思考目前行业内的应用，汲取国外在互联网技术转移中的发展运营经验，或许我们可以构建一个以知识图谱为技术核心的技术转移新模式，来解决目前技术转移实践中所面临的三大困境：管理困境、资源困境与文化困境。管理困境属于技术转移组织中的内部问题，需要有“简化内部管理”的工具与思路；资源困境带来的困惑主要是外部信息和人员能力差异带来的问题，需要“构建资源网络”来解决；而文化困境是组织内部和外部不协调导致的问题，如何完成内外部的“跨越内外边界”是解决这个问题的关键所在。“三大困境”的解决思路包括“简化内部管理”“构建资源网络”“跨越内外边界”。

总之，技术转移服务工具需要改变的是以市场经济的视角看待供需关系，技术转移的服务关系归根结底会成为买卖关系，因此对供需匹配的准确程度、信息披露详细度及辅助供需匹配的技术转移服务工具应该成为重心。如果科学知识图谱能够解决“三大困境”，那么其应用目标有3个：一是获得领域相关的技术成果数据，提高成果供需主体，获取外界信息同步的能力；二是分析成果技术价值、探究成果转移可能存在的风险，探究真实价值，减少错误决策；三是挖掘成果供需数据，分析个性化特征，提供个性化的找人、找机构、找技术等推送服务，降低成果转化对接成本，提高成果转化效率。

因此，下文将重点论述科学知识图谱在解决“三大困境”中能够提供的解决思路。

### （一）内部管理简化

内部管理简化指技术转移组织制定内部规章制度，运用标准化文档简化技术转移管理过程。内部管理简化可以提高成果处置速度，降低管理的复杂性与不确定性。

内部管理简化包含两个范围：制度规范化和管理简化。制度规范化指技术转移组织制定和优化内部规章制度，从而保证科技成果转化有章可循。内部规章制度包括知识产权管理、成果转化管理、国有资产管理及园内孵化政策。对标国家要求，明确成果转化的部门分工、处置流程、决策机制与分配方案。管理简化指技术转移组织利用办公自动化系统和标准化文档（如格式合同）来简化成果转化的管理。

一方面，内部管理简化能够减少交易成本。完备系统的内部管理制度，明确权益归属、组织分工、收益分配、转化程序与保障措施，能够降低组织间协调带来的高额交易成本。详细具体、可行性强的内部制度能够打通宏观法律框架与微观技术转移活动间的“最后一公里”，让利益相关者在合作之初就了解整个转化过程，减少误解与冲突。

另一方面，内部管理简化能够降低不对称性。标准化的事前提醒和事前协议可以规避后续的相关风险。这些规则事先规定了各利益相关者的权利与义务，能够降低信息不对称性，有利于科研人员客观评估自己参与技术转移的风险与预期收益。广泛应用的标准化合同就企业、高校与发明人三方的权利与义务进行事先约定，降低沟通、协调与管理成本，减少利益冲突。例如，高校在处置流程中增加知识产权评估、转化价格公示等环节，将经第三方评估形成的公允价格作为参考价格，增加知识产权价值评估的客观性与公开性，解决企业觉得太贵，科研人员认为太贱，高校担心国有资产流失的合作困境。

技术转移组织使用标准化文档降低了沟通成本，缓和了程序复杂性的消极影响。更重要的是，技术转移组织利用国家下放科技成果转化处置权的契机进行制度创业，将多个转化项目的成功经验沉淀为正式的、明确的、相对稳定的内部规章制度，加快成果处置流程，为科研人员参与技术转移提供明确的预期，减少了误解与冲突，从而削减了程序复杂性和政策动荡性的负面作用。同时，为不同行业准备了针对性的、带有标准条款和条件的格式合同，可以简化繁文缛节，通过在合作中运用标准化合同，简化官僚主义，从而提高认知临近性。

第一，在制度管理上，不仅要落实《关于加快科技服务业发展的若干意见》《“十三五”国家科技创新规划》等政策文件中标准化部署和要求，还要加强科技服务业中研究开发、技术创新、技术转移、检验检测认证等方面关键技术标准的研究。推进科技中介、创业孵化服务、知识产权服务、科技咨询服务、科技普及推广等重点领域标准研制。梳理科技服务标准化需求，顺应科学技术发展形势，关注综合科技服务集成平台、科技资源规范、科技交易等领域的标准研制。

加强科技服务业标准化机构和组织的公共服务能力，以及服务标准信息公共服务平台建设，推动设立科技服务业标准化技术委员会，提升科技服务业标准化技术委员会、地方标准化机构、行业协会、标准出版发行机构的公共服务和信息化水平，逐步建立起集采集、加工、研究、培训、服务、交流于一体的科技服务业标准化公共服务体系和服务平台。充分发挥行业协会、技术委员会的组织作用，积极培育、扶持和规范科技服务业标准研究、咨询、服务、检测、认证等一批科技服务业标准化中介服务机构，充分整合行业协会、商会、促进会、产业联盟等民间组织的优势和资源，逐步建立层次分明、权威高效的科技服务标准宣贯和培训体系。

第二，通过大数据智能化平台，可以将现有的相关制度及规范整合进技术转移的大平台中，使技术转移活动按照规定的流程进入到技术交易链条中。同时，在内部管理上匹配标准化的流程文档，为流程提供规范化操作路径。

在内部管理上，要实现角色定位从职能部门向专业服务机构转变，从供给导向向需求导向、市场导向转变，从“牵线人”向“牧羊人”“引路人”转变。从已认定的像高校一类的国家技术转移示范机构中遴选出一批科技成果转化成效突出、建设模式特点鲜明、运行机制灵活多样的高校开展专业化研讨，对标国际知名高校技术转移机构，形成体系化、全链条技术转移管理体系，通过示范带动作用，为其他技术转移机构规范建设提供参考范本，并依照范本，在平台建设上给出模版化参考流程。

建立智慧化模块流程。由于服务活动不存在实体，所以无法和制造业一样存在标准的连接方式。简言之，就是工业产品间存在标准的连接规则，而服务与服务之间没有一种标准的连接，各个服务之间是分离且可以重复的。

所以对于一个复杂且综合的服务流程来说，可以对流程中重复出现且易于复制的活动进行组合。

通过知识图谱的知识融合技术，可以将服务模块化，根据价值链理论的模型将服务流程进行分解，然后根据需求进行重组的过程，其中心是满足客户的需求。这些独立的模块共同形成了技术服务，服务模块化和标准化就是在这个过程中提高整体服务效率。

技术转移服务是一项流程非常复杂且全面的服务。为了简化技术转移服务流程发展，运用分解和重组的方法，将技术转移服务进行模块封装是一个非常合理的方向。技术转移服务价值链流程中活动单元的专业化分工形成子模块，每个子模块执行特定的子功能，并且所有模块以标准化的规则进行重组，从而形成新的整体，执行新的功能。根据模块化理论的要求，可以将技术转移服务过程按照功能进行切分，这要根据 3 个原则来执行：① 管理部门的属性；② 执行部门的属性；③功能类似模块的趋同性。技术转移服务的模块化切分按照上述原则，可以按照管理部门属性把技术转移服务切分成技术需求方、技术供给方和中介方。按照执行部门的属性，可以切分为科研人员、高校。各子模块之间按照功能相互联系，具体模块负责专业的模块工作，各个模块专业地行使着各自的职能，提高了服务效率。

知识图谱技术自动截取而成的服务模块犹如一个无形之手，指挥着前台标准化的操作路径。参与者可以通过实现路径的分析，完整而又全面地看到技术交易的整个过程，并对未来结果进行预测和判断，适时调整技术方向，从而增大技术转移的成功率。

### （二）资源网络构建

技术转移参与系统划分为 3 个层次：核心层、邻近层与边缘层。核心层是处于高校及研究院所内部组织，包括科研院（处）和 TTO。邻近层是位于外部、由高校或科研院所控股、具有独立法人身份的组织，这类组织与高校在地理、组织和文化方面具有临近性，包括大学科技园、企业孵化器、校地合作建设的地方研究院等。边缘层是位于外部、具有独立法人身份的外部组织，如企业机构、各级政府部门（包括国家知识产权局）、第三方中介机构等。

资源网络构建指技术转移组织与外部主体建立合作关系，以获取独特的互补资源。资源网络构建可包含政府资源网络、企业信息网络、第三方服务商网络、专家网络和金融风投网络。每个网络节点都是独特的资源和能力集合，可为技术转移提供必需的资源。网络构建是技术转移组织的关键活动，与利益相关者的网络连接可以获取智力、资金、技术等互补资源与组织合法性，为组织履行职能提供基础，校友、风投机构和业务服务商可以提供关键的专业智力支持。

资源网络构建有助于提高技术转移绩效。组织通过建立网络关系，培育合作者连带，能够获取、整合与撬动合作者的资源。一方面，资源网络构建能够帮助组织及时获取和传播信息，有利于识别商业机会，为技术转移创造条件。跨组织的信息沟通能够降低信息不对称性，培养组织间的信任关系，减少机会主义行为，有利于提高技术转移绩效。另一方面，嵌入技术转移网络的组织可以通过资源网络获取互补性资源。高质量的网络关系与网络构成内容可以使组织迅速获取异质性的互补资源，改善组织自身拥有的资源质量。

资源网络构建能够解决专业能力欠缺的问题。科研人员身处相对封闭的学术网络中，缺乏技术转移必备的技能与经验。高校将拥有商业化能力的组织嵌入技术转移网络，可以解决学术网络与商业网络脱节的问题。异质性知识中介能够为技术转移提供创业辅导、孵化服务，解决专业能力不足的问题，促进衍生企业发展。

利用资源网络获取创新资源，降低创新成本，已成为组织获取竞争优势的重要途径。各类技术转移组织均投入大量时间构建外部网络，网络构建是技术转移组织的关键实践。此外，其他与技术转移活动相关的第三方专业服务机构与风险投资机构也是重要的资源网络构成。例如，风投机构是风险资金与投资能力的集合体，市场敏感度高、专业性强，可提供风险投资与专业建议。风投机构为衍生企业运营提供专业辅导，风投机构对技术转移组织的投资起到引领作用。

各类技术转移机构多样化的实践活动可归纳为以下六类：①发明披露，鼓励科研人员向大学披露高价值专利；②管理知识产权，包括知识产权保护、知识产权价值评估与知识产权运营；③构建内外部网络，与科研人员、企业、政府、校友、风投机构和商业支持机构建立良好关系，以获取信息、资源与合法性；④搜寻技术需求方，提供潜在合作者信息，充当经纪人和中间人；⑤提供技术转移所需资源与服务，包括人力、资金与物理空间，如协助起草商业计划、为衍生企业招募管理人员、引入外部资本、提供廉价的孵化空间；⑥参与技术转移策略制定与谈判，如选择排他许可或普通许可，调和合作方之间的矛盾，促成技术转移。

总的来说，我们希望手上掌握的信息越多越好，这样能够尽可能地避免由于信息不对称所造成的信息交流问题。但是，真正将技术转移链条上的所有信息汇聚到一个平台上时，又会出现一些新的问题，在数据量急剧增加的背景下，如何获取我们真正需要的有效数据呢？因此，大数据技术应运而生。

数据“标签化”，这样可以方便将数据归类、整理。同时，基于人工智能算法的发展，“标签化”的数据更方便推送给企业，满足企业喜好。人工智能算法会根据企业最近“点赞”或“关注”的某种事物，提炼出这个事物对应的标签，找到多个企业最近“关注”或“点赞”事物的共同标签，在海量数据中进行检索，找到具有相同标签的事物推荐给企业。这一算法会省去企业的很多时间去搜索自己想要的东西，但是与此同时不得不提的是，人工智能算法想要实现，“标签化”数据是前提。简而言之，“标签化”现象是由人工智能推荐系统催生的，同时又是人工智能推荐算法的基础。只有将数据先标上标签、分好类，才能让人工智能方便地解决问题。

建立面向供需双方的信息发布机制，引入企业自定义标签机制，允许企业在发布技术供需信息的同时，根据成果项目的总体目标、主要内容和关键技术特点等为其标注一个或多个描述标签。在其他企业使用技术供需项目信息的过程中，提供方便的标签标注工具，根据企业对项目的了解和知识掌握的情况，为项目信息进行标签化描述，解决单凭个人经验和知识阅历片面性带来的信息分类标注不科学、定位不精准的问题。

加强供需匹配质量反馈，形成基于大样本数据的持续迭代成果转化服务工具的启动应用，需要一批优质的样本数据，这些数据可基于过往的转化案例和企业数据进行加工整理。样本数据和实际工作中的供需数据需要有效隔离，避免外部新输入数据对样本数据的干扰。同时，应该通过供需的反馈机制，建立起优质数据的流入，扩大样本库的覆盖，以优化下一步的供需匹配比对。

智能问答搜索技术。通过知识图谱技术，可以实现系统的智能问答。智能问答是自然语言处理中非常重要的研究内容，具体指计算机通过对人类语言的自动分析，回复企业所询问的问题。为了更精准回答企业提问，现通常采用对问句进行深层次语义分析，获取问句丰富的内涵信息，再反馈接近企业需要的答案，由此体现计算机的智能性。

知识图谱构建需要挖掘、分析、绘制和显示知识及知识之间的相互关系，让原本知识库更具智能。结合知识图谱智能问答，通过知识图谱中实体间存在的直接联系，挖掘推理出潜在关系，与传统搜索引擎比较，基于知识图谱的信息检索，不再是反馈简单排序的文档结果，而是通过智能语义分析，反馈接近企业需要的问题答案。

以直接而准确的方式回答企业自然语言提问的自动问答系统，将构成下一代搜索引擎的基本形态。因此，问答系统被看作未来信息智能服务关键性技术之一，是人机交互的重要手段。知识图谱属于人工智能重要研究领域知识工程研究范畴，是利用知识工程建立大规模知识资源的重要应用之一。知识图谱可以理解为一种语义网络结构的知识库。在问答系统中，自然语言通过语义网络来表达和存储十分方便，知识图谱更加强调实体之间的关系或实体的属性值。

回答复杂问题。随着智能时代的到来，海量信息充斥在社会每个角落，企业对自动问答的需求越来越强烈，现有的问答系统还处在起步阶段，仅具备最基本的智能与推理能力。基于知识图谱的问答系统作为自动问答研究的重要方向，其技术发展趋势从限定领域向开放领域发展，从单一数据源向多元数据源发展，从浅层语义分析向深度推理发展。

现有的知识图谱规模日趋庞大且覆盖多个领域，但是仍面临信息缺失问题，知识图谱构建是一项大工程，面向问答的深度推理显示出作用，传统的基于符号的推理需要严格符号匹配，由于推理规则有限，以致领域适应性差，无法实现大规模推理。但是，深度学习作用于分布式语义表示，可以利用语义空间中的相似度计算，弥补符号推理需要严格规则的缺陷。所以，利用知识图谱深度学习的大规模、可学习优点、融入传统逻辑推理规则，构建精准的大规模知识推理引擎是自动问答系统的核心，可以帮助参与者从众多信息中获取更加有效的信息。

### （三）内外边界跨越

内外边界跨越指技术转移组织利用自己所处的位置优势，通过信息处理与外部展示，桥接技术需求方与供给方，促进资源与信息跨界流动。与处于同质、稳定和资源丰富环境的组织相比，处于异质、快速变化和资源稀缺环境的组织更需要开展内外边界跨越行动。高校及研究所技术转移环境具有文化差异大、需求快速变化、转移资源稀缺的特点，根据不同的文化特点、个性偏好，实施不同的技术转移实践。

内外边界跨越包含两个范围：信息处理和外部展示。信息处理强调自外而内的需求传递，指技术转移组织扫描外部环境，收集并分析企业技术需求，将外部信息转译为科研人员可理解的语言，包含环境扫描、信息收集、需求转译和需求分析。

外部展示强调自内而外的技术展示，指技术转移组织分析自身内部环境，识别转化机会，促进自身科技成果与外部技术需求的匹配与对接。外部展示包含机会识别与需求桥接两个阶段的行动。机会识别指技术转移组织扫描内部环境，识别转化潜力高的专利与创业意愿强的发明人，体现为筛选高价值专利、批量处理低价值专利与跟踪高价值发明人。需求桥接以促成技术与需求对接为目的，根据技术转移组织的参与度，可分为主动促成与被动通知。

开展内外边界跨越活动，能够解决合作双方信息不对称、资源短缺、文化与价值观冲突的问题。首先，内外边界跨越有利于组织获取和理解外部信息，解决信息不对称。内外边界跨越能够收集、加工和编码来自外部利益相关者的异质性信息，翻译不同的编码方案，打破沟通障碍，有利于组织成员理解外部环境、提高沟通效率、降低参与技术转移的门槛。其次，内外边界跨越有利于组织获取资源，解决可见度与信任度低带来的资源短缺问题。内外边界跨越能够扫描外部环境，寻找新技术潜在市场信息，并对组织信息进行加工与包装，提高组织可见度，吸引外部利益相关者，增加合作机会。持续的内外边界跨越能够促进组织与外部利益相关者相互理解，建立起组织间的信任，降低合作障碍。最后，内外边界跨越可以管理学术与商业场域之间的混合地带弥合文化分歧。如何克服文化差异带来的合作障碍是高校技术转移的主要挑战。每个场域均指导和约束行动者决策的行动、互动和解释规则，不同场域的规则均不相同。内外边界跨越可以管理学术与商业场域之间的混合地带，缓解由动机、激励制度和组织文化差异引起的冲突，调解商业化、研究与教学间的利益矛盾。

内外边界跨越能够提高技术转移绩效的原因主要有以下三方面：第一，内外边界跨越是联系组织内部与外部信息源的重要机制，可以将搜集到的外部信息传递给组织内部的创新单元，并将组织内部信息传播给外部利益相关者，解决信息传递低效与内容失真问题，降低信息不对称。第二，内外边界跨越能够翻译边界两端的知识，建构一种双方共享的话语体系，从而促进双方理解，促进技术的应用与实施。第三，内外边界跨越是组织联系和协调关键资源提供者的重要纽带，可以提高组织的灵活性，有利于创新要素跨越边界顺利流动，使组织与外部拥有创新资源的利益相关者进行长期互动，实现组织内部的高效沟通和外部资源的有效整合，提高技术转移的成功概率与规模。

1. 企业画像实现精准匹配

供需信息的准确匹配是科技成果转化精准服务的基础，对技术商业化价值的实现与企业创新能力的提升具有重要推动作用。而精准识别企业的真实技术需求是精准实现科技成果转化的第一步，是实现技术转移供需信息精准匹配的前提。精准识别企业的真实技术需求，并为其匹配科技成果是技术精准服务的前提和基础。

企业的技术需求通常是行业秘密，因此企业在交易平台所填写的需求信息通常是笼统概括，并不能实际切中企业的真实技术需求。根据企业在交易平台提供的需求文本信息这单一数据源为企业寻求相匹配的技术成果，但企业的技术需求是企业的商业机密，企业在交易网站所提供的需求文本只是模糊表达企业的技术需求，并不能准确展现企业的真实需求。如今的大数据时代，大数据为识别企业需求提供了新的方法，分析企业在网站的浏览历史、收藏记录、留言信息等碎片化的行为数据，通过收集整理分析挖掘，可直接或间接反映企业的兴趣、态度等信息，完整重构企业的需求。通过数据挖掘企业在交易网站的行为数据，可以更精准了解企业的真实技术需求。大数据会尝试勾勒出面向技术需求的企业画像，综合、立体、全方位地展示企业的真实技术需求，并根据企业的真实技术需求进行匹配，为企业推荐适合的科技成果，从而提高科技成果转移效率，创造出更多的价值。

企业画像是真实企业的虚拟代表，是将企业的真实数据通过各种数据挖掘方法绘制出的虚构角色。企业画像能帮助理解企业的需求、行为和目标，能利用标签刻画不同面目的真实企业，从而为精准解决其业务难题提供解决途径。企业画像在电子商务、管理经济、情报分析等领域均有广泛应用。京东、淘宝、Amazon 等购物网站根据企业的浏览、收藏、下单等行为分析企业推荐商品；今日头条、抖音等新闻社交平台也会根据企业的关注频道、关注企业、阅读浏览主题等对企业进行精准推荐。

通过企业画像技术为企业推荐合适的科技成果。通过获取企业在交易网站的技术需求记录和其在网站的信息搜索记录和行为数据，建立企业的技术需求画像模型，识别企业真实的技术需求，根据企业的技术需求标签和科技成果的技术特征进行匹配，为企业推荐满足其需求的科技成果，构建切合企业技术需求的精准服务模式，为精准实施技术转移提供基础。

2. 知识图谱实现智能化推荐

推荐系统通过对大规模群体数据学习，实现企业群体特征匹配，从而帮助企业有效地从海量数据中识别出感兴趣的内容，现阶段已经被应用于各行各业，从音乐、新闻、视频等娱乐活动，到阅读、社交、购物、求职、就医等日常生活，再到农业、工业、服务业等生产实践，知识图谱通过整合多源异构信息将丰富的实体关系利用复杂网络进行表示，从而获得企业与项目之间的细粒度关系。基于知识图谱的推荐系统主要利用图谱内丰富的语义关系、项目链接等信息挖掘企业与项目之间的潜在关联，实现对企业的精准推荐。

推荐功能主要依靠协同过滤、聚类、关联搜索等思想的算法计算实现。传统推荐系统可以分为基于内容的推荐、基于协同过滤的推荐和基于混合的推荐3种类型。由于传统推荐算法在现实应用中存在数据稀疏、冷启动等问题，在结合机器学习、深度学习、强化学习等新技术方面寻求突破，其中集合领域本体知识的知识图谱在推荐领域的应用取得了较好成果。基于知识图谱嵌入的个性化推荐技术主要利用其嵌入的信息，自动学习知识图谱中实体关系的特征矢量，随后进一步结合推荐系统中的企业矢量与物品矢量实现精确化推荐。

技术推荐是指利用企业的属性信息、历史点击购买评价信息、技术的属性信息等数据，分析目标企业的兴趣点，并按照企业的兴趣实现个性化技术推荐，以实现技术与需求的精确匹配。与传统的推荐系统相比，基于知识图谱的技术推荐可以建立企业之间、技术之间、企业与技术之间的关联。一方面易于挖掘相似度高的企业群体与技术群体，实现精确推送；另一方面便于处理系统冷启动的情况（图 3–9）。

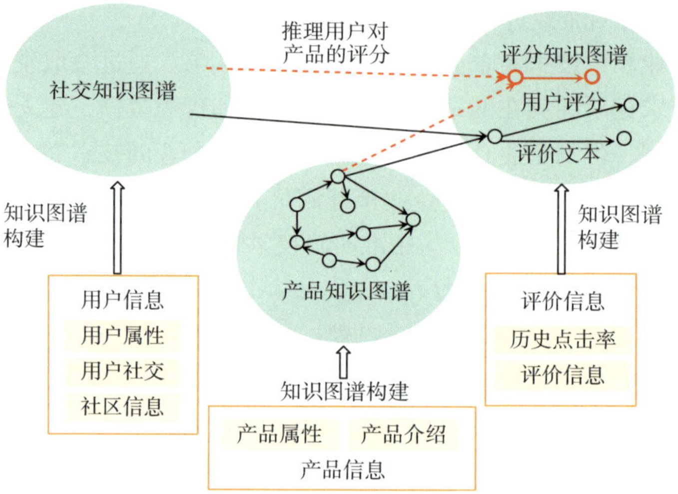


图 3–9　知识图谱的应用

与传统产品推荐相比，基于知识图谱的技术推荐主要有以下几点转变。

① 信息完备度。基于知识图谱的产品推荐可以引入传统技术推荐系统所不具备或需要深入挖掘的关键知识，如企业之间的关系、技术之间的关系、技术介绍文本中包含的实体信息等。② 企业和技术的矢量表达。基于知识图谱的产品推荐可以通过分析知识图谱中每个实体的分布情况和语义信息，产生表达企业和产品的低维稠密矢量，从而降低由于矢量维度过高而造成的数据需求量大的情况，更有助于模型的学习过程。③ 推荐矫正。当企业对系统推荐的技术标注感兴趣或不感兴趣时，系统可以自主推断出该技术相关联的其他技术，以更加精准地向企业扩展推荐关联产品或停止推荐关联技术。

## 第四节　基于知识图谱的技术转移路线设计

在前述知识图谱研究的基础上，本章将深入探讨知识图谱在技术转移领域的应用前景，并对技术转移的模式和路线进行创新性重新设计。当前科技改革创新的重要方向之一是利用大数据、人工智能技术，尤其是语义分析，以提高技术成果的转化服务效率。以智能供需匹配为目标导向，构建基于科技资源大数据的转化服务工具，企业可通过需求找到适合的技术，而成果持有人则可通过技术匹配满足市场需求。技术经纪人通过大数据画像评估技术、人才和机构，提升双方技术交易的成功率。通过在线工具的对接和线下实施成果转化的过程指导，实现成果转化服务工作的智能化，充分发挥大数据、人工智能和语义分析在成果转化业务模式方面的关键作用。这种创新性的服务模式可以推动技术转移的效率和精准度，实现需求方与技术提供方的高效连接，通过整合大数据和人工智能技术，特别是语义分析的应用，为技术转移过程注入智能化元素，为科技创新提供更有力的支持。

### 一、建立面向产业链技术转移的智能平台架构

在当前互联网技术推动技术转移的时代，单个中介机构通过建立在线平台并优化内部运作，将技术供需信息的采集和匹配推广至线上，显著提高了技术转移匹配的效率。然而，由于各中介机构及平台相互独立，服务范围受到明显的地域性和能力限制，导致无法实现全国范围内信息的互联互通，从而影响了技术转移供需匹配率。

在大数据知识图谱的背景下，我们需要从产业和市场的角度出发，以更全面的视角构建面向产业链的智能平台架构。不仅要紧密连接企业、高校和科研院所，以及中介机构等三方主体，还需要实现各中介机构之间的相互联系。通过广泛汇集市场要素资源，我们可以建立一个互联互通的全产业链技术转移智能平台，从而实现更高水平的技术供需匹配。这一平台不仅要促进三方主体之间的合作，还要确保中介机构之间的协同，使技术转移的全过程更为协调和高效。

通过以产业链为导向构建智能平台架构，我们可以在大数据知识图谱的支持下，打破地域和能力的限制，实现全国范围内技术转移信息的互联互通，从而提升技术转移供需匹配率（图 3–10）。

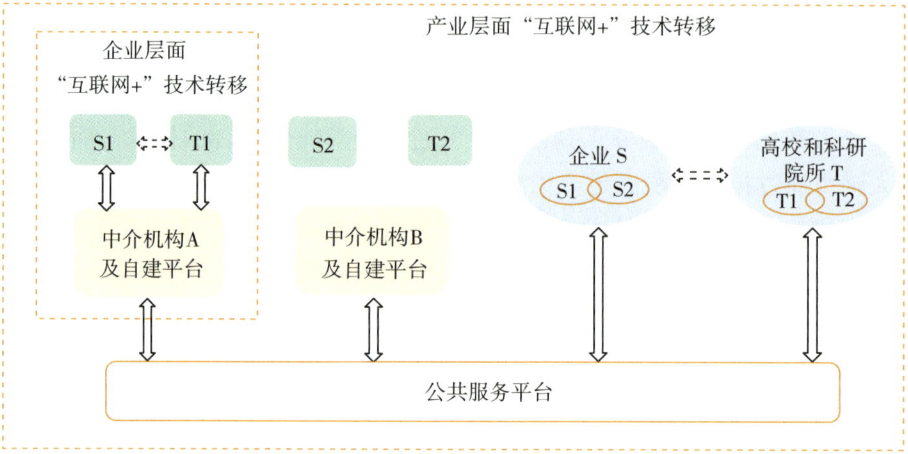


图 3–10　产业层面的“互联网 +”技术转移

在当前大数据的背景下，技术转移平台的结构可分为 3 个关键层次，即平台层（公共服务层）、中介（服务）层和企业层。这 3 个层次构建了一个全面的技术转移体系，以满足不同参与方的需求。

平台层（公共服务层）：平台层由政府及其建立的技术转移公共服务平台组成。这些平台不仅提供全国性服务，而且作为公共基础设施由政府出资建设，聚焦于促进技术转移。通过信息化手段，平台整合科研成果和技术难题，为参与方搭建开放的公共信息发布平台。这些平台通过自身公信力汇聚技术转移参与方，打破地域限制实现信息的互联互通，构建全国技术转移网上市场。

全产业链技术转移智慧化平台：这一平台是国家技术转移体系的基础，充当连接技术转移参与方的桥梁和枢纽。通过信息化手段，该平台整合科研成果和技术难题，实现线上供需匹配等基础服务功能。其目标是构建一个开放融合的全国技术转移网上市场，以信息的互联互通和自由流动促进技术转移（图 3–11、图 3–12）。

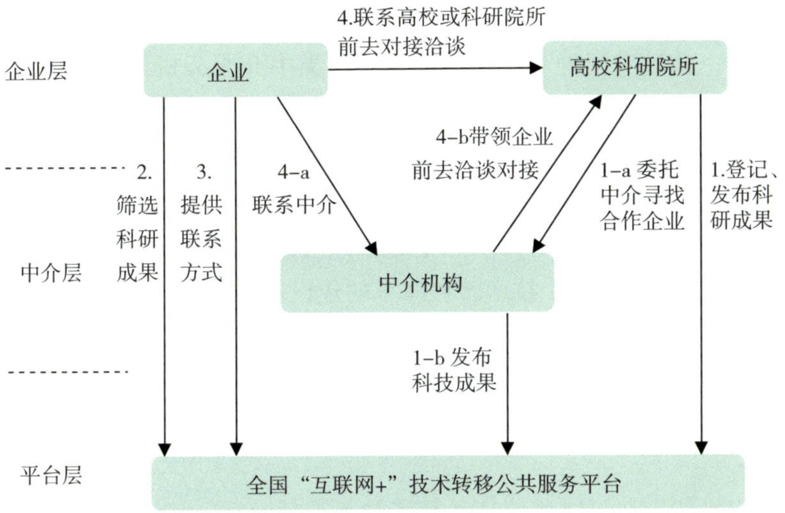


图 3-11　全产业链技术转移智慧化平台——高校、科研院所

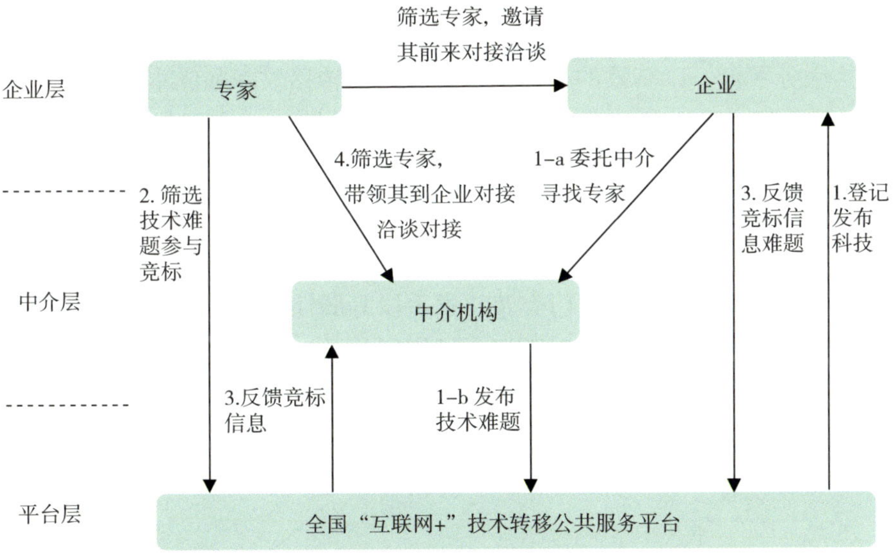


图 3-12　全产业链技术转移智慧化平台——企业

中介（服务）层：中介层包括各类技术转移中介服务机构及其建立的区域性或专业性服务平台。这些机构与公共服务层相互关联，提供多层次、全方位的服务。中介机构通过公共服务平台解脱部分基础服务，加速机构转型

和服务升级，提供深层次的技术咨询、评估、需求匹配和直接参与技术创新研发等服务。在政府引导和市场驱动下，各类中介服务机构将实现差异化发展，形成服务内容上的分工。

企业层：企业层是技术转移体系的最终服务对象，包括企业、高校、科研院所等。这些参与方通过委托中介机构或利用全产业链技术转移智慧化平台的信息和资源，满足自身需求。企业可以寻求新技术，高校与科研院所也可直接推介技术成果，整个技术转移体系的建设应以满足企业层需求为导向。

在这一结构下，通过整合各层次的参与方，促使信息的自由流动和共享，实现技术转移的高效和全面发展。这种智能化平台架构不仅能够提高技术转移匹配效率，还能促进产业链的创新和协同发展。

## 二、构建基于知识图谱的技术转移服务工具

在事实数据、工具方法、专家智慧相结合的科技咨询工程方法论指导下，基于大数据的技术洞察为基本思想，以知识图谱为核心技术构建技术转移智能对接服务平台，以高效的线上平台解决技术转移效率和成本问题，并结合专业的线下服务改善信息不对称性和风险不可控性。

①知识抽取是对科技信息资源（如文献、论文、专利、成果等）进行预处理，将其整合为结构化数据。通过实体、语义、内容、关系和属性的抽取，形成知识三元组，并以图结构建立知识图谱。图谱连接了科研团队、科研人才、创新知识、科研问题、产业门类及技术手段等属性，构建了特定行业的科研资源团队画像。这种方法有助于深入了解科技领域的关键要素，促进科研资源的整合和创新成果的发现，为特定行业的科技发展提供更全面的参考和支持（图 3–13）。

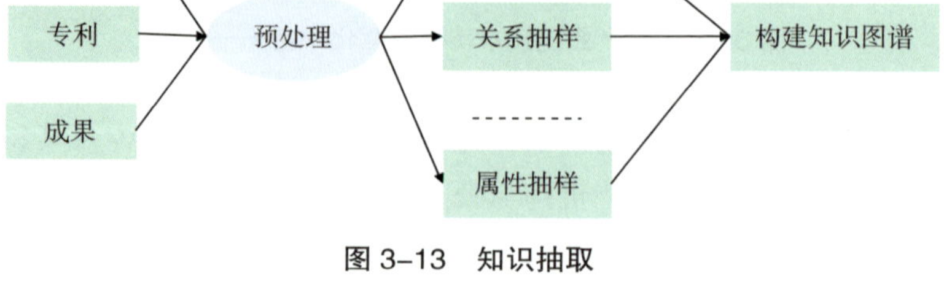


图 3–13　知识抽取

②资源融合是构建科技成果大数据生态池，通过挖掘人员、机构和技术三要素的科技信息资源。利用机器学习与深度学习技术，交叉分析不同类型资源，深入挖掘资源间的差异性和关联性，通过语义分析技术，自动识别科研团队、人员的研究主题和科研要素实体，提取关键技术（图 3–14）。

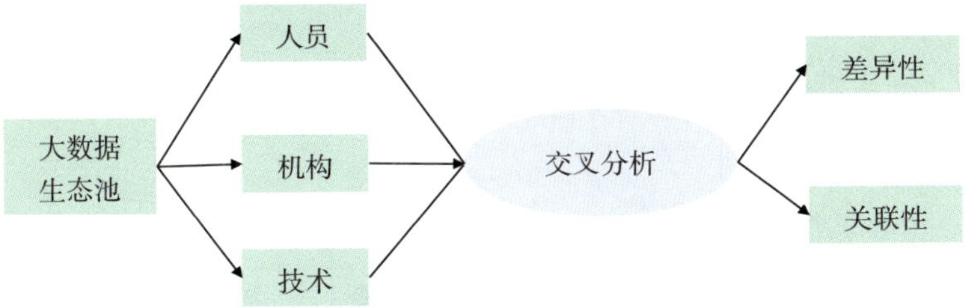


图 3–14　资源融合

③需求匹配。基于企业的需求文档和关键词，利用自然语言处理和语义提取等智能算法，将需求文档向量化，在表示文档的同时保留文档的语义信息，并研究高维向量的高效匹配方法，在知识图谱中以相关度为指标进行智能搜索，得到和需求相关的专利、论文、成果及科研人员等信息，并对返回的科研成果做进一步熟化价值分析，挑选出高度相关且高价值的信息，形成精准可靠的匹配分析（图 3–15）。

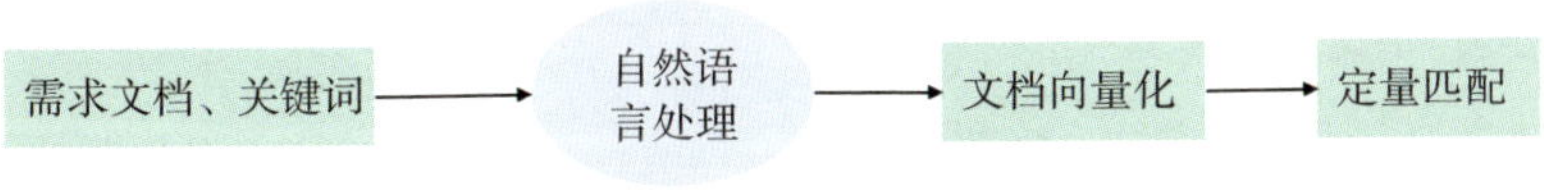


图 3–15　需求匹配

④智能推荐。对企业信息和已发布的需求进行产业要素提取，获取企业的产业主题、核心技术、发展模式和路线等关键属性，构建企业画像。利用已构建的知识图谱和历史科研成果转化数据为企业拓展关联，匹配研究机构、人员和成果，通过融合分析智能挖掘企业的潜在需求，进行精准的科研资源推荐（图 3–16）。

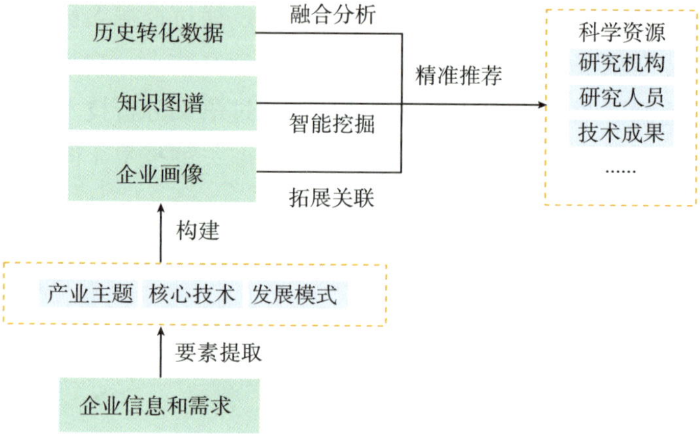


图 3–16　智能推荐

⑤评价机制。建立科研成果成熟度评估体系，考虑科研机构和人员属性、成果产出、合作和隐性反馈等进行综合评价，提供技术、市场、合作价值评估，为企业的成果转化决策提供依据（图 3–17）。

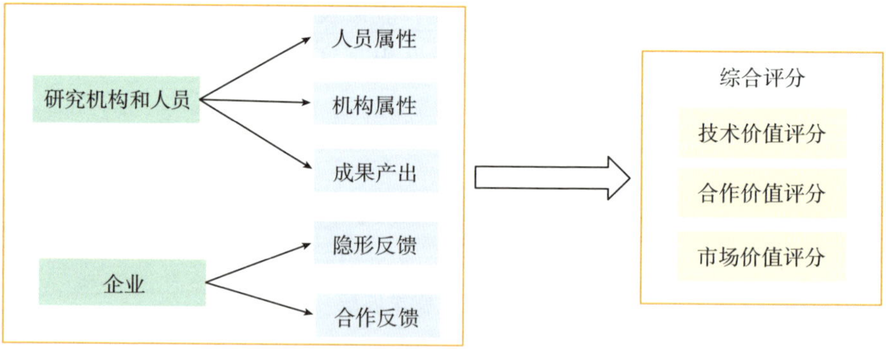


图 3–17　评价机制

⑥服务构建，包括建立技术交易资源的数据中台，设计服务总线，开发技术转移智能服务平台，提供技术评估、商业计划、决策咨询、前沿分析、市场预测等增值服务。通过微服务技术架构，实现数据集成和服务规范，为科技交易提供全方位支持，助力科技创新的推动（图 3–18）。

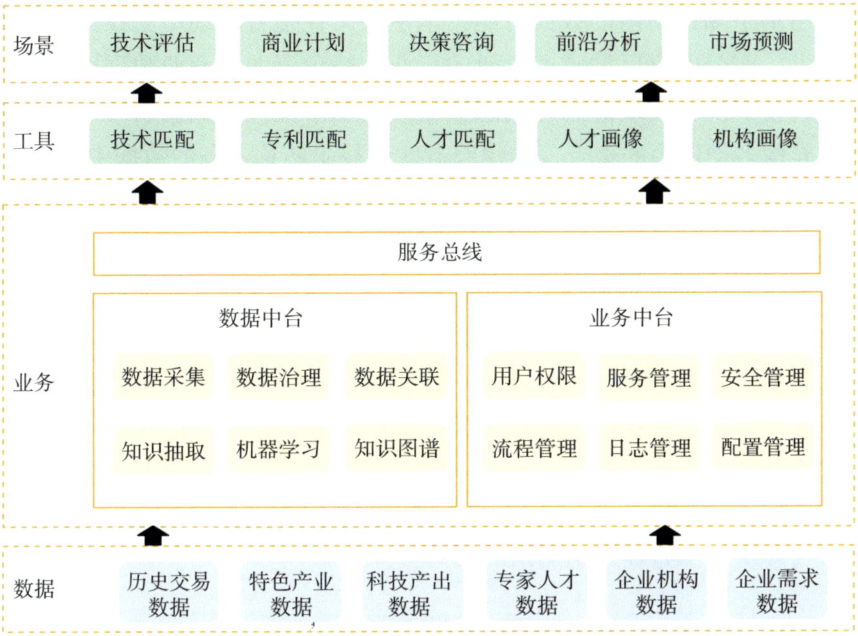


**图 3–18　服务构建**

本章提出“大数据 + 技术洞察”的技术转移服务理念，在对技术转移业务流程建模分析的基础上，提出数据驱动的科技成果供需对接服务模式。通过对历史交易数据的组织、整合、规范及治理，研究建立高价值技术成果评价指标，用以指导相关业务过程的数据沉淀和智能挖掘，开发适应区域技术转移服务特点的智能工具，进而形成基于大数据和人工智能技术，构建线上线下融合的技术转移高效对接模式。

通过理论架构指导下的数据赋能、工具赋能、业务赋能，辅助政产学研各类角色的技术服务需求的整合，将企业对技术的刚性需求与技术转移的柔性服务相结合，逐步提高现有技术转移的供需匹配效率，消解技术转移服务工作的效率与风险之间的矛盾。该模式具有服务理念的先进性、业务流程的独创性，以及运营模式的可推广性，解决了当前技术市场运营过程中供需双方技术匹配难、高价值成果发现难等问题，同时具备一定的可复制性和示范性。

利用基于知识图谱的数据智能技术手段，在整合梳理历史技术交易数据的基础上，充分融合区域政产学研的行业性特色资源、商业数据库供应商的专业型科技资源，实现静态与动态数据、技术研发成果数据与成果转化活动数据等异构多类资源的聚合，构建服务区域技术转移业务的数据中台。

通过研究技术熟化转移推演模型，运用大数据智能推荐技术，在对实体智能化抽取基础上，构建技术转移领域的大数据知识图谱，完成“人—技术—产业—区域”全方位画像，对高价值成果评价指标完成智能辅助赋值，形成层次化的成果智能评分模型和成果价值评估工具。

基于成果数据挖掘、知识图谱可视化等技术，开发技术转移智能化匹配算法，形成“技术/专家”推荐工具，支撑技术经纪人筛选对接对象，提升匹配需求过程的效率，总结技术对接规律，建立服务工作规范。

## 三、开发技术转移知识图谱应用

### （一）面向技术供给方的智能应用

1. 基于技术需求的企业画像

企业画像数据主要来源于企业在技术交易平台上填写的技术需求及在平台上的各项行为数据，包括浏览历史、页面历史、页面停留时间、信息检索等。这些数据被用来构建一个多维标签的企业技术需求画像模型。具体而言，我们基于以下维度提取了企业的需求标签特征。企业基本信息标签：包括企业的基本情况指标，如企业名称、所属行业、规模、法人、地址等；企业显性技术需求标签：涵盖了企业在技术交易平台填写的需求文本数据，直接反映了企业对技术的明确需求；企业隐性技术需求标签：主要描述了企业在交易平台上的检索内容、页面浏览等行为数据。通过关键词检索体现的技术需求兴趣、浏览行为的时间节点和页面停留时间，显示了企业对内容的兴趣程度，以及通过阅读和收藏行为体现的技术资源兴趣主题和领域。

通过分析企业在交易平台的行为，尤其是在浏览、阅读和收藏科技成果方面的行为，我们能够抓取这些科技成果的技术特征，从而构建企业的隐性技术需求标签。这种多维度的标签系统有助于更全面、深入地理解企业的技术需求特征，为推荐系统提供更准确、个性化的服务。

面向技术需求的企业画像标签是对企业技术需求相关抽象、表象信息经过数理分析后形成更形象、更容易理解的信息，是企业所需多种技术特征的集合。通过不同维度标签的建立，可以进一步挖掘企业显性技术需求和隐性技术需求的向量集合，为后续企业成果推荐打好基础。根据上述企业技术需求标签的形式化表示方法，构建了面向技术需求的企业画像概念模型（图 3–19）。

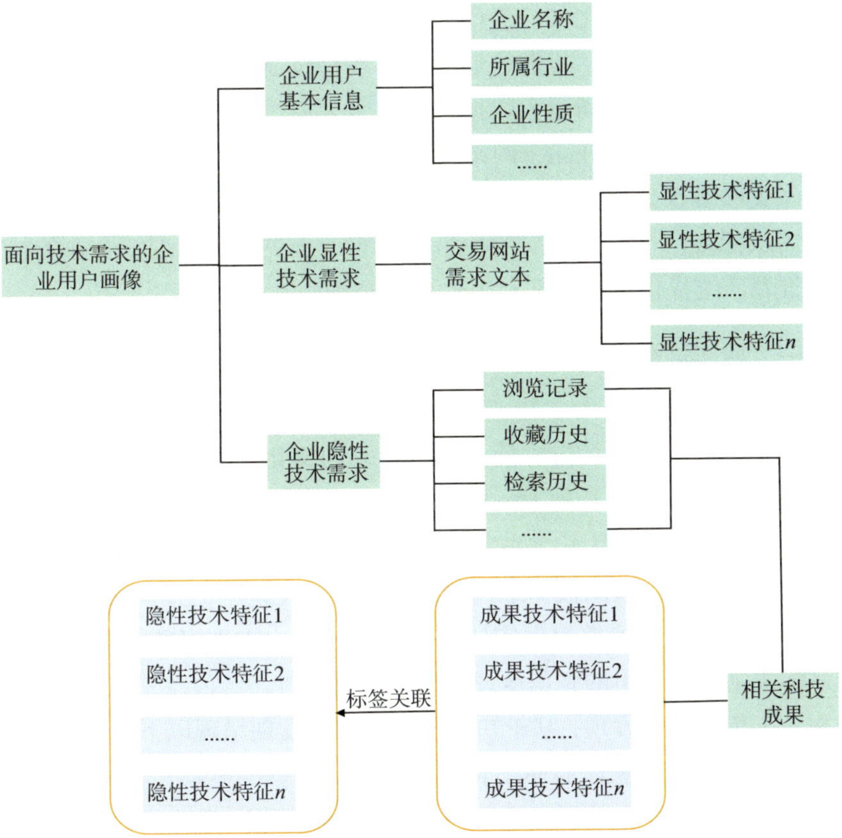


图 3–19　面向技术需求的企业画像概念模型

2. 企业技术需求的挖掘

在交易网站中，企业技术需求文本通常表达较为口语化，专业化程度不足，而且包含大量非结构化语言，因此建立语料库进行语义相似性训练成为当前数据处理的关键。为提取企业显性技术需求标签，我们使用信息采集工具或网络爬虫工具获取企业在交易网站上的技术需求文本数据，包括技术需求名称、需求简介、所属领域等。作为原始语料库，我们选用国家知识产权局专利数据库中的术语文本和百度百科文本。通过对供需文本的标题和内容进行噪音过滤、分词、去停用词等预处理，然后运用算法提取企业技术需求文本的关键短语，从而得到有关企业显性技术需求的标签合集。

另外，挖掘企业隐性技术需求标签是解决企业真实技术需求的关键。企业的真实技术需求隐藏在其行为中。通过分析企业在交易网站的浏览、阅读和收藏科技成果的行为，我们能够抓取这些科技成果的标签，从而构建企业的隐性技术需求标签。利用大数据挖掘技术，通过成果交易网站后台获取企业的行为数据，使用 Python、网站日志等技术爬取企业的行为数据，对数据进行聚类关联等预处理，最后根据关注的成果技术特征标签，形成企业的隐性技术需求标签。这种多层次的标签体系有助于更全面地理解企业的技术需求，为推荐系统提供更为精准和个性化的服务。

### （二）面向技术需求方的智能应用

#### 1. 基于知识图谱的知识发现

知识发现涵盖两个关键方面：一是从非结构化文本数据中提取有效的新知识；二是在已有知识基础上，挖掘以往未曾得知的新信息。基于知识图谱的知识发现系统主要应用相关技术来实现知识图谱的自动构建、更新和推理。在这种系统中，知识以图数据结构的形式存在，使统一的知识表达成为可能。这种结构不仅使系统能够根据实体之间的关系自主推理出新的知识，还能够运用逻辑规则和三元组的置信度评估知识的合理性。

相较于传统知识发现，基于知识图谱的知识发现呈现以下几个显著转变：首先，驱动方式从专家经验驱动转为基于知识数据的驱动；其次，数据管理从杂乱的非结构化文本数据变为结构化的三元组数据，简化了数据管理方式；最后，新知识类型多样化，系统不仅能提炼非结构化文本中的知识，还能挖掘实体之间的新关系及知识图谱所蕴含的逻辑规则。这使基于知识图谱的知识发现更为灵活、全面，有助于更深入地理解和应用知识。

#### 2. 基于知识图谱的专家检索

专家检索是指在企业提出技术问题的售前或售后阶段，通过匹配适合的专家人员解答问题，从而提升企业的满意度。基于知识图谱的专家检索具有两个方面的优势：一方面，它能够对企业提出的问题进行语义解析，预测所需的专业技能；另一方面，通过知识图谱描述专家的属性信息和关联关系，容易推理出与技术问题相关的专家集合。

与传统的专家检索相比，基于知识图谱的专家检索带来了几个重要变革：首先，企业可以根据检索出的相关专家和可视化展示的专家关系及技能，自主选择适合自己需求的专家；其次，相较于传统的售前或售后人工服务，基于知识图谱的专家检索系统可以更个性化地匹配具有相关领域知识的专家，提高解答问题的效率；最后，该系统能够透明地向用户展示专家的评价情况和工作状态，激励专家提供更优质的服务。这些优势使基于知识图谱的专家检索系统成为一种更灵活、高效、透明的解决方案。

3. 企业技术需求匹配推荐

实施技术转移精准服务的实现路径包括以下几个步骤。

技术需求文本数据提取与关键短语提取。从交易网站中抓取企业发布的技术需求文本数据，然后采用相关方法提取其中的关键短语，以获取企业的显性技术需求标签。

企业隐性技术需求向量构建。基于企业在交易网站的行为数据，如浏览和收藏的科技成果，构建企业的隐性技术需求向量集合。这反映了企业对技术的实际兴趣和需求。

科技成果特征提取。从科技成果的摘要中提取技术特征短语，形成该科技成果的特征标签，形成每个科技成果的技术特征向量集合。

技术供需双方匹配度计算与推荐。基于技术供需双方的技术特征集合，计算它们之间的匹配度，并为企业推荐与其需求相匹配的科技成果。这是实现技术转移的关键环节，确保推荐的科技成果符合企业技术需求。

企业画像提供完整需求标签。通过面向技术需求的企业画像，提供企业完整的技术需求标签，结合技术成果进行匹配，最终得到适合企业技术需求的科技成果，并将其推荐给企业。

整个服务路径注重深度挖掘企业技术需求，从企业显性和隐性技术需求特征两方面进行匹配，实现了对企业真实技术需求的准确把握。技术供需的双方匹配度计算和推荐阶段，确保了推荐的科技成果能够最大限度满足企业的技术需求，为企业提供了精准、个性化的科技成果推荐服务（图 3–20）。

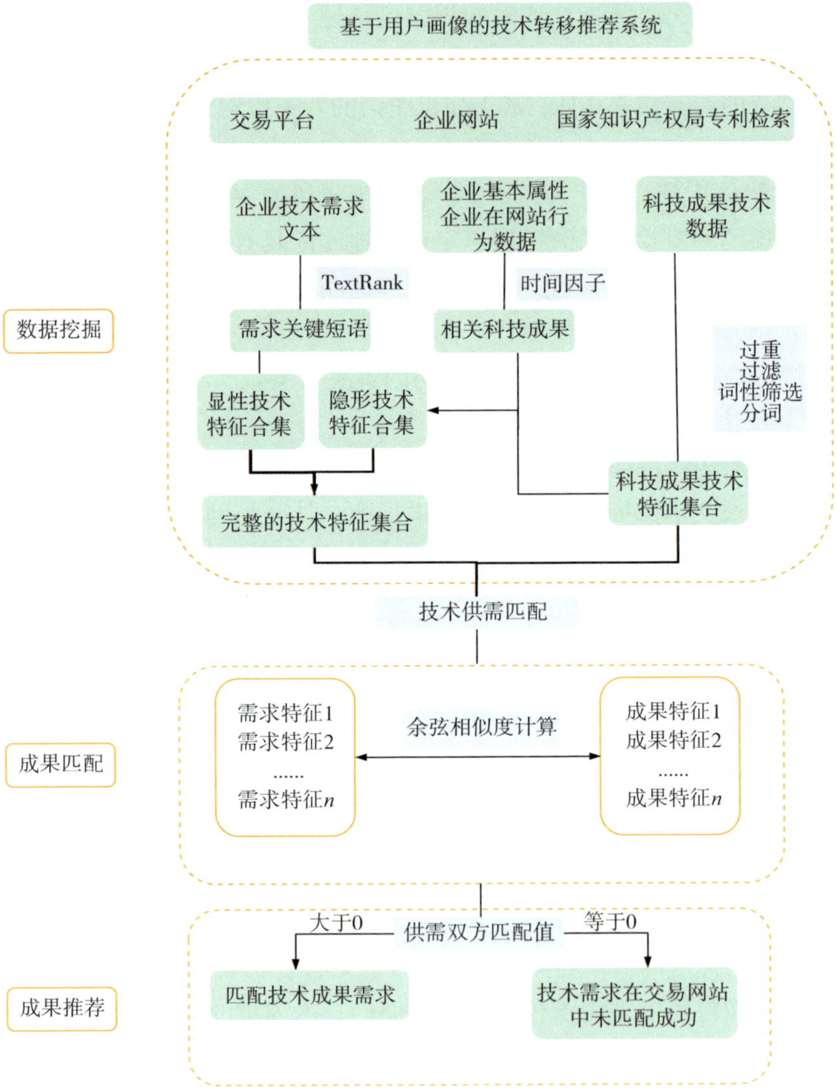


图 3–20　企业技术需求匹配推荐

4. 基于知识图谱的技术解决方案生成

技术解决方案生成是从企业需求出发寻求技术解决方案问题的求解过

程。传统关系型数据库作为技术创新设计的基础，面临知识分布分散、关联性较弱、储量相对较小的问题，强调对知识的检索却较少从语义层面研究知识的关联、认知、理解与推理。因此，需要发展基于知识图谱的技术解决方案生成技术。

相对于传统技术解决方案生成，基于知识图谱的方法有以下几个显著的改变。

数据质量提升。传统系统依赖的数据存在不一致性和冗余性，而基于知识图谱的系统实现了技术知识的统一表达，提高了数据质量。

约束关系建模方式创新。传统设计方案主要依赖于分布在电子表格中的历史技术配置信息，而配置之间的约束关系未知。基于知识图谱的系统以图结构的方式充分考虑技术配置之间的约束关系。

缺失约束信息的识别与填充。基于知识图谱的系统，可以根据技术相关知识图谱中实体之间的连接约束关系，搜索需求文档中未定义的约束，使技术专家能够填充缺失的信息。

可解释性提升。基于知识图谱的系统，通过技术解决方案生成过程的推理路径，向技术专家展示解决方案的推理流程，提高了解决方案的可解释性。

这些转变使基于知识图谱的技术解决方案生成系统更加灵活、高效，并能够更好地满足企业的技术需求。

### （三）基于知识图谱的技术转移服务拓展

知识图谱发展至今，尽管关键技术如知识融合、知识推理取得了显著进展，但仍面临多项挑战。知识融合技术关注将新知识高效引入图谱，其中挑战包括动态知识评估、自然语言特殊性导致的冗余与缺失、多语言实体对齐等。动态知识评估缺乏有效手段，语言复杂性导致实体对齐的准确性仍需提高，这都是当前融合技术所面对的难题。

知识图谱在应用中的挑战还体现在知识引导机器学习、可解释性方面。如何充分利用知识引导机器学习，减少对数据的依赖是当前面临的挑战之一。此外，通过符号化知识图谱解释深度学习等过程，弥补其在可解释性方面的不足，是未来的研究方向之一。

未来，知识图谱的发展将以基于网络数据自动构建的形式为主流。然而，这需要进一步提高知识抽取、融合和推理技术的准确性和效率，以确保知识的质量和实用性。尽管知识图谱已应用于公安情报分析、反金融欺诈等领域，但其潜力仍有待挖掘，未来的研究将关注如何在生活的各个方面应用知识图谱技术。

此外，当前存在的知识图谱结构和语言上的差异增大了应用难度。因此，制定行业规范、整合各个知识图谱、构建通用知识图谱也是未来研究的方向之一。综上所述，知识图谱的发展仍需不断突破技术难题，才能更好地满足日益增长的应用需求。

# 第四章

# 基于知识图谱技术转移的新路径

## 第一节　对技术价值的判断逻辑

### 一、可供转化的开发研究成果

从技术供给角度看，技术成果众多，它们就像一大片茂密原始森林中的一棵棵树木，高矮不一，浓密不同，每一项技术成果都有其自己的特点，没有好坏对错之分。如何在众多树木中，挑选合适的那棵使其成材，就是技术转移转化中精准对接匹配的过程。但是，技术成果转移转化的前提，一定是以可供转化的开发研究成果为起点。

作为技术成果转移转化过程起点的可供转化的开发研究成果具有两层含义。

#### （一）开发研究成果

技术研究工作可以根据不同需要进行多种分类，一般最常用的科学研究分类是按过程分为基础研究、应用研究和开发研究。开发研究是技术成果商业化、产品化过程的起点，即运用已有的基础研究和应用研究成果及现有知识，为创造新产品、新方法、新技术、新材料，以生产产品或完成工程任务而进行的技术活动。总之，开发研究是以获取商业价值为直接目的的创造新技术成果的活动，能够用于商业化生产或提供商业化服务。

### （二）可供转化

所谓可供转化，即开发研究成果必须具有可以商业化、产业化的可行性。开发研究成果之所以成为技术成果转化过程的起点，从某种意义上说，就在于它比应用研究成果和基础研究成果具有更高的可转化性。可供转化具体表现在一项开发研究成果经过一定的技术检验和经济检验，被证明其有原理上的合理性、实验上的可靠性、造价预算上的经济性、操作上的可行性及社会上的相容性。

技术成果的可转化性是其能否完成商业化、产业化的前提。

①原理上的合理性，即开发研究项目在构想之初必须根据科学的基本原理。因原理谬误导致成果无法转化的例子有很多，如对“永动机”的追求始终无法成功，原因就在于这一构想违背了能量守恒的科学规律。建立在伪科学基础上的研究与开发是不可能实现成果转化的。

②实验上的可靠性。任何一项技术开发，必会经历一个实验室阶段，在这一阶段形成关于科技研究项目的技术文件、样机、样品等有待进一步“物化”的开发成果。而可供转化的技术成果在这一阶段必须达到可靠性的特征。实验上的可靠性具体表现为以下几点：第一，实验的假设条件的可靠性；第二，实验方案和过程的可靠性；第三，实验结果的可靠性。

③造价预算上的经济性。站在风险管理的角度，技术成果转化过程的经济含义更加值得重视。所谓经济含义，是指技术成果转移转化过程中预期的风险与成本能够得到完全补偿，并在预定的期限内得到期望的投资收益率。通常情况下，考虑一项成果转化的经济性是从两方面入手。一方面，通过评估预测手段，能够较为准确地锁定未来的风险与成本支出；另一方面，项目或技术是否具有良好的市场前景，以保证在尽可能短的时间内产生较多的收益来补偿成本的损失。

④操作上的可行性。技术成果能够顺利地经历商品化和产业化，所涉及的因素也非常复杂，表现为技术要求高、资金投入大、管理因素多、市场风险大等特征。因此，要求可转移转化的技术成果必须具备操作上的可行性。操作上的可行性与实验上的可靠性之间的区别在于，前者更强调技术成果转移转化过程在进入产品化阶段及商品化和产业化阶段时，该项技术应该更能适应规模生产要求，使该技术产业在地址选择、产业区确定、产业带形成及

研发、生产、销售等环节上都具有确定的实现可能。

⑤社会上的相容性。一项技术成果的发育、商业化、产业化的可能性，还取决于社会环境条件，包括经济环境、制度环境等。也就是说，社会是否存在一定的条件来包容一项技术成果转移转化为一项新的产业，如果缺乏这种融合性，技术成果也是无法完成转移转化的。

因此，并不是所有热带雨林中的树木都适合被做成木桶，只有符合一定筛选条件的技术成果才能够被转移和转化。

## 二、技术价值的影响因素

技术商品化指的是将技术成果转化为商品并使之进入流通领域进行交易，以实现其价值的过程。可转化的技术成果成为技术商品后，也就拥有了使用价值和价值。

### （一）技术商品的使用价值

技术商品的使用价值，也就是技术商品能够满足人们某种需要的有用性，主要体现为提高劳动生产率，节约劳动或降低物质消耗、节约物化劳动等。其特性表现为以下几个方面。

第一，间接性。技术商品的使用价值受技术市场、需求方的技术吸收消化能力、管理水平、使用条件等方面的影响。需求方对技术的吸收能力直接影响技术商品使用价值实现的程度和过程的长短。技术商品是中间产品，不是最终产品，因其常以知识形态出现或表现为信息，所以技术商品只有与劳动资料和劳动对象有效结合才能发挥作用。

第二，增值性。技术商品是经过复杂劳动创造出来的，本身具有很大的潜在价值，随着技术商品的使用，其潜在价值会进一步释放和制造，具有一种远远超过一般商品价值量的扩张能力，对于提高劳动生产率、创造物质财富具有巨大作用，能带来新增的经济效益。这种作用具有激增性，能产生超过其本身价值的新的价值，从而为技术商品的开发、研制和生产带来超额利润。

### （二）技术商品的价值

技术商品的价值是凝结在技术商品中的科技劳动及发明者的创造性脑力劳动。在许多情况下，技术商品中还凝结着一些辅助性劳动，并包含着实验研究用的仪器、设备、试剂、能源等物化劳动价值的转移。其特点表现如下。

第一，技术价值补偿的特殊性。技术商品是科技人员经过复杂劳动创造生产的。由于新技术生产的成功率低、风险大，那些失败的项目无法得到直接补偿，只能由成功的项目来补偿。这样，技术商品的价值补偿就包括了对技术研究耗费、风险报酬和自身研究耗费 3 个部分的补偿。

第二，技术价值的不易确定性。一般商品的价值可以根据生产该商品所花费的社会必要劳动时间这一共同标准来确定，而技术商品通常不是批量生产的，一项先进的技术发明往往没有横向可比性。同时，科研劳动具有探索性、开发技术商品的较大风险性，导致技术价值与研究开发成本之间并不存在着必然的正比关系，这些因素使得确定技术商品的价值存在困难。

既然技术价值具有补偿的特性，就不容易确定其价值的大小。那影响技术价值的因素又有哪些？当我们决定将成材的树木做成木桶桶底时，哪些因素会影响桶底的厚度呢？

1. 技术方向的选择

技术方向选择的正确与否，影响到了技术供给的实现。方向选择错误，即使花费大量的人力、物力和财力提供了技术，但由于所提供的技术与发展方向的相悖，最终会遭到市场的淘汰。长期以来存在的科技与经济脱节的问题，导致许多研究项目在立项时没有考虑企业的需求，将大量的精力、时间和资金花在技术的先进性、新颖性的研究上，而且有一种“惯性”存在，使得许多研究者长期甚至一生都在某一领域中探索，其研究成果很少能够被成功运用于生产中。

2. 技术商品化前景

技术商品化前景需要科技成果的技术先进性与经济可行性相统一。我国拥有大量的科技成果没有被应用，其中一个重要原因是因为“技术上可行，经济上不可行”。造成这种状况的原因有客观上的，也有主观上的。客观上的原因是研究规模小，只适用于定性，不能定量地进行准确经济预测。另外，了解原材料和产品的市场价格也不方便。还有就是实验人员没有太多的大生产经验，对一些成果生产的损耗及一些实际生产技术指标估计不足，导致整个成果的经济预算偏差。主观原因是，成果研究者主观上尽量低估成本消耗而高估产出价值，导致成果的效益指标偏高。

除了技术商品化本身的价值外，还应关注技术商品化在同类技术中的竞争力，注意技术的替代性问题。即使创业者的产品一开始具备很强的技术领先优势，如果创业者不能持续地投入资金用于研发工作，在日益激烈的竞争环境中，如技术本身领先程度不高，创业者拥有的技术优势很容易被其他企业赶超，或易于被跟进者模仿和瓜分。企业所花费的巨大人力、物力和财力开创的市场就有可能很快丧失，产品的替代风险高。如果产品具备很强的技术创新性能，并且难以被竞争者模仿，那么创业者的产品优势就是可持续的。

3. 技术先进性

技术先进性反映的是科技成果的现有技术水平和技术效果。技术进步、新技术的出现、技术难关的攻克或现有技术的改良等，是一项新成果研发的初衷和应用优势所在。科技成果的先进性越强，市场前景越大，越能为企业带来良好的经济效益，转化风险越低。它直接决定了成果转化之后的盈利点，也是技术最吸引投资人眼球的地方。我国许多科研成果往往因“信息不充分”而陷入“低水平重复研究”的困境，降低了科研成果的转化价值。

可以从技术发展生命周期判定技术的先进性。任何一种技术从产生到衰落会存在一个生命周期，其发展过程会经过萌芽期、成长期、成熟期、衰退期 4 个阶段。萌芽阶段技术还处于研究探索时期，技术性能不高，面临的技术风险和其他不确定性因素比较大，在这个阶段产生的技术数量较少且价值不高。成长期的技术随着性能不断改进，取得创新性发展的概率更大，各种创新技术也相继涌现，推动技术的不断前进，同时该时期市场逐渐发展并趋于理性，不确定性逐渐减少，这个时期的专利数量迅速增多，技术价值也在不断提升。成熟期技术的稳定与成熟使得技术商品化程度非常高，而激烈的竞争关系使得专利的申请量和增长速度开始放缓，所研发的专利创新水平相较于上一阶段降低，技术价值增长趋于缓慢。衰退期技术的领先竞争力逐渐消失，该技术的产品市场逐渐缩小，直至被其他技术所取代，这一阶段申请专利的数量大幅降低，技术价值比较低。

4. 技术成熟度

一般来说，越是趋于工业化的科技成果，其成熟度越高，企业技术接受的风险越小。成果配套性越强，转化为生产力的可能性越大，技术风险越小。实验室阶段科技成果面临的主要挑战之一是成熟度风险，而随着转化过程的推进，技术成熟度风险将逐渐减少。实践经验表明，科研成果在转化过程中可能面临的技术问题有时比技术开发阶段的问题更为复杂且难以解决。

为了成功将科技成果应用于实际生产，必须确保该技术具备相对完善和成熟的水平。技术的成熟度表现在整个过程和各个方面，而不仅仅是局部的技术突破，不成熟、不完善的工艺很难在实际生产中取得成功。

5. 技术配套设施

科技成果的成功转化通常需要相应的技术或工艺过程的支持。在科研单位进行研发时，往往忽视了成果在生产应用中可能遇到的问题。加之科研机构和企业之间缺乏中间试验的条件和手段，导致了应用单位在采用新技术时缺乏必要的配套技术，难以成功整合到现有系统中，从而增加了转化的风险。这种风险主要源于科研成果转化所需的配套条件不够成熟，在技术扩散和技术转移的过程中，配套风险显得尤为突出。

研发团队在技术配套中扮演着关键角色。作为科技成果的创造者，研发团队的科研技术能力直接影响着成果生产过程中知识、智力和劳动力的积累水平。科研人员风险是由于不可预测的因素或其他原因（如自然灾害、车祸、疾病等），可能危及技术人员或导致人员离职，从而对科技成果转化过程产生的风险。科研人员的相对稳定性与技术的延伸性、后续开发能力及技术的保密性密切相关，技术的延伸性越大，后续开发能力越强，保密性越强，企业在吸收该项科技成果后所拥有的技术优势也就越大，因而风险越小。基于现有技术基础，根据用户需求采取改变性能、变换形式或扩大用途等措施，以开发新产品。

采用这种方式可以依靠企业现有设备和技术力量，开发费用低，成功把握大。随着社会科技研究范围逐步拓展，科研成果转化的风险防范范围也在不断扩大。科技成果转化要素分析，实质上也是新技术投石问路的过程，技术是转化的第一步，需要我们立体地剖析整个技术成果，尽可能地降低技术不完善带来的风险。它可减少科技创新产品市场投入后“碰壁”的次数，成果转化后带来的社会效益和经济效益更大。

除了关注设备和人员的配套问题，我们还需要更多地关注知识产权的相关配套问题。科技成果作为一种无形资产，在转化过程中涉及多个参与者，稍有不慎就可能因泄漏而失去其价值。科技成果的转化过程存在两类风险：一是侵权风险，即非知识产权拥有者以违法手段使用科技成果，给知识产权拥有者造成损失；二是泄密风险，即在成果转化过程中，风险企业方泄露技术秘密而引起的风险。

目前，我国科技成果的所有者可以通过获得知识产权或采取保密措施来保护科技成果的经济利益，以免受到侵害。然而，在实际操作中，这两种方法都存在一定的问题，仍可能导致科技成果的流失风险。尤其是对于无法取得专利的科技成果，所有者只能通过保密的方式来防止成果流失。由于我国在技术秘密立法和司法方面存在不足，因此泄密风险难以完全避免。

### 三、技术价值的评估方法

技术评估是为科技成果转让和技术转移提供服务的专门评估技术商品和技术资产的过程，其目的是通过对技术成果的经济效益进行估价确定技术的价格。根据技术的不同形态，评估可分为专利技术评估、专有技术评估和工业产权评估；根据服务目的，又可分为技术转让和技术入股等评估。技术评估是完善技术转移、促进科技成果向实际生产力转化的不可或缺的步骤。技术成果的转让价格实质上是技术供给方向技术需求方转让技术时，双方商定如何共享由该技术或技术使用权带来的新增收益。在实践中，有 3 种广泛应用的评估方法，即成本法、收益法和市场法。由于技术交易的目的和环境各异，评估方法也各异，因而评估结果也不同。

技术评估通常具有以下 3 个方面的功能：首先，评价功能，主要是对技术成果的发展状况、成熟程度、进一步开发的需求、技术转让目标、市场状况、是否存在替代技术及技术经济效益等方面进行客观公正的评价。其次，估算功能是评估的核心，对技术成果的实际现值进行量化评估，为技术成果的交易双方提供合理的参考价格。最后，公正功能，即评估结果具有真实性和公平性，如果是有资质的技术资产评估机构进行评估，还具有法律效力。

我国自 20 世纪以来陆续颁布了《中华人民共和国自然科学奖励条例》《中

华人民共和国专利法》《中华人民共和国技术合同法》《中华人民共和国科学技术进步法》《中华人民共和国促进科技成果转化法》等法规，形成了促进科技成果转化的政策法规体系，推动科研与经济的融合，为科技成果转化创造了有利的法律环境。然而，这些法规未能详细规定创新活力、潜能、劳动、信息、知识、技术、管理和资本在效率和效益方面的具体方法，也阻碍了创新驱动的发展，限制了科技成果转化的效率。相比之下，发达国家不仅通过法律手段建立完善的知识产权制度，制定一系列政策法规，还加强了对科技成果在技术转移过程中的政策支持和对科技人员的激励政策。国际上还通过国际条约在全球范围内增加对知识产权的保护力度。

在实践中，我国特别重视专利价值分析体系。为了贯彻落实《国家知识产权战略纲要》中关于通过知识产权转让、许可、质押等方式实现知识产权市场价值的战略，国家知识产权局于 2011 年委托中国技术交易所组织专家开展了专利价值分析体系的研究和设计。该体系针对专利的法律、技术和经济三方面进行了系统分析，使投资者能够根据专利价值分析报告作出合理的判断和决策，专利权人也可以依此对专利的价值作出合理评估，有利于市场双方形成对价及合作基础。同时，作为专利运营和管理的基础环节，专利价值分析对专利的交易、许可、转让、融资、出资、实施及分级分类管理等方面将发挥重要的支撑作用。

### 四、基于知识图谱的技术价值评估

基于知识图谱的技术价值评估，与以往的技术评估思路略有不同。技术评估主要以某项技术出发，对其进行估算。知识图谱凭借其海量信息的处理能力，从专家画像视角，为技术需求提供可能解决某项技术问题的专家图像。

当前，学术领域的知识库如中国知网、万方、百度学术等已广泛收录了大量论文、专利等科技资源数据。这些知识库提供了强大的检索和分析功能，使用户能够根据专家的姓名搜索并显示其相关的研究成果信息。然而，目前的系统无法清晰地呈现专家的能力画像，用户仍需逐一了解相关成果以分析专家的能力。

为了让用户能够快速直观地了解专家的能力概况，我们提出了一种基于成果质量和数量等信息的专家多维度能力刻画方法。这一方法是一种实现专家用户画像的具体方式，包括论文能力、专利能力、项目能力、活跃度和实践度 5 个方面。具体而言，我们根据专家发表论文的质量、发表时间、作者排序及被引用情况信息计算专家的论文能力；根据专家申请专利的受理状态、申请时间、发明人排序信息计算专家的专利能力；根据专家完成项目的类型等级、项目经费、完成时间及项目人员排序信息计算专家的项目能力；根据专家近年成果获得情况计算专家的活跃度；最后，根据专家的项目和专利实施情况计算专家的实践度。这 5 个方面的计算结果进行归一化后，通过雷达图进行可视化表示。

通过这一面向科技资源的专家科研能力画像构建和可视化方法，用户可以更直观地了解专家的科研能力概况，进而深入了解技术供给中技术的价值。

### （一）论文计算能力

科研论文是科技领域中至关重要的科技成果之一，专家发表论文的情况直接反映了其在科学研究方面的能力。我们对专家科技资源中的所有论文进行综合评估，考虑论文的质量、发表时间、作者排序、被引用情况等多个影响因素，并为它们赋予不同的权值。这样的计算方法旨在使每篇论文的得分能够准确且直观地反映专家的论文能力。具体而言，我们对每一篇论文进行得分计算，考虑各项因素的权重，然后将所有论文的得分求和，得到专家的论文能力综合得分。这种方法有助于全面评估专家在论文方面的表现，提供了一种直观的评估方式。

### （二）专利能力计算

专利文献作为技术信息最为有效的承载体，涵盖了全球 90% 以上的最新技术情报，是科技领域中至关重要的科技成果之一。专利是专家在技术应用上创新的成果，是对科技创新能力的集中展示。我们通过考虑专利的受理状态、专利申请时间、发明人排序等信息，为这些因素赋予不同的权重。然后，我们进行加权计算每项专利的能力值，并将所有相关专利能力值相加，从而得到专家的专利能力综合评分。这种方法有助于全面评估专家在专利创新方面的表现，为科技创新能力提供了一种系统的衡量方式。

### （三）项目能力计算

科研项目是指专家承接或参与的横向、纵向项目的总和，是专家将理论应用于实际、解决实际问题的能力在成果中的体现。对于专家涉及的所有相关项目集，我们根据项目的类型等级、项目经费、完成时间、项目人员排序等信息，为这些因素赋予不同的权重。然后，通过加权计算每项项目的能力值，并将所有相关项目能力值相加，最终得到专家的项目能力综合评分。这种方法有助于全面评估专家在科研项目中的表现，为科技成果转化提供了系统的评估手段。

### （四）活跃度计算

专家在科技领域的活跃度是指其在近年获得科技成果的情况，是专家对科研工作和技术创新的热情程度的反映。我们以论文、专利、项目 3 个能力刻画方法为基础来计算活跃度。具体而言，专家的活跃度是指近 n 年内该专家在论文、专利和项目方面的科技资源能力刻画分值的加权平均数。这种综合评价方法能够全面反映专家在不同方面的科技贡献，有助于更准确地评估其近期的科研活跃状态。

### （五）实践度计算

专家的实践度在科技领域中是对其将理论知识应用到实际工作、解决实际问题的能力的集中体现。实践度同时反映了专家在理论研究和实际项目工作之间的偏向程度。一般来说，专家的成果可以分为偏向理论研究的形式（如论文）和偏向项目实践的形式（如项目和专利）。每位专家的实践度计算以其在论文、专利和项目能力方面的表现为基础，通过计算专利和项目在该专家所有成果中的占比，来量化其在理论研究和实际项目工作之间的倾向程度。这种方法有助于深入了解专家在科技领域中的实际应用能力和项目实践倾向。

### （六）归一化

利用上述 5 个公式可计算出各专家在 5 个维度上的数值，然而存在以下特点：首先，一个专家在不同维度上的计算结果取值范围不一致；其次，纵向比较各专家在同一维度上的计算结果分布不均匀。这可能导致各维度之间缺乏直观的对比意义，使得专家之间的能力对比不够清晰。

因此，有必要对计算结果进行归一化处理。归一化的目标是将每位专家在 5 个刻画分值上的得分映射到 0 ~ 100，并结合实际数据调整分布情况。为了突出专家水平的层次差异、更好地甄别出优秀专家，并借鉴选拔性考试中成绩的正态分布规律，可以采用“等级赋分”的方法进行评分调整。通过这种方法，使得所有专家在论文能力、专利能力、项目能力、活跃度和实践度这 5 个方面的得分都能够呈现正态分布。具体而言，将 0 ~ 100 的区间划分成若干个等级，每个等级对应的实际赋分区间按比例递增。然后，按照专家的得分从大到小将其映射到相应的等级中，使得各等级的人数呈现两头较少、中间较多的趋势。通过设定等级的赋分区间的最大值和最小值，将专家的得分映射到最终的归一化数值范围。

#### （七）可视化

通过对论文能力、专利能力、项目能力、活跃度和实践度进行归一化后的评分，采用雷达图的可视化方式展示这 5 个维度的专家能力。这种可视化方法在查看专家信息时能够直观地呈现当前专家在论文、专利和项目方面的能力水平，同时反映专家在近期内获取科技资源的活跃度。此外，雷达图还能展示专家在理论研究和实际项目工作之间的偏好，即实践度。通过这样的可视化呈现，用户可以一目了然地了解专家在不同能力维度上的表现，使专家能力的对比更加直观清晰。

## 第二节　对技术转移附加要素的评估

### 一、技术转移过程中的附加要素

#### （一）政策及法律因素

法律和政策是影响经济和社会发展的重要因素，同样也在时刻影响科技成果的转化。作为科技成果转化的关键因素，法律和政策为成果的转化提供了不可或缺的支持。法律的完善程度和政策的得当性对科技成果转化的外部环境产生了重要影响。

当前，我国在知识产权保护方面的法律和法规相对较新，颁布时间较短，因而仍存在一些不足之处。这导致对于一些侵权或违反合同的纠纷事件处理不力或不及时，在一定程度上助长了侵权行为，增加了科技成果转化的障碍。此外，国家的投资政策和风险投资政策的发展相对较慢，也对科技成果的转化产生了一定的阻碍。

### （二）市场因素

科技成果转化的成功关键在于推出兼具技术价值和商业价值的成果，将其转化为市场急需的产品，为企业创造利润回报。因此，在科技成果转化过程中，市场因素至关重要。首先，在转化的早期阶段，需要在科研立项时兼顾成果的先进性和满足市场需求，以市场为导向，确保具备市场可行性。其次，可以依据市场前景分析潜在成果受让方，预测通过成果转化后，潜在受让方可能获得的收益和竞争力提升，使科技成果转化更有针对性。最后，通过市场效益完善评价机制。

由于市场的不确定性，许多因素直接影响科技项目的深入开展。在科技成果的转化和推广过程中，原材料价格上涨、科技成果成本过高、利润下降、市场需求减少及受到进口产品和技术限制等因素，都可能影响成果转化的可行性、适应性、成本和利润。

### （三）资金因素

资金是科技成果转化的不可或缺条件，各个转化环节都需要投入资金，因此，资金的可获得性直接影响着成果是否能够成功转化。技术方面的不确定性、市场前景的不明朗、企业规模、高风险的存在通常是资金难以获得的主要问题。风险投资作为一种中长期股权投资，更注重项目的远期成长，投资对象通常是传统金融机构不愿涉足的高风险高回报项目，因此，它能够较好地解决科技成果转化中的融资问题。

风险投资体系的健全程度直接影响着一个国家高科技产业发展的速度和水平，是实现产业结构升级和提升经济综合竞争力的必要途径。风险投资不仅提供资金，还要求更多、更深入地介入企业的体制运行和管理过程。对于接受投资的高科技企业而言，不仅接受了资金投入，还迎来了一种与风险投资相适应的新体制。这正是风险投资与传统投资体系的主要区别。风险投资对科技成果转化的影响主要表现在资金效应和体制效应两个方面。首先，风险投资填补了传统投资体系的不足，为高科技成果转化提供了全面的资金支持。其次，随着风险资金的投入，企业逐渐规范其组织管理和运行体制，从而在企业体制上对科技成果转化过程产生积极的影响。

#### （四）技术接收方因素

企业技术吸收能力受到多方面因素的影响。当企业的技术素质较差、吸收科技成果的能力较弱时，其技术吸收能力也会相应减弱，从而影响科技成果的顺利转化。这一影响主要表现在企业内部技术人员匮乏，真正懂技术的人相对较少。这种情况导致科技成果转化中的各项技术指标无法得到严格执行，进而影响产品的质量。这不仅对高校或科研机构产生不利影响，还可能阻碍产品在市场上的推广和销售。

在高校或科研机构与企业进行技术合作开发和推广时，有些企业完全依赖高校或科研机构，让高校或科研机构的科技人员参与项目的全过程。然而，企业未能形成技术研发的主体，缺乏主动适应市场的能力，这也不利于科技成果的顺利转化。因此，在技术合作中，建立更为平衡和协同的合作模式，使企业具备更强的技术吸收和适应市场的能力，对于促进科技成果转化具有积极意义。

#### （五）过程管理因素

过程管理因素是指在科技成果转化链中，各个环节之间的协调、交叉，以及伴随转化过程中涉及的人员、财务、设备等资源的灵活配置。另外，还包括科技成果转让方与受让方之间的顺畅交接和有效互动。在以科技创新为导向的企业活动中，是否能够与科研机构实现有效的互动，建立行业领先的信息渠道，成为企业持续发展的关键要素。

### 二、基于知识图谱的综合要素评估

#### （一）评估体系及流程

在基于知识图谱的技术转移平台上，我们将建立一套科学、全面、有理有据的技术转移转化评估决策体系，旨在减少主观因素的干扰，追求对技术的客观正确评价。这一体系的目标是实现高效益高质量引进所需技术、积极推动企业内部技术创新，并为企业的长期健康发展提供有力支持。技术评估将从概念设计入手，结合国际 9 级技术成熟度分析方法，建立了包括政策性、成熟性、重要性、先进性、经济性在内的五大类分析指标的评估依据和方法。采用基础评估和二次评估流程，对技术进行全面评估（图 4–1）。

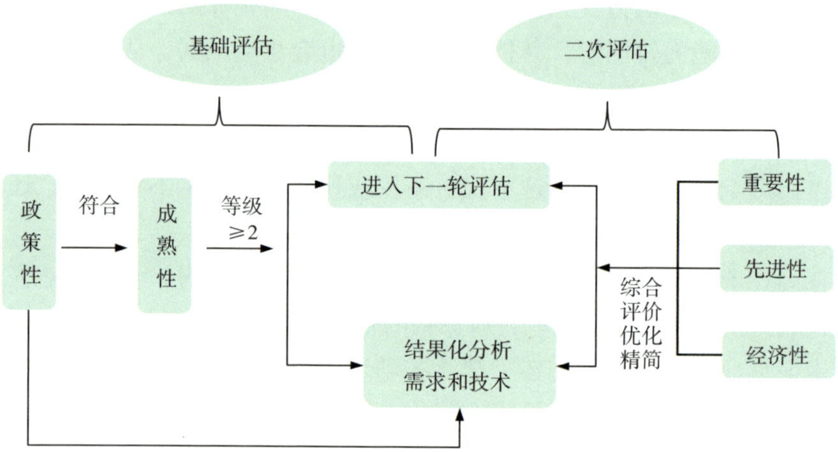


**图 4–1　知识图谱的评估体系及流程**

将评估决策指标设计为政策性评估、成熟性评估、重要性评估、先进性评估和经济性评估 5 个指标体系。

1. 政策性评估

引进技术必须首先遵循国家所签署或参与的国际公约和协定，同时遵守国家发布的禁止技术、法律法规、行业标准及其他相关行业政策规定。在技术引进的过程中，必须严格遵守国家规定的限制和禁止引进的技术政策，确保引进的技术符合国家生态文明建设的战略要求，并核查各项技术性能指标及排放情况。除此之外，还可以评估引进技术是否符合地区的重点产业发展引进方向。在知识图谱的海量内容疏导中，技术转移平台可自动完成基础评估中的政策性评估。

2. 成熟性评估

创新成果的转化必须符合相应的技术应用条件，以满足企业经营发展的需求。科技成果的转化是一个涵盖完整科技创新产业链的过程，而不同性质和不同阶段的科研成果对技术应用条件和成熟度的要求也有所不同。从传统技术创新的产业链来看，技术的成熟过程包括研发阶段、现场试验阶段和转化应用阶段。在科研管理方面，项目验收和成果鉴定评审通常标志着研发阶段工作的完成或结束，需要综合考虑技术研发过程的成熟等级及科技成果管理的标志性条件。

技术成熟性指标的核心在于技术的可应用性，这属于基础评估工作，由专家进行综合判断。采用国际 9 级技术成熟度（TRL）划分标准，对研发到应用的全过程进行划分。选择成熟度（TRL）6 ~ 9 级的技术，细分为 4 个等级：等级 1（TRL6）表示原型验证，已完成原型在实验室中的验证；等级 2（TRL7）为小规模现场试验，进行系统原型在现场的小规模试验及中试阶段；等级 3（TRL8）为工业性现场验证，对应用规模和范围进行放大，通过了工业性使用环境的验证，准备技术推广；等级 4（TRL9）为推广应用，标志着技术达到工程研制阶段到生产部署的重要转折点。通过对技术成果所处阶段的评估，可判断技术的成熟度。

科研计划中的科技项目通常需要通过甲方组织的项目验收，以确定是否完成计划任务及取得成果。科研项目的验收结论在一定程度上反映了科研成果的成熟度。根据科技项目和成果管理的要求，设立了 4 个标志性条件：标志 1 为项目验收，即技术依托的项目是否完成验收，判断其是否达到或高于相应阶段的等级；标志 2 为成果鉴定，即是否通过了成果鉴定，专家对成果成熟度的评价意见；标志 3 为产品形成，即是否被纳入企业自主创新产品目录，表明其成熟度相对较高；标志 4 为组织推广，即是否由企业科技与生产管理部门组织推广，表明其成熟度高。通过评审和鉴定意见，可判断技术成果的成熟度。

3. 重要性评估

企业的技术需求涉及数量众多，且各自规模大小不一，对企业的影响程度也有所不同。因此，在引进技术管理时需要明确不同层次的技术需求，突出重点，实行差异化的管理策略。在企业的发展过程中，常常存在一种或一组技术群体在推动企业发展方面发挥主导作用，这些技术通常被视为核心关键技术，甚至是决定企业业务发展的关键领域。因此，了解并掌握企业关键科技成果和项目的现状，把握技术的发展趋势和业务的综合进展，抓住重点核心技术至关重要。

对技术的重要性评估主要依据企业的业务发展战略规划、行业技术发展研究报告及企业主营业务的发展研究报告等。这包括对相关主体专业研究的重大项目、核心产品、关键设备等在国内外进展信息的调研，以及对业务发展需求和技术发展趋势的跟踪。专家会综合评估技术的重要性。需要注意的是，技术的重要性是一个阶段性、可变的判断，随着技术和业务的发展，其重要性也会发生变化。所掌握和参照的资料具有一定局限性，可能会对技术重要性的判断产生影响。因此，在一个固定阶段内的判断属于二次评估，需谨慎执行，判断结论一般分为高、中、低 3 个级别。

4. 先进性评估

建立技术引进目录的目的在于促进企业采用先进技术，淘汰和限制使用落后技术，推动企业自主采用先进技术，促进企业科技水平的提升。因此，对技术的先进性进行评估显得十分必要。评估依据可以包括企业规划和计划中对技术的需求分析，参考科研成果的技术查新和鉴定意见，对技术的定位、水平、应用条件等进行综合判断。此外，专家还会进行横向对比相关技术，系统判断并最终确定评估结果。

技术的先进性是一个不断发展的客观指标，具有一定的局限性。由于技术水平的不断演进，先进性的判断需要进行二次评估，并需要谨慎执行。判断结果一般可分为领先、先进、一般 3 个级别。

5. 经济性评估

为充分发挥技术成果的市场价值，确保具有重大经济效益的核心技术具备较高的市场核心竞争力，技术的经济性评估通常采用 3 项关键指标。首先是技术自主率，表示企业某项技术中自主研发成分或自有成分占全部要素的比例，衡量了企业对该技术的拥有程度和技术源头的独立性。其次是市场潜在占有率，指该技术在商业化技术市场上的应用程度，较高的市场潜在占有率意味着技术在商业应用上的成功程度。最后是创效能力，评估技术带来的经济效益，主要依据包括项目验收、成果鉴定评审意见、用户报告、市场前景分析报告等，通过与同类技术的市场价值对比，由专家进行综合分析判断。

经济性评估同样受到时间和信息准确度的影响，因此需要进行二次评估，并需要审慎执行。最终的判断结论一般分为高、中、低 3 个级别。

在技术评估的流程中，先进行基础评估，包括两个关键步骤。第一步是政策性评估，通过系统审核技术是否符合国际 / 国家公约、政策、法律法规的要求，该步骤的合规性审核完成后，进入成熟性评价阶段。第二步是成熟性评估，根据项目的进展情况，判断技术所处的成熟性阶段。

接着进行二次评估，包括以下关键步骤。第一步是重要性评估，通过分析企业科技和业务发展战略规划、行业技术发展研究等报告，评估技术是否属于领先技术。第二步是经济性评估，考察技术是否拥有自主知识产权，并能否带来一定的市场经济收益。这一系列的评估步骤有助于全面了解技术的发展状况，为科技成果的推广应用提供支持。

在评估过程中，使用了借鉴德尔菲法的专家评估机制：为指定或选定的专利技术以知识图谱技术为基础，选择多方专家，以德尔菲法的形式进行多视角和多轮的价值评估。

建立以价值为导向的成果价值评估系统，旨在为科技成果的转化提供科学决策支持。成果价值评估主要考量技术的多个方面，包括技术先进性、市场前景、资本经营、技术成熟度、技术的生命周期、技术转让状况、技术法律状态、技术垄断程度、技术转让方式以及所处行业的发展状况等。评估过程采用定性指标和定量指标相结合的方法，提取通用可行性指标和参数，设计了科技成果的价值评估流程，并制定了相应的价值评估数学模型。

通过数据的清洗、集成、变换和规约等处理，形成了成果价值评估的指标数据。同时，建立了成果价值评价模型应用程序，实现了价值评估与网络平台的有效对接。用户只需通过平台输入必要的参数，即可迅速获取技术的大致价值。这一系统为最终确定科技成果的实际价值提供了基础，使决策过程更为简便快捷。

### （二）基于知识图谱系统的非技术要素评价功能

1. 用户评价

创建用户评价系统，该系统根据目标用户对最初专家推荐列表的满意度评分，结合历史用户对所有专家的满意度评分数据，以计算目标用户对每位专家的满意度预测值。系统通过这些满意度预测值对最初的专家推荐列表进行调整，生成最终的专家推荐列表。

2. 专家推荐

设计并实施一种基于用户评价的专家推荐系统。该系统采用混合推荐算法模型，先根据企业需求文化和专家的可视化知识图谱分析结果，生成初始的推荐列表。接下来，将该推荐结果用作基于用户推荐算法的输入，结合用户对推荐结果的满意度评分，最终生成专家推荐列表。

3. 热点标签

基于知识谱图的可视化技术，根据行业类别的不同，得出目前行业内的研究现状、研究热点、发展态势等内容。根据图谱得出的关系网络，跟踪得出相关的科技成果转化的热点机构、热点专家、热点区域，并对该内容贴上热点的标签，供技术需求方检索。

## 第三节　技术转移过程中平台的价值

### 一、实现科技成果的大数据管理

技术转化的大数据管理会对各种终端形成的多源、异构和多模态数据进行一些预处理，接着进行数据的变换形成分析统计所需的数据，然后利用统计方法、事例推理、规则推理等方法处理信息对技术转化大数据进行挖掘，最后对挖掘出的数据进行知识表示，这样就可以形成有利于技术精准转化的决策。其流程如图 4–2 所示。

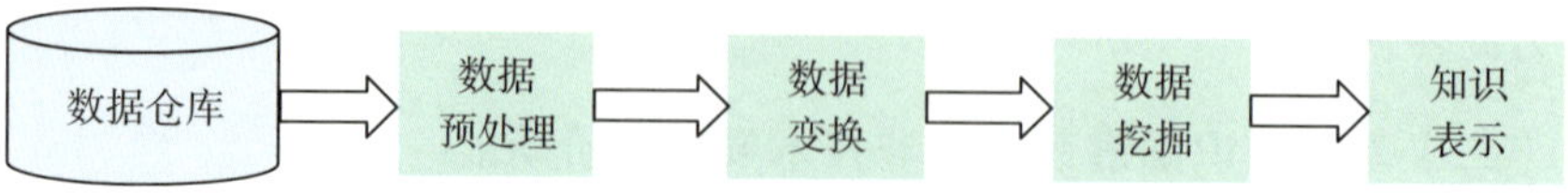


图 4–2　技术转化的大数据管理

第一，技术转化数据预处理。技术转化数据预处理是技术转化大数据管理中的一个重要部分，它是指对用户在技术转化平台上访问、交流、处理事务所产生的日志数据进行清洗，从而产生可以用来加工、分析和研究的数据。它主要包括数据清洗、用户识别、会话识别和事务识别 4 个步骤。

第二，技术转化数据变换。由于技术转化数据具有多源异构等特征，需要进一步通过数据变换、概化、规范化等方式将科技成果转化数据转换成适用于统计、分析和研究的数据形式。

第三，技术转化数据挖掘。技术转化数据挖掘是技术精准转化中的关键步骤，它根据技术转化数据仓库中的转化数据信息，选择合适的统计、分析和挖掘工具，应用统计方法、事例推理、决策树、规则推理等方法处理技术转化数据，从中挖掘出可以匹配技术供需和有利于技术转化的信息。

第四，技术转化知识表示。以可视化的方式展示从技术转化数据挖掘中获取的有价值信息，以协助用户作出精准的技术转化决策。

## 二、实现技术精准对接匹配

技术精准匹配是指在技术转移转化过程中，技术需求方（有技术革新、技术改造需求的企业家或进军新领域的投资者等）通过精准地搜索技术供给方（高校、科研机构或其他科技型企业）的技术信息数据库，以找到符合其需求的技术成果。这一过程通常包括 3 个关键要素：需求方提出的技术需求描述、供给方提供的技术成果信息及二者之间的供需对接匹配，如图 4–3 所示。

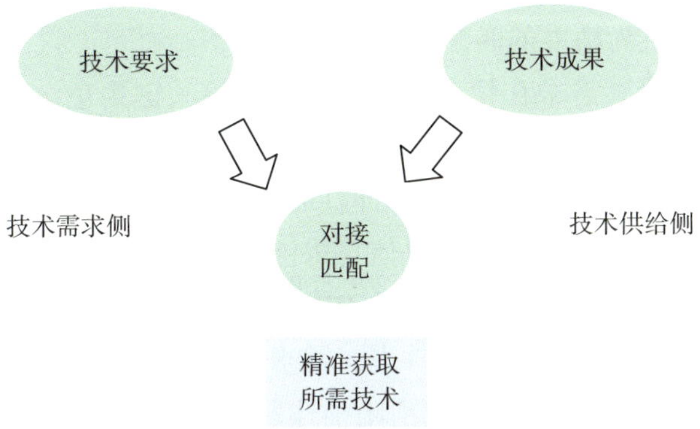


图 4–3　技术匹配

实现技术的精准匹配需要对3个关键要素进行适当处理。首先，对需求方的需求进行精确分析和定位至关重要。通常，最初提交的需求意向和诉求受制于自身技术研发水平、市场开发能力和经营管理水平，难以对基于自身战略发展目标或解决关键发展症结的技术需求进行精准定位。这可能导致需求意向表达粗糙、不够深入、模糊不清，或偏离解决关键技术问题的目标。其次，确保技术成果的高质量也是关键一步。实际技术成果文档中通常包含大量非相关信息，这会显著影响技术对接匹配的准确性和效率。因此，对技术成果进行仔细解析是必要的。最后，为了实现精准的供需对接匹配，在深入分析和定位用户需求文本的基础上，需要借助智能匹配算法，以高效准确的方式匹配所需的技术文档。

技术的精准匹配不仅是实现技术转移转化的前提，更是提升技术转移转化效能的关键因素。科技创新被视为推动经济增长的倍增器，而各类技术成果的高效转移转化则是促进科技创新的重要环节。因此，通过提高技术供需双方的对接成功率，有助于推动技术转移转化水平的提升。这不仅在实践中具备显著的必要性，更是当前面临的迫切挑战。

为提高技术精准匹配效率，关键途径之一是深入研究技术供需双方精准匹配的机制，包括3个主要方向：首先是技术需求侧的需求提纯，即通过专家的参与和不断逼近与提炼，借助机器手段和计算机算法，帮助技术需求提出者更准确地描述其技术需求。其次是技术供给侧的技术成果解析，旨在通过算法和程序的运行，提高技术成果表达的质量。最后是供需双方的对接匹配问题，在需求提纯和成果解析的基础上，通过优化匹配算法，进一步提高对接效率，实现更为精准的匹配。

从需求侧来看，需求在技术对接过程中扮演关键角色，只有在需求明确的前提下，才能在技术成果中实现精准匹配。人们通常倾向于需求是技术对接过程中最简单的一环，而将大部分时间投入算法改进以提高技术对接匹配的准确率。然而，如果输入的需求信息未能准确表达需求方的真实意图，那么对接匹配的技术很可能无法满足需求方的实际需求。在实际技术对接中，需求常常呈现出较强的模糊性。首先，需求存在不确定性，需求方未明确所需技术应实现何种具体功能，难以清晰描述所需技术。其次，需求存在二义性，需求描述不明确，可能有多种解释。模糊的文本容易导致对需求的多重解释，甚至存在矛盾或错误。最后，需求带有主观性，由于提供者的专业背景、表达能力和技术水平等因素的限制，需求常以口语化和非结构化的形式呈现。因此，需求在技术精准匹配中占据核心位置，需求质量的好坏直接决定了技术对接匹配工作的成败。如何获取有效的技术需求信息成为影响技术精准匹配的关键因素之一。

从技术供给的角度来看，供方技术成果的质量是技术对接的基础。技术精准匹配的核心在于根据需求方的明确需求，在技术成果中准确匹配符合需求的技术。因此，技术成果文档质量的好坏直接影响技术对接匹配的效率。当前技术成果的数量庞大，直接通过需求关键词进行全文匹配效率极低。大多数技术文本数据结构相对复杂，篇幅较长，如何对技术成果的价值和质量进行评估成为技术供给端面临的难题。

进入技术转移转化市场的技术成果（通常以专利形式存在），其质量、成熟度和价值千差万别。一般而言，已获得授权的发明专利仅仅在技术的独特性、差异性和创新性方面得到法律确认和保护，而技术成果的技术、经济、社会价值、市场开发潜力、产业应用前景等方面，还需在技术市场中经历复杂的验证和挖掘过程。对于一些复杂度不高、结构较简单、易替代、成熟度不高、配套技术不匹配、应用方向模糊、创新效益不明显的技术而言，其转移难度明显增加，转移价值也受到很大制约。一项技术的研发质量、成熟度和市场价值，在很大程度上决定了其转移的难易程度和转移成功率。然而，技术成果的技术、经济、社会价值，包括后续研发、生产应用和市场开发的成本、投资前景和风险等方面，需要通过科学专业的技术评价来进行综合分析、论证、明确和揭示。如果缺乏科学的技术评价环节，仅依赖公开的专利信息，难以清晰了解技术成果的价值和相关投资决策信息，使技术需求者和投资者难以做出准确判断。授权专利的质量指的是实用新型、外观或发明专利的技术交底书、权利要求书和说明书等专利相关法律文件的撰写质量。如果专利文案撰写质量不高，技术保护范围的定位不合理、不准确，未能妥善平衡专利保护与信息公开，将直接影响专利技术运营交易的效益。

### 三、实现技术精准对接的核心技术

基于知识图谱的技术转移系统，其精准对接的核心技术包括以下几个方面。

### （一）科技成果和技术需求的精准分类

技术精准转让的基础在于对技术和技术需求进行分类精准管理。分类管理是实现技术精准转化的关键，只有通过分类管理，才能在庞大的技术和技术需求数据中准确找到匹配项，有效地进行关联，从而实现精准对接。为了实现对技术和技术需求的精准管理，首先，需要整理来自数据仓库的大量结构化、半结构化和非结构化的多样性技术和技术需求信息。利用云技术、数据库等技术方法对这些信息进行统计分析。其次，采用统计方法、事例推理、模糊集甚至神经网络的方法，对技术或技术需求进行产业链、专业领域的分类和聚类。再次，对技术和技术需求进行合理评价，包括时效性、科技创新性、市场价值等方面的考量。最后，利用复杂网络分析方法，基于需求企业之间的产业链关系构建企业关系网络，同时，基于技术专家的领域和相关性建立技术专家关系网络。科技成果和技术需求的精准管理旨在建立一个有序分类的技术和技术需求库，为每个成果或需求标注相关联的属性，包括分类属性、所属企业或关联技术专家、技术指标、时效性、市场价值、创新性等（图 4–4）。这些属性如同标签一样，需要通过数据加工、分析和挖掘等大数据技术方法准确分类、聚类，从而为技术的精准对接奠定基础。

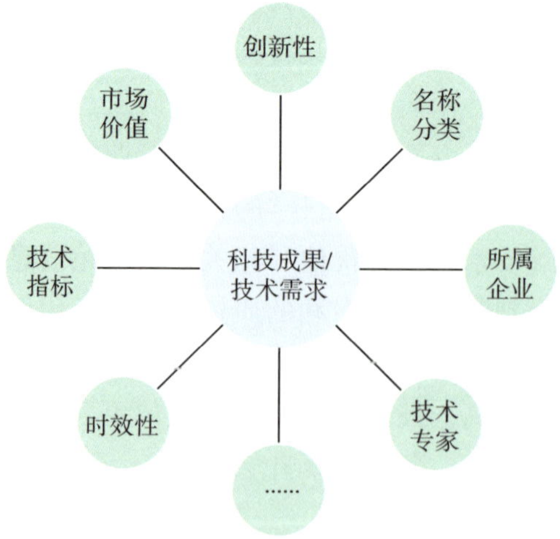


图 4–4　科技成果 / 技术需求分类

### （二）技术供需的精准对接

技术精准转让的核心在于技术的精准对接。这一过程涉及对构建的技术需求库和技术库中每个技术需求和科技成果所标注的特征属性进行分析。采用关联规则、规则推理等大数据分析技术和计算方法，进行技术需求和技术的精准对接。这种精准对接可根据技术和技术需求的多个属性进行多维度匹配，可通过权重设置来区分各特征属性的优先级。例如，如果对技术指标的要求较高，可以设置技术指标的特征权重较高，以更精准地筛选相关联的技术需求和技术，实现技术和技术需求的匹配。对于未匹配到的技术，可以根据技术专家的特征属性，包括所学专业、从事专业、科技成果和从事科研的经验等，采用关联规则和规则推理等技术方法匹配相应专业和技术领域的专家。同样，对于未匹配到的技术需求，也可采用相同方式匹配相应的企业。通过技术精准对接的管理，可以避免无谓的搜索，为技术转化的精准决策奠定基础（图 4–5）。

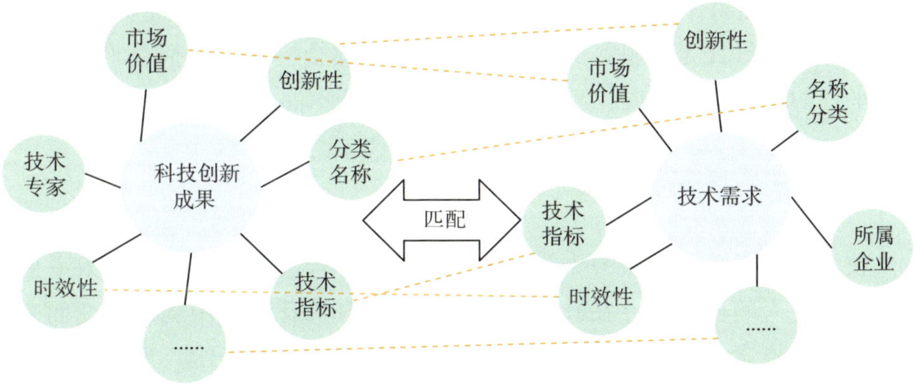


图 4–5　技术供需的精准对接

### （三）技术的精准评估

完成技术转化的精准匹配后，对匹配到的技术进行评估是确保技术成功转化的关键一步。技术评估需全面考察技术的创新性、前景、市场价值等方面。评估方法通常分为两种：专家评估和大数据评估。专家评估是技术专家根据个人经验，对技术按照不同的打分项进行评估。而大数据评估则通过网络爬虫获取技术相关领域知识，分析科技成果的各项特征属性，包括技术指标、市场价值、前景等，并运用模式识别、关联规则和相关性推理等技术，自动打分以确定一个评估值。技术的精准评估是技术精准转让的前提，为确保技术成功转化提供了重要支持。

## 第四节　技术转移服务团队的价值

技术转移过程中，借助知识图谱的大数据分析，可视化的描绘，切实为技术转移的全链条运营提供了强有力的支撑。依靠大数据的分析，减少了以往在技术转移实践中由于“人的行为”而造成的失败，那是不是只要依托平台的全流程操作，就可以实现技术转移的成功呢？是不是平台的意义在于减少“人”在转化运营过程中的作用呢？就好像，当我们把木材选好，桶底测量好，桶片固定好平衡好，一个成型的水桶就可以直接盛水了呢？当然不是，团队的作用就好比是桶箍，其更多的定位在于整合一切可以整合的资源，团队与平台的作用相辅相成。

### 一、技术转移服务团队及其角色定位

技术转移团队中的服务人员一般被称为技术经理人。技术经理人一词源于技术经纪人的概念，并在其业务能力的发展和深化过程中逐渐演变而来。技术经纪人概念首次出现于 20 世纪 80 年代，作为一种经纪人形式，主要致力于协助技术成果成功向生产转化，充当技术供需方之间的中介角色，并在达成合作和交易后获取一定的佣金。正式的“技术经理人”这一名称是在 2017 年 12 月，教育部举办的首期全国高校高级技术经理人培训班中被正式确定。技术经理人被普遍视为我国科技成果转化实践中的产物，是科技市场的重要组成部分。作为促进科技资源优化配置、推动科技成果转化和产业化、加速经济结构调整和发展方式变革的关键力量。

技术经理人是有效连接技术供应方（高校及科研院所）和技术需求方（企

业）之间的桥梁与纽带，是促进科技成果转化的重要力量。一个完整的技术转移流程不仅耗时较长，而且过程较为复杂，这就要求技术经理人既要熟悉技术，同时又要懂市场、法律、管理、商务谈判等知识，在实际操作中还要熟悉企业管理实务，包括资源管理、目标管理、知识产权投资运营等。复合型人才的要求决定了技术经理人在科技成果转化中扮演着重要的角色。一般来说，技术经理人在高校科技成果转化中所扮演的角色具体表现为以下几个方面（图 4–6）。

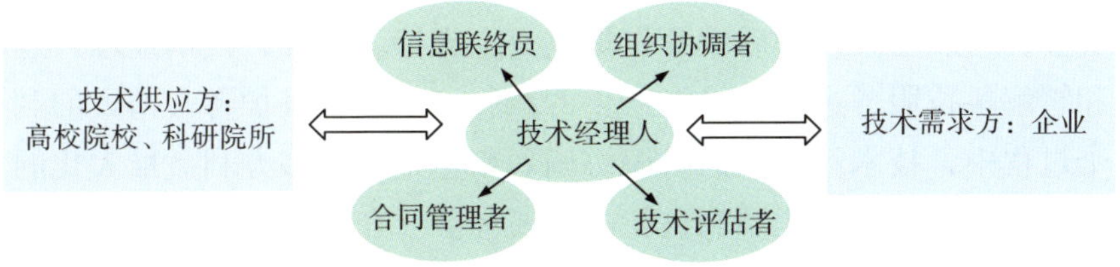


**图 4–6　技术经理人的角色定位**

### （一）信息联络员

在经济学研究中，由于信息具有不对称性，因而决定了交易双方信息的使用必须付出成本的代价，即为信息的使用支付一定的费用。在科技成果转移转化中，技术供给方掌握大量的专利技术及科技前沿方面的信息，在市场应用及企业需求方面掌握的信息较少，在科技成果转化过程中，技术需求方通常熟悉市场信息，但对于高校和科研院所的专利技术相对陌生。因此，技术从供给方到需求方的流向必然伴随着大量的信息收集、分析和处理成本，并需要相当长的时间。作为高校技术经理人扮演着信息联络员的关键角色，他们既了解技术领域的信息，又熟悉市场和企业需求，因此能够降低技术从供给方到需求方的匹配成本，从而提高科技成果转化的效率和质量。这种信息联络员角色是技术经理人在科技成果转化中最为基本的功能之一。相对于供求双方，技术经理人拥有信息优势，能够客观、公正、公平地实现技术资源的高效配置，为科技成果转化后续工作奠定了坚实的基础。

### （二）组织协调者

科技成果转化是一个复杂的系统工程，其周期较长、风险较大，涉及多个过程节点。为了实现这些过程节点的无缝对接，专业的组织协调者至关重要。高校技术经理人扮演着组织协调者的关键角色，需要高效地协调高校与企业之间的对接，建立科研人员和企业人员之间的日常沟通渠道，并监督整个科技成果转化过程，及时与各方沟通交流解决问题。除了参与科技成果开发过程外，技术经理人还要为高校科技成果的转化提供多方面的融资渠道。在融资方面，他们提供专业性建议，将银行贷款和风险投资有机结合，全面吸纳资金，为成果转化和后续开发提供资金支持。此外，技术经理人还需要协调和缓解科技服务过程中可能产生的纠纷和矛盾，维护各参与方的利益。在整个过程中，技术经理人的组织协调者角色是实现多方利益最大化的关键保障，也是科技成果转化顺利进行的重要环节。在我国科技成果转化失败案例中，大多数都源于组织协调方面存在问题，导致后续工作无法顺利展开。因此，组织协调者角色成为评价技术经理人能力的重要指标。

### （三）合同管理者

在科技成果转化过程中，涉及大量的技术合同，这些合同明确了交易双方的权利和义务。然而，很多签署的技术合同难以完全履行。除了因为技术水平未达标导致的合同终止外，还有相当一部分原因是高校科研人员签署的技术合同存在指标不清晰、违约条款不明确、解约后知识产权归属不清晰等问题。在技术市场上，需求方和供给方信息存在不对称，因此在合同签订过程中可能会出现“道德风险”和“逆向选择”问题。在高校科技成果转化中，技术经理人充当了合同管理者的角色，承担着第三方监督责任。技术经理人凭借信息优势，需要确保合同中各项条款的真实表达是否为交易双方所了解，并对技术参数、交易方式、金额等方面是否存在异议进行确认。一旦合同签订，技术经理人还需负责监督双方合同的履行情况，并在项目完成后进行存档管理。这一过程旨在确保科技成果转化的合同履行得以顺利进行。

### （四）技术评估者

在科技成果转化过程中，专利技术资产的许可、转让和作价投资等形式都需要对这些资产进行科学评估，以确定其市场价值，并在交易合同中规定相应金额。技术经理人扮演了技术评估者的角色（图 4–7），可以通过利用市场上类似资产的交易信息确定专利技术资产的公允价值。并且，他们还可以选择委托专业资产评估机构进行评估，为高校科研人员和企业人员提供专利技术资产的价值参考。通过双方的沟通和议价，最终确定专利技术资产的交易金额。技术经理人在技术评估者角色的定位有效解决了当前高校在科技成果转化中面临的无形资产定价难题及防止国有资产流失等问题。这种定位有助于激发科研人员的积极性，为科技成果入股提供了依据，使科技企业与社会各方形成了一种资产纽带关系，从而实现了良性发展。

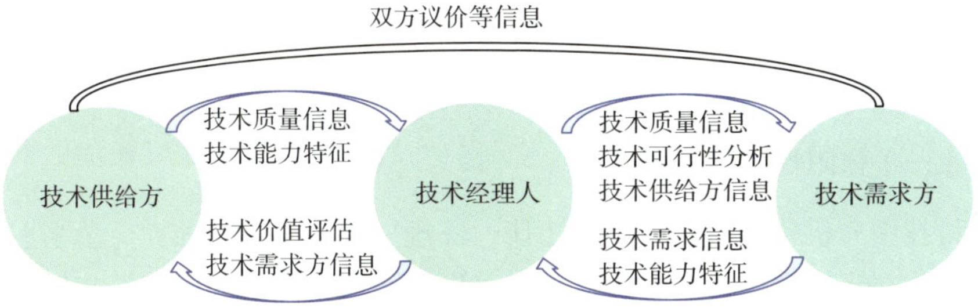


**图 4–7　技术经理人的技术评估角色**

总结来看，团队所具有的如下三大功能，是平台无法替代的。

首先，沟通黏结功能。随着科学技术在社会和经济发展中的核心地位逐渐凸显，高效运作的科技中介机构正变成创新体系中不可或缺的关键组成部分。这些机构通过在各类创新资源或创新行为主体之间架设桥梁，穿梭于各方之间，发挥着沟通创新、传播知识和信息的桥梁作用。它们促进了创新所需知识和信息的快速流动与高效配置，有效地连接了企业与研究机构、大学、政府等作为创新主体的关系。在创新网络系统中，这些科技中介机构成为各构件之间的“黏结剂”，在形成和达成合理技术价格、降低交易费用和风险方面发挥着重要的作用。

其次，咨询服务功能。科技中介机构以知识和信息为基础，为中小企业的技术创新提供全方位的支持服务。在技术创新的过程中，中小企业往往面临众多风险和不确定性，而科技中介机构则能够为其提供协作信息服务，分析其核心竞争力的发展能力，协助选择合适的协作伙伴，并提供管理人员培训和管理咨询服务。此外，科技中介机构还能为中小企业提供技术支持等多方面的帮助，从而提高中小企业自身的创新能力并增强协作创新的效果。

最后，协调重组功能。科技中介机构不仅仅是信息的“集散器”，还能充分发挥其信息资源优势，以市场为导向，引导科研部门及时调整科研方向以满足市场需求，确保科技成果对社会有实际价值，避免科研与生产脱节。同时，引导生产部门采购市场急需的技术，生产符合市场需求的产品。特别是在促进各种行业协会及区域性的技术合作创新扩散机构之间的协调方面，为创新技术的扩散提供良好的软环境，使创新技术的实施和扩散更为顺畅。

## 二、技术转移服务团队的发展现状

### （一）依附性强，独立性差

科技中介机构应遵循一定的法律、法规、规章，坚持独立、公平、公正的原则，充当社会组织的服务提供者，发挥沟通、监督的职能。它们处于政府与社会、政府与企业之间的中立地带，不是政府的隶属单位，也不是企业的代言人。科技中介机构在市场经济中扮演着促进健康发展、推动科技进步的稳定剂和协调者的角色，同时是政府法规的具体执行者。为胜任这一角色，科技中介机构必须保持强烈的独立性、公正性、权威性和严肃性。

### （二）从业人员整体水平不高，技术和竞争手段落后

科技中介行业存在两个方面的问题，一方面从业人员数量不足，专业素质普遍较低。大多数科技中介从业人员是从研究机构、设计院、大学等单位转岗而来，虽然具有较高的学历和技术职称，拥有科学技术的背景和知识，但由于科技中介是与市场打交道的经济活动，需要了解市场运营规律，而许多从业人员缺乏专业的咨询知识、经验、技能，市场观念和实战能力不足。有些科技中介机构在组建时可能存在一些趋向性，将难以在本单位安排的人员调配到科技中介机构中，导致整体队伍素质参差不齐，影响了服务水平。

另一方面，科技中介机构的设备条件和技术手段相对不足，导致一些机构依赖母体支持，工作条件较差，在对外形象塑造方面存在不足，甚至缺乏必要的交通、通信设备，咨询服务方面缺乏数据库和相应的知识、案例积累。

一些服务机构也缺乏社会专家网络储备和相关的网络联系。这些问题限制了科技中介机构的服务能力和水平。

### （三）市场秩序不规范，行业存在信任危机

诚信是科技中介机构的立命之本。在科技服务中，这些机构相对于技术需求方拥有信息优势。然而，在科技中介行业中，一些机构为了获取项目可能会过度许诺，最终无法满足客户期望，导致客户对机构的质疑。这种质疑一旦波及行业，将损害整个行业的信誉。由于部分科技中介机构缺乏职业道德，不顾行业信誉，社会上对中介机构存在“轻视、怀疑、嫌弃”的观感。因此，科技中介机构应当以诚信为基石，维护良好的行业声誉。

## 三、构建人机结合的技术转移转化手段

为确保技术转移转化的准确性和高效性，技术转移机构应该建立一套结合人力和技术的体系，依托强大而完善的专家网络。通过组织专家和教授高效参与技术转化工作，实现人机协同，将人类作为整体技术转移体系的成员，充分发挥人和计算机的优势。通过合理分工，让人和计算机发挥各自擅长的领域，从而提高技术精准匹配效率，推动技术转移和创新的进展。建议相关技术转移机构在现有网络信息平台的基础上，扩展建设专家库，并提供人机协同的技术对接环境，构建有效的人机结合的精准匹配手段。

### （一）信息整合视角

技术转移平台为技术中介团队提供强有力的数据信息支撑。在发达国家，科技中介已经相对成熟，与大学和企业之间建立了良好的信息互动和交流机制。然而，在我国，科技中介与校企之间的交流较为有限，导致科技中介难以充分搜集高校潜在的创新技术信息，并且无法准确了解企业的技术需求。这一问题的存在不仅降低了技术交易的效率，还因为宣传工作不足，导致校企人员对科技中介的作用认知不足。缺乏充分的交流沟通，科技中介难以全面汇聚高校的创新技术信息，同时也难以准确把握企业的技术需求。由于宣传工作不够，科技中介无法提高校企相关人员对其作用的认可度。缺乏热情支持，科技中介难以从技术供给方获取具有商业化潜力的优质技术产品，使

得许多企业无法通过科技中介获得卓越的技术信息。为解决这一问题，建议建立完善、科学的科技中介信息处理流程和规范。通过构建平台，形成对技术信息的系统化分析、加工、储存、传播和跟踪，以提高科技中介处理技术信息的效率，同时确保行业评价系统更加公开透明。此外，科技中介可以借助大数据、互联网等新工具和新模式提供科技服务，利用大数据分析技术发展潜力，建立专业平台进行技术信息交易，通过互联网途径进行技术信息的采集和传播，以优化技术信息处理方式。

另外，借助科技中介人为获得的信息，会使信息更精准，更好地促进匹配。科技中介与校企之间的交流可以从“吸收”和“宣传”两个方面展开。在“吸收”方面，科技中介应与高校科技发展部门、专利管理部门、相关专利发明人、企业技术部门等进行交流活动，全面获取高校的技术专利信息和企业的技术需求信息，以降低双方在技术交易中的信息不对称。在“宣传”方面，科技中介应定期走访相关高校和企业，进行自身的宣传活动，强调科技中介在技术转移中的可靠性和优势。通过展示已成功转化的案例，增强高校和企业人员通过科技中介进行技术转移的信心。通过多方面的努力，推动科技中介的发展。这些功能线上平台难以实现，需要通过实地交流和宣传活动来达成。

### （二）结构改善视角

科技中介在改善创新网络系统结构方面的主要作用体现在占据结构洞的位置，促使不同创新个体之间建立联系，加强了创新网络的小世界性。为了更有效地增加信息流通渠道，建议在创新系统结构的关键位置建立不同类型的科技中介机构，使其连接更多的创新个体。同时，对于不同区域的科技中介的发展也应有针对性，以防止国家创新网络系统结构失衡。这样的战略性发展有助于提高整个创新网络的效能和协同性。

占据结构洞的科技中介机构有能力整合企业和高校的信息，但当前我国的科技中介机构通常各自独立运作，缺乏足够的相互联系。在科技中介机构之间及科技中介机构与政府部门之间，结构洞的存在依然明显。为填补这些结构洞，建议建立区域乃至国家层面的中心科技中介平台，以平台的角色将不同的科技中介机构和政府部门连接起来，实现它们之间的信息畅通。这样的平台将有助于提升创新系统的效率。

结合我国国情并借鉴发达国家的经验，建议建立区域甚至国家级的中心科技中介平台，以占领创新网络中的结构洞位置，将不同地区的科技中介机构连接起来，并对其持有的信息进行二次整合。从大学、企业等科技中介客户的角度来看，这样的平台有助于更迅速地定位需求并提供建议，促使潜在的合作伙伴在不同区域之间实现对接。从科技中介机构自身的角度来看，区域中心科技中介平台可以协调、规范和标准化本地区的科技中介服务。从政府的角度来看，这样的平台有助于在政策方向上保持一致性。建立区域或国家级中心科技中介平台无疑将进一步提高创新系统的小世界性，并提升整体创新效率。

目前，我国的科技中介机构普遍存在各自为战、缺乏联系与合作的现象。从网络结构的角度来看，大学、企业等创新主体与不同科技中介相连接，但科技中介之间的联系稀少，甚至没有形成网络集群效应。这导致科技中介未能形成有效的合作体系，各个中介之间的信息相对封闭，制约了它们的运作效率和发展。不同类型的科技中介具有各自的功能重点和限制，同类型中的不同机构也存在独特的优势和劣势。通过不同类型科技中介之间的交流，可以促使它们相互学习运作模式、管理规范等方面的经验，从而借鉴不同类型科技中介的优势，扩展业务视野并改进运作方式。在建立同类型科技中介之间的合作关系方面，可以实现集群协同效应，各科技中介机构之间能够互相补充优势，实现更为高效的科技服务。

但是，系统的反应总是比市场的反应慢很多，而中介团队是市场的敏锐感知者，系统要让中介团队成为自己的眼，自己的耳，去感知一线的信息获取。

### （三）未来成长视角

科技中介作为知识密集型机构，人力资源对其专业水平至关重要。科技中介的从业人员需要具备一定的科学技术素养，以胜任技术评估、技术咨询等科技服务工作。一个卓越的科技中介团队应当拥有多元化的人才，涵盖专业科学技术、管理、法律等领域。良好的学历和研究背景使团队能够更科学地评估研究成果的商业化潜力。同时，跨学科和交叉背景的团队构成有助于降低不同创新个体之间由于知识差异而产生的壁垒，还能够就后续的知识产权保护等问题提供合理的建议。然而，目前我国科技中介工作人员的知识结构往往较为单一，很多机构和部门的员工主要是全职行政人员。即使聘用了一些研究机构的专家兼职，这些专家往往更专注于其研究领域，对科技中介的投入有限。缺乏具备专业性和复合学科背景的科技中介工作团队，将会降低科技成果评估与协同合作研发的效率。

科技中介在平台的支持下获得了强大的增长动力。平台不仅提供了完整的大量数据资源，而且还能有针对性地定期培训单一知识结构的人员，如提高技术领域专家的商业素养，加强不同专家对高度关联学科知识的补充，从而使科技中介团队的知识储备结构更加合理。此外，采取一系列激励措施，如鼓励技术转移人员从成功产业化项目中分享一部分利润，以提高科技中介工作人员的积极性并吸引高素质人才加入科技中介机构。

## 第五节 技术转移服务过程的管理

技术转移服务的精细化管理包括精准供需管理、精准供给决策、精准转让管理和精准绩效评价，如图 4-8 所示。

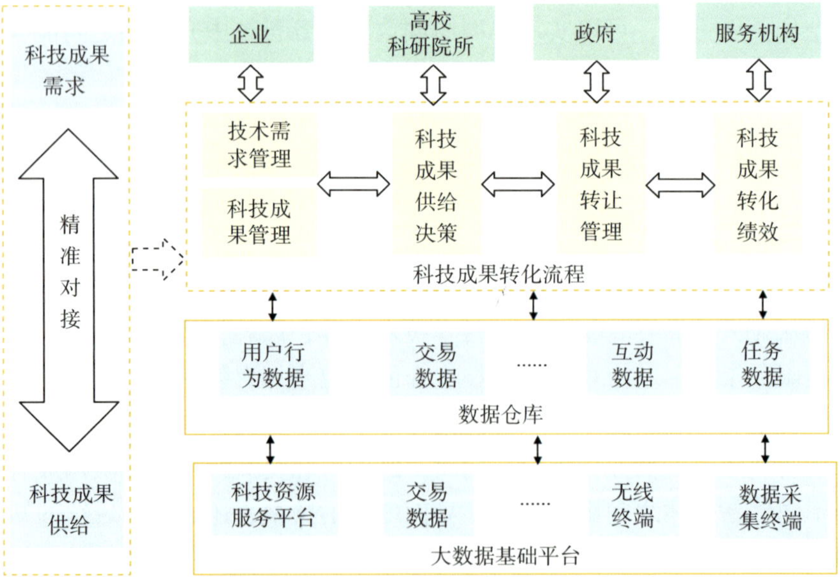


图 4-8 技术转移服务的精细化管理

## 一、精准供需管理

首先，企业和技术专家将其技术需求和科技创新成果登记到科技创新成果转让平台的数据仓库中。其次，平台对存储在数据仓库中的大量结构化、半结构化和非结构化的多样化科技创新成果和技术需求信息进行加工和处理，运用数据库分析技术进行详尽的分析和统计。再次，平台采用关联规则、事例推理、模糊分类和聚类等技术对科技创新成果和技术需求信息进行分类和聚类管理，并提取它们的特征属性。最后，形成有序、分类准确的科技成果和技术供需数据库。

## 二、精准供给决策

实现精准供给决策的关键在于科技成果和技术需求的准确对接和评估。首先，通过实现科技成果和技术需求的精准对接，使得科技成果和技术需求在较小范围内得以匹配。系统会通过短信、微信、邮件和系统消息等形式通知各用户有关匹配结果。其次，用户可通过平台对初步匹配的科技创新成果进行创新性、市场价值、前景等方面的评估，从而进一步缩小科技创新成果的范围。再次，用户可以利用评估的信息与拥有相关科技创新成果的技术专家在平台上进行对接洽谈。最后，用户根据科技创新成果的评估值及与技术专家的交流洽谈结果作出决策，确定选择哪个科技创新成果进行转让交易。

## 三、精准转让管理

完成科技创新成果转化决策后，需要在平台系统中登记科技创新成果转化合同。平台对双方达成转让协议的情况进行跟踪管理，及时了解双方履行合同的进展，以有效解决可能存在的问题，推动转让合同按计划顺利完成。

## 四、精准绩效评价

精准绩效评价是在科技创新成果转让完成后，利用大数据对其进行绩效评估，为科技创新成果平台的后期转让提供支持。该评价利用大数据技术及时追踪、收集企业对科技创新成果（技术）服务效果的反馈信息，获取他们对科技创新成果服务满意度的真实评价与意见，作为评估技术专家提供科技创新成果有效性的基础。通过科技创新成果转化大数据管理平台的评估体系，将需求识别的及时性、覆盖面广度、资源配置的精确性等考核指标与数据评估体系相连接，进行动态的绩效评估。这种动态的绩效评估为评价企业、高校科研院所、政府和服务机构的科技成果转化有效性提供了基础。

实现技术有效供给是一个复杂而综合的过程，包括技术创新、研发投入、研发活动等环节；技术成果的转化，包括转让、引进和消化吸收；新产品的开发、生产和销售，则是以满足市场需求并实现经济效益为主。因此，技术有效供给需要多种要素相互支持、互相补充和综合协调，如市场信息和技术信息的获取，高级专业技术人才和资本的组织协调配置，以及产业环境等因素。总体而言，这不仅涵盖了技术成果的产生过程，也包括了其实现过程。

基于大数据的科技创新成果精准转化模式，是当前最先进的科技成果应用模式。该模式依托科技创新成果转化平台，产生大量科技创新成果转化信息数据。通过对科技创新成果转化大数据的多源异构、周期性和关联性等特征进行分析，利用统计方法、事例推理、决策树和规则推理等技术挖掘科技创新成果关联网络、需求关联网络和技术专家管理网络。通过这些网络的关联性，实现科技创新成果供需的精准管理、匹配和决策。通过科技创新成果的精准管理、匹配、决策和评价，实现科技创新成果的精准转让。该模式有效解决了科技创新成果转化过程中供需匹配难的问题。一方面，帮助科技专家更好地了解市场，从而指导科学研究；另一方面，帮助企业了解与产品相关领域的前沿科技，有助于调整产品的发展方向。最重要的是，它能够为企业和科技专家准确找到与之相符的科技成果或科技需求。

因此，基于大数据的科技创新成果精准转化模式可以完善科技创新成果的转化，通过加强技术转移过程的全方位动态监控，提高科技创新成果的转化效率，改善目前高校和科研院所成果难以转化成生产力的状况。在这个过程中，除了发挥平台的价值和作用外，还需要建立有效的机制，使企业、科技专家和服务中介积极参与到转化平台的转化过程中。因为他们是转化平台运转的动力，只有他们积极参与到转化平台的管理中，才能实现平台的精准管理、精准决策和精准转化。这样一来，就能推动科技创新成果的不断转化，使科技和经济紧密衔接，真正实现科技为经济服务的目标。

# 第五章

# 基于知识图谱的技术转移服务平台构建

## 第一节　基于知识图谱的技术转移服务逻辑

技术转移服务的逻辑是围绕技术的传递、应用、商业化及合作机制和平台的建立展开的，旨在推动技术的发展和应用，促进经济的增长和发展。

技术转移的实现过程不是单一线性的路径，而是一个多角色参与的复杂网络。同时，技术转移服务是一个技术密集型和情报数据依赖型的行业，技术转移服务方的主体是技术经纪人，他们对行业知识掌握得越丰富，对服务企业了解得越清晰，对产业洞察得越准确，对同行的专家调研得更清楚，才能够更好地开展相应的服务工作。

知识图谱作为一种语义网络，是人工智能技术推进过程中的知识表示的重要成果；作为一种技术体系，是大数据时代知识工程的代表性进展。作为技术路线和数据管理方法的综合解决方案，知识图谱通过结构化的知识、数据组织的准确度、检索推荐的可解释性、对特定领域的知识的聚焦和推演能力，在搜索引擎、推荐算法、知识问答等领域广泛应用。

技术转移 1.0 时代是线下的技术端找市场或需求端找成果，技术转移 2.0 时代初步从线下转移到线上，但也只局限在供需信息的发布和对接。数字经济的外部环境已经将技术转移服务推进到 3.0 时代，即以数字化平台、智能化工具为手段，以技术经纪人为核心，形成数据驱动供需双方的资源匹配对接、数据辅助技术市场运营管理的新模式。在这样的模式下，我们引入基于知识图谱的数据组织方法和技术，并建立专题领域的知识图谱即技术转移知识图谱（Technology Transform Knowledge Graph，TT-KG），改善行业服务模式，将平台化的能力输出给业内服务人员，则成为知识图谱应用端另一个有益的尝试。

前文提到了技术转移实践中正面临三大困境即管理困境、资源困境、文化困境，同时也提出了简化内部管理、构建资源网络、跨越内外边界的 3 项对应解决方案。

简化内部管理是将简约、规范的技术转移管理制度和技术转移服务流程，整合到一个智能化的技术转移服务平台，使其成为平台的运营规范和业务流程；将技术转移活动中技术经纪人或企业等角色需要的工具能力和产生的数据融合到平台上，促进数据要素的应用，加速技术交易。

构建资源网络指技术转移服务机构内部人员与外部主体（如专家团队）建立合作关系，以获取独特的互补资源。资源网络的构建，显性层面就是技术转移的服务方、技术成果的供给方、技术产品的需求方达成一致，这个是理想的结果和答案；隐性层面可以理解为这些结果和答案，已经蕴含在某个数据库、某个数据网络或某个平台上，需要的就是通过企业需求的触发，能够把最接近正确答案的选项，以显性化的方式提供给技术转移服务机构。这个隐性层面的能力建设，就是我们提出的面向专题领域的“技术转移知识图谱”和“基于知识图谱的技术转移服务平台”。

跨越内外边界解决的是内外数据的融合与应用。从业务流程来说，解决企业的技术需求，会从诊断环节的“本地专家团队推荐”跨越到对接环节的“全国云端专家推荐”，扩展了服务企业的人力资源边界。从服务企业的形式来说，新的技术转移模式从原有单一的“自外而内的需求传递”，补充了“自内而外的技术展示”。需求传递是指技术转移组织扫描外部环境，收集并分析企业技术需求，并将外部信息转译为科研人员可理解的语言，这一步必不可少。但以可视化的形式让技术经纪人能够快速识别并获取转化潜力高的专利与技术研发能力强的专家团队，并能够将这些团队的事实信息以报告的形式传递回企业作决策，这个是业界少有的。

简化内部管理、构建资源网络、跨越内外边界构成了技术的传递、应用、商业化合作的传统逻辑下的新的解决方案，同时也促成了基于知识图谱的技术转移服务模式的转变，表现在以下两个方面。

一方面，供需对接工具化。一直以来，各地科技大市场做服务的技术经纪人存在知识、技能和专业背景参差不齐的情况。由于历史原因，在嫁接企业和技术团队的过程中，供需匹配阶段主要依赖人脉关系；平台将改善技术需求挖掘过程中的“人—人”对接模式，为技术经纪人提供基于科技大数据的智能化的供需对接工具，实现“人—机—数”的对接模式。且技术经纪人的培训完成后，后续缺乏进一步的赋能服务手段，工具则能成为进一步加强技术市场与经纪人互动的手段和通路。

另一方面，服务流程数字化。各地科技大市场的信息化建设工作，以办公、财务、人力、科技项目等管理工作为主。企业技术转移服务工作由于业务流程长、人员不固定等因素，一直没有规范化的业务管理与支撑系统，跟踪过程主要依赖纸质表单记录和存档。平台将技术经纪人的典型工作场景转移到线上，通过数字化的流程管理，实现全过程的跟踪、记录、反馈和统计。

结合上述技术转移服务逻辑的拆解与分析，我们将建立一套基于知识图谱的技术转移服务的平台系统，实现供需对接的智能匹配和服务流程的数字化管理。

具体的实施流程方案如图 5-1 所示。

首先，构建面向技术转移服务的知识图谱，这个工作将从概念层次完成顶层设计，并结合不同的数据源特征，选择不同的技术手段，对技术转移服务需要的数据进行知识图谱组织和应用维度的过程治理和结果输出，完成基础设施建设。

其次，智能算法层面的架构和设计，包括对原始的企业需求的技术点分析画像，基于技术需求画像和专家团队的智能匹配，基于知识图谱的专家机构等实画像，这部分将以算法模块和标准的数据输入输出标准为结果。

最后，平台应用交互系统的开发，以结合技术需求的智能匹配和技术转移的数字化管理为核心，围绕不同用户角色的知识背景和使用需求，完成业务层面和管理层面的系统搭建。

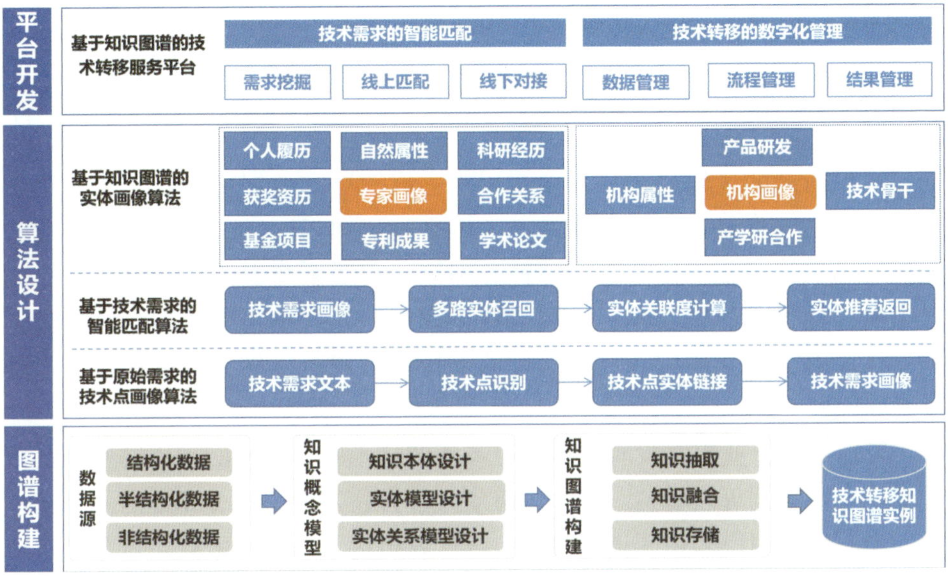


图 5-1　基于知识图谱的技术转移服务逻辑

## 第二节　技术转移知识图谱的设计与构建

知识图谱是一种结构化的知识表示方式，以图的形式表达实体之间的关系和属性。它旨在对现实世界的知识进行建模和组织，捕捉和表达实体间的语义关联。构建技术转移知识图谱，可以连接科技成果、科研机构、企业、科技专家等不同对象数据，形成一个知识图谱网络，充分挖掘其中的复杂关联关系，从而为需求智能匹配、精准语义搜索、画像建模等多个相关下游应用奠定数据基础。

现有的知识图谱可分为四大类：百科知识型知识图谱、常识型知识图谱、特定领域型知识图谱、多模态知识图谱。本节建立的技术转移知识图谱（TT-KG），就是特定领域型的知识图谱。本书通过自顶向下的方法构建技术转移的知识图谱，该方法从高层概念或领域知识开始，逐步细化和扩展，构建知识图谱的结构。具体而言，此方法基于领域专家的知识和经验，定义知识图谱的结构和内容，并通过逐步细化和扩展填充具体实例和关系。

## 一、技术转移知识图谱本体设计

知识图谱的逻辑架构分为两个层次：概念层和数据层。概念层构建在数据层之上，这是知识图谱的核心，用来规定知识图谱中包含哪些领域的知识、知识的类别（体系）、每种类别知识的关系与属性。知识图谱的概念层可以通过本体来管理，以规范数据层的一系列事实表达。知识图谱借助本体库对公理、规则和约束条件的支持能力规范实体、关系及属性等对象之间的联系。

目前来看，业界并没有完整的可参考的技术转移图谱的本体模型，但相关领域有些案例可以借鉴。例如，清华大学科技知识图谱 SciKG 是一个以科研为中心的大规模知识图谱，目前包含计算机科学领域，由概念、专家和论文组成。其中，科技概念及其关系是从 ACM 计算分类系统中提取出来的，并辅以每个概念的定义（大多数来自维基百科）。SciKG 将每个概念对应的顶尖专家和最相关的论文联系起来。每个专家包含职位、隶属机构、研究兴趣等属性。每篇论文则包含标题、作者、摘要、出版地点和年份等元信息。SciKG 聚焦在计算机科学领域的科技论文数据，应用场景是帮助用户对计算机领域中的专家和论文进行搜索和推荐。

综合技术转移服务领域的企业技术需求和科创资源的匹配要求，技术转移图谱本体模型如图 5-2 所示，主要包含科创资源类、科创主体类及主题标签类 3 个部分。技术转移图谱本体模型是以科技专家为核心，他们通过 TT-KG：affiliation、TT-KG：isAbout、TT-KG：isAuthorof 与机构、技术点和科研成果出版物进行关系构建。其中，科技成果出版物实体还有更细分的类型，如期刊论文、专利、标准等；通过 TT-KG：hasRight、TT-KG：hasAuthor、TT-KG：isPartOf 分别与科研机构、科研人员、期刊和会议进行连接。各实体类型的数据属性以优先继承复用、通用、成熟的词汇表 / 本体为原则，部分属性存在多种描述规范，实际操作中择其一即可。

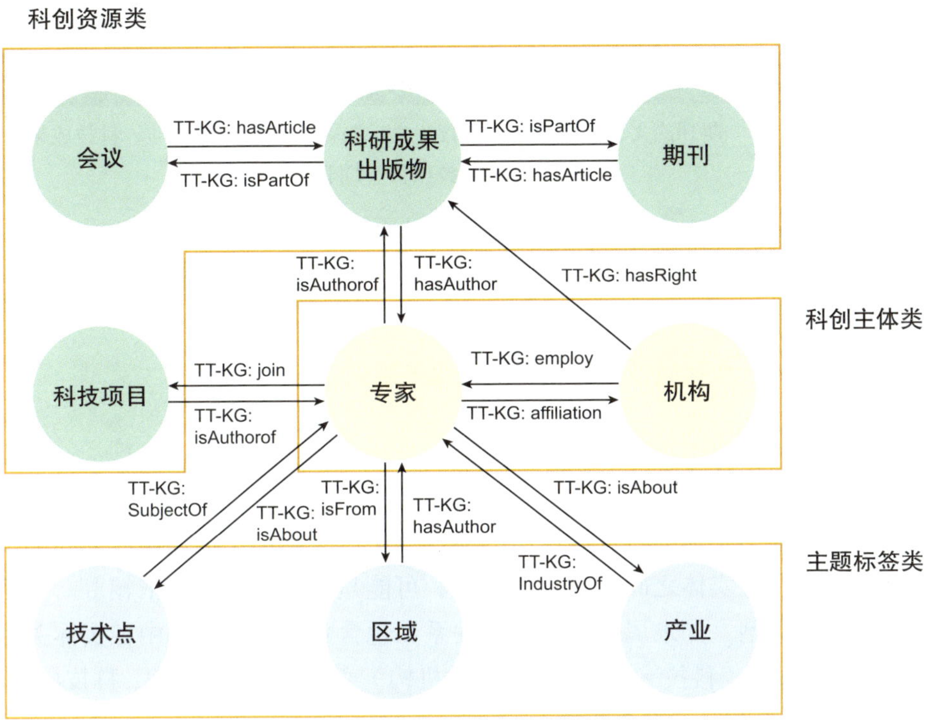


图 5-2　技术转移图谱本体模型

### （一）实体设计

本体是指共享概念化的正式、明确的规范。它用于定义知识领域内的概念和关系，并使不同系统和用户之间能够进行通信和知识共享。实体是指具有独特的标识并且可以与其他对象区分的对象或事物，同时实体也是本体、实例及关系的整合。

在技术转移知识图谱的实体设计中，我们将前述的本体数据模型进一步具象化，形成了实体类。不同的实体中存在不同的实体属性，这些描述了实体的某种固有特性或状态（表 5-1）。

表 5-1　本体数据模型分类

| 本体类别 | 本体示例 |
| --- | --- |
| 科创资源类本体 | 期刊论文、学位论文、会议论文、技术专利、技术标准、科技成果、科技项目、期刊、会议 |
| 科创主体类本体 | 企业、高校、科研院所、科研人员（科技专家） |
| 主题标签类本体 | 技术点实体、区域实体、产业实体 |

各个实体的数据属性设计和实例请参考附录。

### （二）实体关系设计

不同于描述实体的特征或性质的属性，实体关系用于描述实体之间的关联或联系。凸显实体之间的某种相关性，可能是事实、行为或依赖等。关系可呈现多种类型，如隶属关系、参与关系和包含关系等。本书中在实体关系设计上，定义了〈科技专家，隶属，科技机构〉〈科技项目，资助，科技成果〉等 22 类实体关系，如表 5-2 所示。

表 5-2　实体关系设计

| 序号 | 头实体类型 | 关系类型 | 尾实体类型 |
| --- | --- | --- | --- |
| 1 | 科技专家 | 隶属 | 科技机构 |
| 2 | 科技专家 | 发表 | 科技期刊论文 |
| 3 | 科技专家 | 发表 | 会议论文 |
| 4 | 科技专家 | 发明 | 技术专利 |
| 5 | 科技专家 | 起草 | 技术标准 |
| 6 | 科技专家 | 指导 | 学位论文 |
| 7 | 科技专家 | 拥有 | 科技成果 |
| 8 | 科技专家 | 参与 | 科技项目 |
| 9 | 科技专家 | 从事 | 技术点 |

续表

| 序号 | 头实体类型 | 关系类型 | 尾实体类型 |
|---|---|---|---|
| 10 | 科技项目 | 产生 | 科技成果 |
| 11 | 科技项目 | 包含 | 技术点 |
| 12 | 科技项目 | 资助 | 科技专家 |
| 13 | 科技项目 | 资助 | 科技机构 |
| 14 | 科技项目 | 资助 | 科研期刊 |
| 15 | 企业 | 拥有 | 科技专家 |
| 16 | 企业 | 拥有 | 技术点 |
| 17 | 企业 | 合作 | 科研机构 |
| 18 | 企业 | 属于 | 行业 |
| 19 | 科学技术 | 属于 | 行业 |
| 20 | 企业 | 属于 | 地域 |
| 21 | 科技专家 | 属于 | 地域 |
| 22 | 高校 | 属于 | 学科 |

## 二、技术转移知识图谱的知识抽取

知识图谱的知识抽取概念是指自动化地从文本中发现和抽取相关信息，是实现自动化构建大规模知识图谱的重要技术。其目的是从不同来源、不同结构的数据中进行知识提取并存入知识图谱中。知识抽取任务主要包括实体抽取、关系抽取和事件抽取 3 个关键子任务。实体抽取是指从文本中识别出具有特定含义的实体，如人名、地名、组织机构名等；关系抽取是从文本中提取实体之间的关系；事件抽取是从文本中抽取出事件的信息。通过知识抽取，可以将非结构化的文本数据转化为结构化的知识图谱，从而方便进行后续的自然语言处理和数据分析。

本书在构建技术转移知识图谱中，主要执行实体抽取、关系抽取任务。

用到的数据主要来自4个方面：科技论文、专利、标准、成果、项目等数据来源于商业数据库服务提供商如万方等；服务机构在运营过程中产生的专家数据库、项目数据库等，一般是定期定向征集、邀请专家入驻、业务系统累积得到；因项目需要，需到可信数据渠道定向采集或收录，如大学院系的官方网站、知识产权局网站、国家标准网等；通过商业调查机构进行定向调研收集整理数据。

由于数据源比较复杂，且涉及的对象、属性和性质及表达形式也各有不同，知识载体类型千差万别，可能是结构化、半结构化或非结构化的，针对不同的知识载体类型，要采用不同的抽取模式与方法。具体的知识抽取架构如图5–3所示。

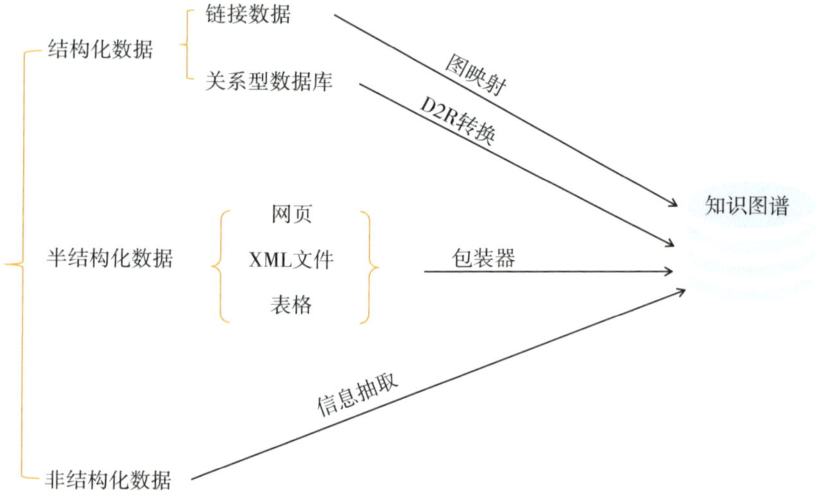


**图5–3　知识抽取架构**

### （一）结构化数据

结构化数据源是指具有一定结构的数据，通常存储在关系数据库、表格数据或其他结构化数据格式中。下面以关系数据库为例，说明结构化数据源和相应的映射规则。

假设我们有关系数据库：一个“科技专家”表（表5–3）和一个“期刊论文”表（表5–4）。科技专家表包含姓名、性别、工作单位等信息，期刊论文表包含第一作者、标题、作者单位等信息。现在我们需要将这些结构化数据转换为知识图谱中的实体、属性和关系。

**表 5–3 科技专家情况**

| 姓名 | 性别 | 工作单位 | 学历 | 毕业院校 | 职称 | 研究领域 |
|---|---|---|---|---|---|---|
| … | … | … | … | … | … | … |
| … | … | … | … | … | … | … |

**表 5–4 期刊论文情况**

| 第一作者 | 标题 | 关键词 | 作者单位 | 摘要 | 基金 | 分类号 | 发表期刊 |
|---|---|---|---|---|---|---|---|
| … | … | … | … | … | … | … | … |
| … | … | … | … | … | … | … | … |

可能的映射规则如下：将科技专家表中的每条记录映射为一个科技专家实体，实体的名称为专家姓名，实体的类型为科技专家。将期刊论文表中的每条记录映射为一个期刊论文实体，实体的名称为标题，实体的类型为期刊论文。在科技专家实体和期刊论文之间建立关系，关系的类型为“发表”，表示专家发表某篇论文。

通过这样的映射规则，我们可以将关系数据库中的结构化数据转换为知识图谱中的实体、属性和关系。这些实体和关系可以被用于后续的自然语言处理和数据分析任务中。

需要注意的是，映射规则的设计需要根据具体的数据源和目标知识图谱的结构来制定。同时，映射规则需要不断地更新和优化，以适应数据源的变化和知识图谱的扩展。

实际操作时，表 5–5 总结了面向结构化数据抽取知识的方法。

表 5-5 结构化数据抽取知识的方法

| 抽取方法介绍 | 内容举例 |
|---|---|
| 抽取原理 | 表（Table）→类（Class）<br>列（Column）→属性（Property）<br>行（Row）→资源 / 实例（Resource/Instance）<br>单元（Cell）→属性值（Property）<br>外键（Foreign Key）→指代（Reference） |
| 抽取工具 | D2R、Virtuoso、Oracle SW、Morph 等 |
| 抽取技术 | 直接映射、R2RML 映射 |

直接映射通过明确在关系模式中编码的语义，将关系数据转换为 RDF。直接映射方法得到的 RDF 在结构上直接映射了关系型数据库的结构，RDF 词语也直接映射了关系型数据库架构的元素。

如果采用 R2RML（RDB to RDF Mapping Language）映射方法，则是将逻辑表作为输入，然后依据三元组映射（Triple Map）规则将其转换成三元组的集合。使用 R2RML 的话，映射文件的作者可以自由地定义关系型数据的视图，然后由视图来映射 RDF。在此就不再赘述。

### （二）半结构化数据

半结构化数据是介于结构化数据和非结构化数据之间的一种数据形式。它具有一定的结构，但不完全符合传统关系型数据库的结构要求。半结构化数据主要指需要解析的文件，如规范的网站网页、XML 文档或 JSON 文档。

针对半结构化数据，主要存在下面 3 种常见的数据抽取方法。

一是基于规则的抽取，使用预定义的规则来抽取数据，规则可以是基于关键词、正则表达式、语法规则等。通过规则匹配提取需要的信息。

二是基于模式匹配的抽取，使用模式匹配算法来寻找数据中的特定模式。模式可以是树形结构、路径模式、标记模式等。通过定义适当的模式，可以从半结构化数据中提取所需的信息。

这两种方法都会经过“规则 / 模式定义—数据加载—规则 / 模式匹配—

实体抽取—结果输出”的过程。基于规则的实体抽取方法的优点是可以根据具体需求灵活定义规则，对于某些特定领域或任务（如关键词可以有相对明确的范围边界）可以取得较好的效果。但对于某些复杂的语言现象和未知的实体类型，可能难以编写出有效的规则。基于模式匹配的实体抽取方法具有实现简单、效率高等优点，但也存在一定的局限性。例如，对于某些实体类型，可能很难手动编写出覆盖所有情况的模式；句法复杂会导致模式定义产生歧义或嵌套等，也可能无法取得理想的效果。

三是 NER（Named Entity Recognition）信息抽取工具和框架，如 Spacy、NLTK 等，以及商业产品，如 Google Cloud Natural Language API、Amazon Comprehend 等。这些工具和框架具有高效、准确、易用的特点，可以帮助用户快速构建高效的命名实体识别系统，从大量的文本数据中提取有用的信息。

以“全国标准信息公共服务平台”为例，该平台是由国家标准委标准信息中心建设的标准化信息资源平台，标准详情页面内容中有键值对形式的结构化信息，包括标准类型、执行强度、时效性、标准号、发布日期、实施日期、代替标准、起草单位、起草人等；也有文本形式的非结构化信息，即页面中描述标准的正文文件，页面结构如图 5-4 所示。

对于页面的获取与解析，可以利用 Python 中的爬虫工具或八爪鱼等商业性数据爬虫软件，实现对网页的数据爬取，获取网页的 HTML 源文件，这些软件已经集成了前述的基于规则、模式或 NER 框架，能够直接将 HTML 页面内的标签元素定向解析，生成结构化数据，并直接与本体中的属性进行映射；对于非结构化文件，后面将介绍知识抽取的实现方案。

最后解析完的数据可以直接存储到关系型数据库，转化的实体键值对有：

〈科研人员，姓名，廉玉波〉；

〈科研机构，名称，比亚迪股份有限公司〉；

〈技术标准，标准题名，电动汽车传导充电用连接装置　第 1 部分：通用要求〉。

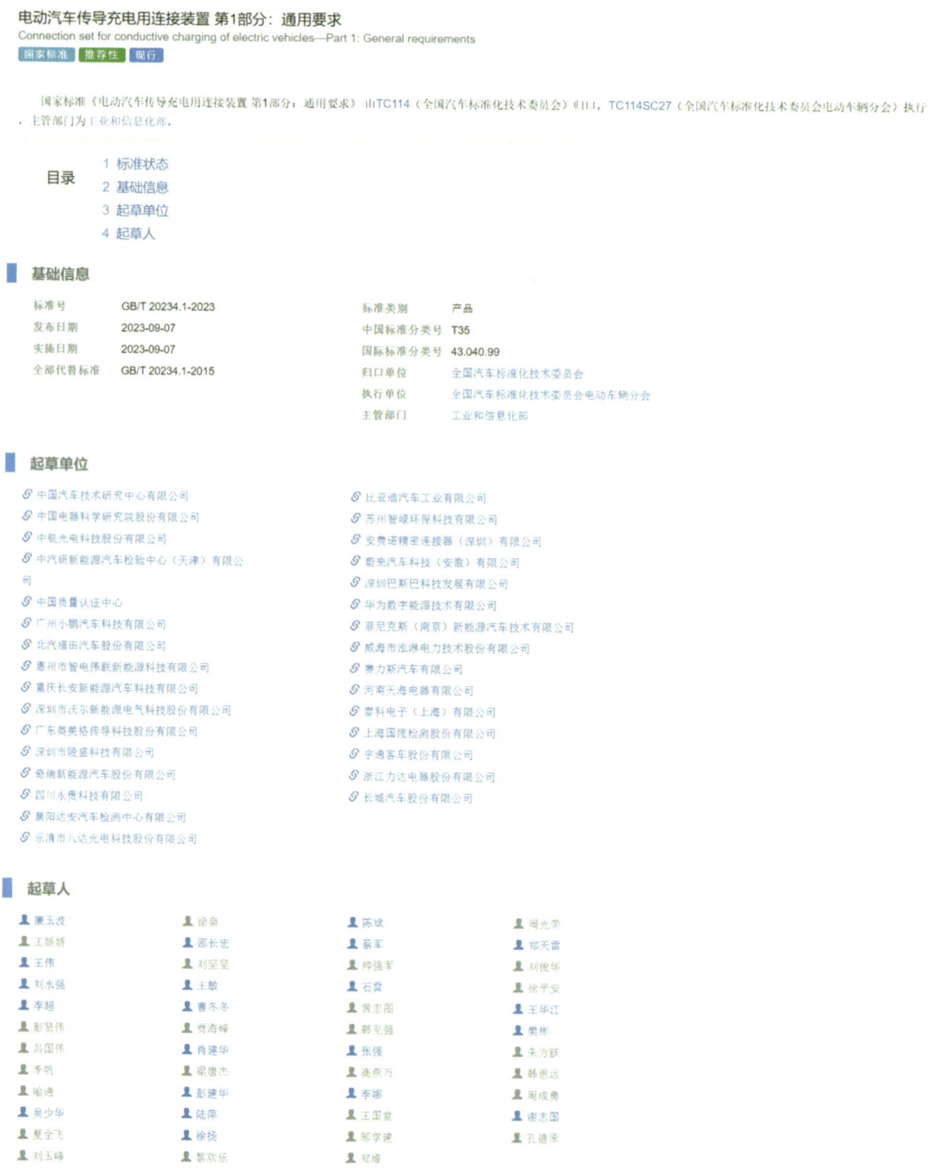

电动汽车传导充电用连接装置 第1部分：通用要求
Connection set for conductive charging of electric vehicles—Part 1: General requirements
国家标准 推荐性 现行

国家标准《电动汽车传导充电用连接装置 第1部分：通用要求》由TC114（全国汽车标准化技术委员会）归口，TC114SC27（全国汽车标准化技术委员会电动车辆分会）执行，主管部门为工业和信息化部。

目录
1 标准状态
2 基础信息
3 起草单位
4 起草人

基础信息

| | | | |
|---|---|---|---|
| 标准号 | GB/T 20234.1-2023 | 标准类别 | 产品 |
| 发布日期 | 2023-09-07 | 中国标准分类号 | T35 |
| 实施日期 | 2023-09-07 | 国际标准分类号 | 43.040.99 |
| 全部代替标准 | GB/T 20234.1-2015 | 归口单位 | 全国汽车标准化技术委员会 |
| | | 执行单位 | 全国汽车标准化技术委员会电动车辆分会 |
| | | 主管部门 | 工业和信息化部 |

起草单位

中国汽车技术研究中心有限公司
中国电器科学研究院股份有限公司
中航光电科技股份有限公司
中汽研新能源汽车检验中心（天津）有限公司
中国质量认证中心
广州小鹏汽车科技有限公司
北汽福田汽车股份有限公司
惠州市智电伟联新能源科技有限公司
重庆长安新能源汽车科技有限公司
深圳市沃尔新能源电气科技股份有限公司
广东奥美格传导科技股份有限公司
深圳市陵盛科技有限公司
奇瑞新能源汽车股份有限公司
四川永贵科技有限公司
襄阳达安汽车检测中心有限公司
乐清市八达光电科技股份有限公司
比亚迪汽车工业有限公司
苏州智绿环保科技有限公司
安费诺精密连接器（深圳）有限公司
蔚来汽车科技（安徽）有限公司
深圳巴斯巴科技发展有限公司
华为数字能源技术有限公司
菲尼克斯（南京）新能源汽车技术有限公司
威海市泓淋电力技术股份有限公司
赛力斯汽车有限公司
河南天海电器有限公司
泰科电子（上海）有限公司
上海国缆检测股份有限公司
宇通客车股份有限公司
浙江力达电器股份有限公司
长城汽车股份有限公司

起草人

| | | | |
|---|---|---|---|
| 廉玉波 | 徐枭 | 陈斌 | 周光荣 |
| 王娇娇 | 邵长宏 | 蔡军 | 郑天雷 |
| 王伟 | 刘坚坚 | 帅强军 | 刘俊华 |
| 刘水强 | 王敏 | 石雷 | 徐平安 |
| 李超 | 曹冬冬 | 黄宏图 | 王华江 |
| 彭贤伟 | 贾海峰 | 韩见强 | 樊彬 |
| 吕国伟 | 肖建华 | 张强 | 朱方跃 |
| 李帆 | 梁唐杰 | 高燕万 | 韩思远 |
| 喻通 | 彭建华 | 李娜 | 周成勇 |
| 吴少华 | 陆萍 | 王国棠 | 谢志国 |
| 夏全飞 | 徐扬 | 邹学建 | 孔德康 |
| 刘玉峰 | 黎欢乐 | 郑维 | |

图 5-4 全国标准信息公共服务平台标准文献网页示例

实体关系如表 5-6 所示。

表 5-6　技术标准网页解析的实体关系

| 头实体 | 关系 | 尾实体 |
| --- | --- | --- |
| 廉玉波 | 隶属 | 比亚迪股份有限公司 |
| 比亚迪股份有限公司 | 起草 | 电动汽车传导充电用连接装置　第 1 部分：通用要求 |
| 廉玉波 | 起草 | 电动汽车传导充电用连接装置　第 1 部分：通用要求 |

### （三）非结构化数据

非结构化文本数据是指那些以自由文本形式存在的数据，不符合传统数据库表格结构的数据形式。本书整合的科技论文、专利等文献都属于非常典型的非结构化数据。这些数据的特点是信息组织方式灵活多样，包含大量自然语言表达和语义信息。

本节以期刊论文的 PDF 文本数据抽取为例，从实体抽取、关系抽取来讲解面向非结构化数据的知识抽取。

第一步，对 PDF 文档进行版面分析，将文档拆分成图片形式的文档后进行区域划分，定位其中的关键区域，如文字、标题、表格、图片等。版面分析可以基于百度的 PaddleDetection 的轻量模型 PP-PicoDet 进行开发，它包含英文、中文、表格版面分析 3 类模型。其中，英文模型支持 Text、Title、Tale、Figure、List 5 类区域的检测，中文模型支持 Text、Title、Figure、Figure caption、Table、Table caption、Header、Footer、Reference、Equation 10 类区域的检测，表格版面分析支持 Table 区域的检测，版面分析效果如图 5-5 所示。

第二步，可基于模板的方法做期刊论文实体的属性抽取。主要通过在固定的板块内基于触发词、基于依存句法分析等实现。触发词包括但不限于如“摘要”（或 ABSTRACT、Abstract）、“关键词”（或关键字、主题词、Keywords）、“参考文献”（或 REFERENCE、Reference）、收稿日期、基金项目、通讯作者（或通信作者等），通过按行遍历所有的论文内容，遍历触发词，提取出对应的实体属性值。

图 5-5　非结构化数据期刊论文版面识别结果

第三步，可基于深度学习的命名实体识别（Named Entity Recognition，NER）完成。

深度学习是机器学习的一个分支，其原理可以简单地理解为：通过构建多层神经网络来模拟人脑神经元的连接方式，从而实现对复杂数据的处理和分析。具体来说，深度学习模型接收输入数据，然后通过多层的神经元连接和计算，将数据逐层抽象和转化，最终输出对数据的预测或分类结果。每一层的神经元都会根据前一层的输出进行计算和调整，整个过程类似于人脑的学习和认知过程。深度学习的优势在于可以自动提取数据的特征，并且可以处理高维度的复杂数据。通过训练大量的数据，深度学习模型可以逐渐学习到数据的内在规律和表示方式，从而提高对未知数据的预测和分类能力。

下面利用深度学习的原理实现实体抽取，具体步骤可以分为以下几个方面。

数据准备：收集基金项目实体的标注数据，如 OntoNotes 5.0 数据集，该数据集中文部分的命名实体识别数据可以用于期刊文献的 NER 识别任务。

模型构建：使用深度学习模型，如循环神经网络（RNN）或卷积神经网络（CNN），构建 NER 模型。我们可以使用预训练的词向量作为输入，通过模型训练学习实体的识别规律。

模型训练：使用标注数据进行模型训练，通过反向传播算法来优化模型参数。我们可以使用交叉验证等技术来评估模型性能，并调整超参数提高识别准确率。实体识别：将训练好的模型应用到期刊文献中，进行实体识别。例如，给定文中的文本“通信作者：张庆印（1977—），男，博士，副教授，主要研究方向为锂/钠离子电池电极材料的合成与模拟”；模型可以识别出“锂离子电池”“钠离子电池”“电极材料”是一个技术名称实体，“基金”是一个项目实体等。

结果输出：将识别到的实体以结构化的形式输出，方便后续的分析和处理。

最后解析完的数据转化的实体键值对有：

〈期刊论文，中文标题，钠离子电池用石墨烯掺杂多孔材料的电化学性能〉；

〈科研人员，姓名，张庆印〉；

〈科研人员，研究方向，锂/钠离子电池电极材料的合成与模拟〉；

〈科技项目，项目类型，国家自然科学基金资助项目〉；

〈科研机构，机构名称，天津工业大学化学工程与技术学院〉。

实体关系如表 5–7 所示。

**表 5–7　期刊论文示例解析的实体关系**

| 头实体 | 关系 | 尾实体 |
|---|---|---|
| 张庆印 | 隶属 | 天津工业大学化学工程与技术学院 |
| 张庆印 | 起草 | 钠离子电池用石墨烯掺杂多孔材料的电化学性能 |
| 张庆印 | 研究 | 锂/钠离子电池电极材料的合成与模拟 |
| 张庆印 | 申请 | 国家自然科学基金资助项目（21476172） |

实体抽取是自然语言处理最基本的技术之一。近年，国内外众多著名人工智能厂商纷纷构建自己的人工智能开放平台和相应的开源工具，为其他行业提供人工智能服务。绝大多数相关的人工智能开放平台均对外提供有实体抽取的服务与接口，国内具有代表性的平台包括百度、华为、腾讯等。读者也可以直接调用这些互联网平台级的自然语言处理应用，实现基于自身业务场景的知识抽取和图谱构建。

## 三、技术转移知识图谱的知识融合

知识融合的主要目标是合并两个知识图谱（本体），需要确认等价实例、等价类 / 子类、等价属性 / 子属性等，从而融合各个层面（概念层、数据层）的知识。它解决不同来源知识的对齐问题，一般通过冲突检测和冲突解决完成知识的对齐工作。对多来源的同一知识进行冲突检测，主要包括以下评判依据: ①分类体系不同; ②单值属性值不相同; ③属性值相同，属性描述不同。

知识融合过程是将抽取后的知识通过统一的术语融合成知识库，它涵盖两个重要的子任务：实体对齐和实体链接。这两个重要子任务分别在实体层次上从不同方面对数据进行整合，对错误信息进行剔除操作，保证了知识的质量。下面分别对这两个环节的重要方法进行介绍。

### （一）实体对齐任务

由于实体在不同子图或三元组中的表达方式和结构具有多样性，图 5-6 展示了实体对齐的一个实例，图中知识图谱 KG1 和 KG2 的作者姓名在不同的期刊论文中署名存在差异、工作单位属性值不同，但都是“欧阳明高”本人，应属于同一个作者。

解决类似这样的实体对齐的问题，可以采用如图 5-7 所示的基于 Embedding 的实体对齐方法框架。

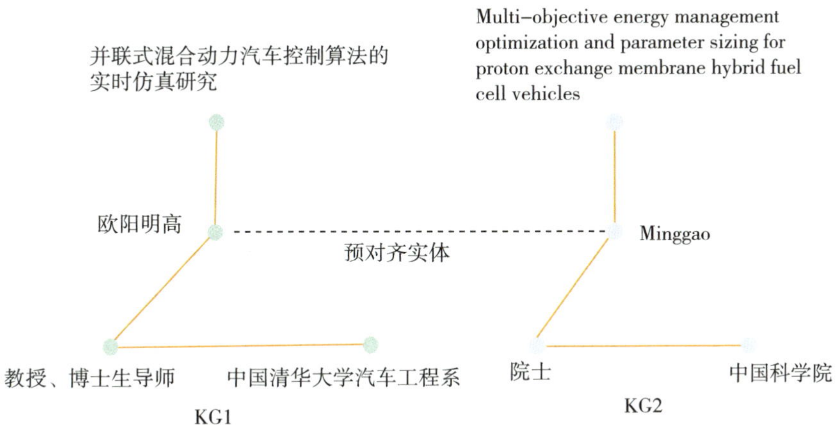


图 5-6　实体对齐用例

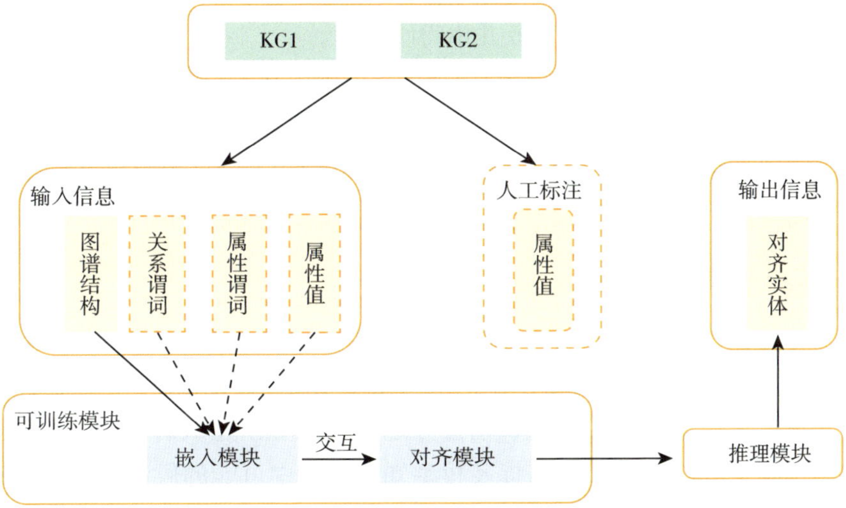


图 5-7　基于 Embedding 的实体对齐方法框架

图中的虚线框是可选组件，基于 Embedding 的实体对齐方法的输入为图谱结构、关系谓词、属性谓词和属性值。其中，图谱结构由 RDF 三元组表示，关系谓词、属性谓词和属性值是可选的。实体对齐的过程由嵌入模块、对齐模块和推理模块交互完成。

嵌入模块会生成实体的 Embedding 向量表示。其输入为图谱结构、关系谓词、属性谓词和属性值，用于生成实体 Embedding、关系 Embedding 和属性 Embedding。图谱结构是最基本且最重要的输入，因为它包含了图谱的结构信息；其他类型的信息（关系谓词、属性谓词和属性值）通常以自然语言短文本的形式表示，同时包含语义信息。嵌入模块会分别计算 KG1 和 KG2 的 Embedding，使 KG1 和 KG2 的 Embedding 向量分别落入不同的向量空间。

对齐模块旨在将嵌入模块对 KG1 和 KG2 各自生成的 Embedding 向量统一到同一个向量空间中，以便识别对齐的实体。这是实体对齐面临的主要挑战。实体对齐技术一般使用一组人工标注的等价实体对作为训练集来训练对齐模块。这种人工标注的等价实体对被称为种子实体对。

推理模块旨在判断 KG1 和 KG2 中的一对实体是否对齐。一般而言，可以根据对齐模块获得的 Embedding 向量，对 KG1 中的每一个实体使用最近邻搜索算法计算 KG2 中与之相似度最高的实体，组成一个对齐实体对。常用的相似性度量包括余弦相似性、欧几里得距离等。

近年，随着各领域人工智能算法的同步发展，基于翻译的实体嵌入对齐方法、基于图神经网络的实体嵌入对齐方法等，也都被陆续发现和应用，进而实现不同图谱间的实体进行合并、消歧、归一，从而将不同来源的知识关联起来，形成大而全的知识图谱，为后续的任务提供更丰富全面的知识。

### （二）实体链接任务

实体链接任务是将抽取的实体与知识库中的候选实体正确链接起来的操作，并将其当作新实体添加到知识图谱中，扩充了知识图谱的覆盖面。

实体链接通常建立在实体识别任务之上，需要预先识别文本中的命名性实体的提及文本，然后根据该提及枚举知识图谱中可能的候选实体，并利用排序的方式从中挑选出最符合当前语境的实体作为链接结果。但由于自然语言的多样性和模糊性，导致了实体的表述会具有较高的歧义性，这使得实体链接方法通常需要处理一词多义和多词同义两种歧义性问题。一词多义是指同一个实体名称可以表示多个实体的情况，如给定文本“苹果发布了最新的手机产品 iPhone 13”，实体链接方法需要将其中的“苹果”链接到实体“苹果 Apple（企业）”，而非实体“苹果（水果）”。多词同义则是指一实体可以用多个名称来表示的情况，如“人工智能”和“AI”都可以用来表示“人工智能（技术点）”这个实体。

因为识别出的实体往往并不能唯一确定所链接的目标实体，这时就必须借助给定实体所在的上下文信息或其他信息来消除歧义。实体链接任务的处理模型主要由 3 个模块组成，分别是实体标记、候选实体生成和排序模块。

实体标记：实体标记的任务是识别文本中所有提及的实体指称项。在这个过程中，需要先对输入的文本进行预处理，包括分词、词性标注等操作，以便于后续的处理。接着，可以利用命名实体识别技术，如基于规则的方法、基于深度学习的方法等，识别出文本中的实体。这些实体可以是人名、地名、机构名等，它们都是文本中的重要信息。为了提高实体识别的准确性，还可以使用一些后处理技术，如规则修正、上下文推断等，对识别结果进行优化和修正。

候选实体生成：在识别出文本中的实体指称项之后，需要从现有的知识图谱中为这些指称项提供候选实体。这个过程可以通过知识图谱查询来实现。在查询知识图谱时，可以利用一些匹配算法或基于规则的方法，找到与指称项相关的候选实体。为了提高候选实体的准确性和全面性，还可以使用一些扩展查询技术，如基于语义的扩展、基于上下文的扩展等，获取更多的候选实体。此外，还可以利用一些先验知识或统计信息，对候选实体进行过滤和排序，以提高后续处理的效率。

排序模块：在生成候选实体之后，需要对这些候选实体进行评分和排序，以找到最优的链接结果。这个过程可以使用一些评分函数或机器学习模型实现。评分函数可以根据候选实体的文本特征信息、上下文信息、知识图谱中的关系信息等进行计算，得到一个评分值。机器学习模型可以利用大规模的标注数据来训练模型，并自动地学习如何对候选实体进行评分和排序。为了提高排序的准确性和效率，还可以使用一些先进的深度学习技术，如注意力机制、记忆网络等，优化模型的性能。最终根据评分结果或排序结果，选择最优的候选实体作为链接结果。

## 四、技术转移知识图谱知识存储

知识图谱的存储管理与查询处理非常重要。知识图谱存储是指以计算机可读的数据格式对知识图谱的模式层和数据层进行物理保存，包括基本的资源、事件、关系、属性等知识。知识图谱的底层存储方案直接关乎数据查询的效率，通常需结合知识应用场景设计。

根据图谱数据格式，常见的图存储方案分为面向 RDF 的三元组数据库及面向属性图的图数据库两种。原生图数据库主要是以属性图的方式存储、处理、查询和展示数据，在关系遍历和路径发现等应用中性能优越，主要代表有 Graph 1.0 时期最为流行和成熟的 Neo4j。随着业界在图数据库扩展性方面的挑战逐渐凸显，JanusGraph、OrientDB 等开源分布式大规模图数据库应运而生。本书选择 DB-Engines 排名第一位的图数据库 Neo4j 作为底层支撑。

Neo4j 是由 Java 实现的高性能开源 NoSQL 图数据库，是基于离散数学的图论所实现的一种数据库，数据对象 / 实体被保存为节点，关系则被保存为链接地址的形式。Neo4j 存储管理层为属性图结构中的节点、节点属性、边、边属性等均设计了存储方案，因此与其他数据库相比，它可以更加高效地存储、查询、分析和管理高度关联的图谱数据。例如，在遍历关系时，只要在 Neo4j 中找到起始节点、读取节点的邻接边就可以访问该节点的邻居，具有“无索引邻接”特性（Index-Free Adjacency），每个节点都可被当成邻接节点的“局部索引”，这种查询方式与“全局索引”相比更节省时间。

Neo4j 是一个 NOSQL 图形数据库，它将结构化数据存储在网络上而不是表中。它是一个嵌入式的、基于磁盘的、具备完全的事务特性的 Java 持久化引擎，但是它将结构化数据存储在网络（从数学角度叫作图）上而不是表中。Neo4j 也可以被看作是一个高性能的图引擎，该引擎具有成熟数据库的所有特性。图 5-8 是 Neo4j 数据库启动后的浏览器界面。

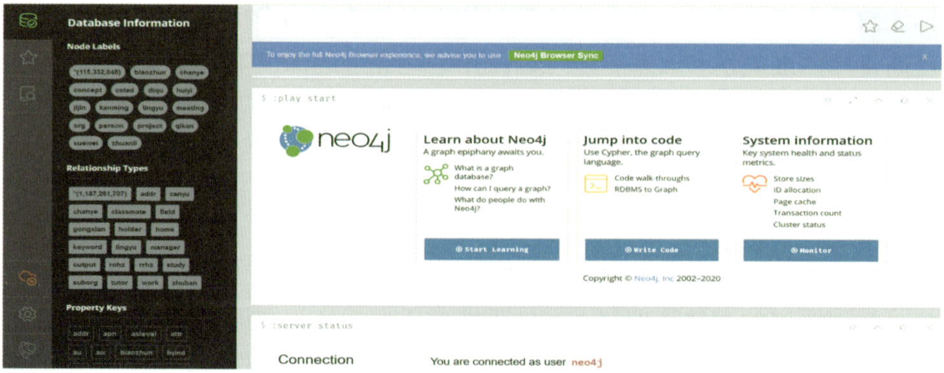


图 5-8　Neo4j 数据库启动后浏览器界面

完成知识抽取或知识融合后的数据可以存储在关系型数据库或三元组中；对于在关系型数据库的知识表示，Neo4j 官方提出了批量导入节点和关系的解决方案，即 LoadCSV 等命令。对于 RDF 三元组数据向 RDF 图向属性图的转化，需在遵循图谱映射规则的前提下结合相应的工具及函数实现，抽取完成的实例数据即可用 importRDF（ ）命令完成批量导入。Neo4j 浏览器具有面向开发人员的可视化工具，支持查询及结果的可视化，可以显示图数据中的各数据节点及关系。

本书的技术转移知识图谱（TT-KG）共形成 14 类实体、22 类关系，2 亿节点，数十亿条边的技术转移图谱数据规模。形成的知识图谱示意图如图 5-9 所示。

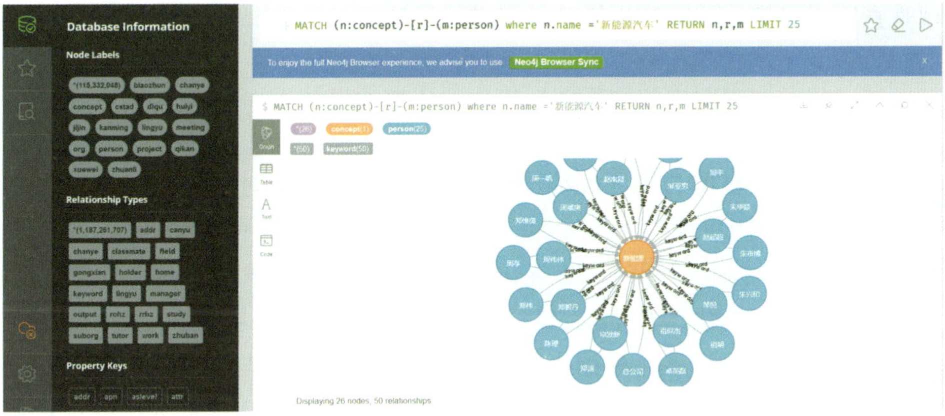


图 5-9　技术转移知识图谱（TT-KG）示意

## 第三节　基于知识图谱的技术转移需求智能匹配

### 一、技术转移需求智能匹配应用场景与任务的界定

技术转移需求智能匹配，可以执行抽象的面向技术点的图数据库检索任务。根据输入的研究方向、机构名称、专家姓名，技术需求检索相关技术领

域的专家，如诊断专家匹配技术帮助经纪人用户找到与技术相关度较高的诊断专家。

信息检索模型是搜索的核心，本质上是对信息相关度建模。所谓的相关度，取决于用户的判断，是一个比较主观的概念。不同的用户作出的判断很难保证一致，即使是同一个用户在不同时期、不同环境下作出的判断也不尽相同。关于搜索和推荐的评价，后续章节会进行探讨，这里先介绍一下相关度（相关性）。相关度指搜索系统检索出的文档的核心内容与用户信息需求相匹配的程度。

从基于知识图谱的垂直领域搜索引擎业务出发，通过对搜索引擎背景知识、搜索技术发展等内容的介绍，引入基于知识图谱的业务设计。同时，我们基于业务设计具体的实践环节，获取数据并进行预处理，借助知识图谱实现垂直搜索引擎，并对知识推理结果进行呈现。

## 二、基于知识图谱的智能匹配算法整体架构设计

基于知识图谱的智能匹配算法整体思路为：对于技术需求的文本输入，平台对文本数据中的技术点进行提取，为了提升关键技术点的准确性和扩展性，同时以人工筛选结果进一步优化技术点的提取、技术点的剔除和增补。

平台根据识别出的技术点，将技术点作为实体，在构建好的技术转移知识图谱中进行查询扩展，根据指定关系拓展查询，获取与该技术点匹配的技术团队名单，以人工筛选的结果进一步优化推荐的结果，形成人工筛选短名单，最后导出生成报告。匹配流程如图 5-10 所示。

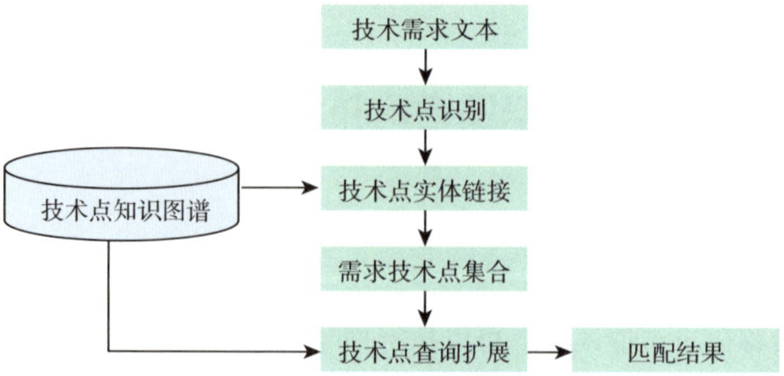


图 5-10　供需匹配流程

## 三、面向输入需求的技术点识别算法与实现

技术经纪人走访企业，获得的技术需求文本中包含了大量专业词汇，具有专业背景的技术经纪人也需要投入大量的时间才能理解技术内涵。因此，自动化地提取需求文本中的核心技术点或关键技术术语，对帮助技术经纪人快速了解企业的技术需求信息具有重要意义。

面向输入需求的关键技术点提取，主要采用基于关键技术点匹配及基于深度学习模型的关键技术点实体两种方案。以下面文本进行举例，说明两种技术点实体抽取方法的实现原理和过程。

包含技术关键点的需求文本如下。

目前比能量低是制约钠离子电池实用化进程的主要因素。亟须解决的问题有：①正极材料的比容量低，限制了电池的比容量。通过本体掺杂和表面改性技术制备结构稳定的高容量氧化物正极材料，是提高电池比能量的有效途径。②负极材料的首次库仑效率低、电压滞后现象严重，降低了电池的能量效率。通过人造 SEI 膜或预钠化可以有效抑制副反应的发生，从而提高首次库仑效率。通过构建碳基纳米复合材料改善材料的反应动力学，提高反应的可逆性，从而缓解库电压滞后问题。③电解液的电化学窗口比较窄，限制了电池的工作电压。通过优化电解液组分和设计添加剂功能分子，拓宽电解液的电化学窗口，构建高电压钠离子电池。通过对钠离子电池正极、负极、电解液及电池结构方面的创新，进一步提升钠离子电池的电性能，降低成本，从而推动钠离子电池的大规模应用。

目的是识别出以下技术点：

比能量、钠离子电池、正极材料、本体掺杂、表面改性技术、制备结构、负极材料、首次库仑效率、电压滞后、能量效率、库仑效率、纳米复合材料、反应动力学、电解、电化学窗口、电解液组分、离子电池、电池正极、电池结构。

### （一）基于词典规则的实体抽取方法

基于词典规则的实体抽取方法主要是经过文本标准化之后，基于领域专家经验，构建起关键技术实体词典、实体构词规则库等专业知识库，通过制定相应的词典规则完成实体抽取。关键技术实体词典包含实体名称、相关词、同义词、上位词、下位词等。上位词，指概念上外延更广的主题词。例如，“花”

是“鲜花”的上位词，“植物”是“花”的上位词。下位词，指概念上内涵更窄的主题词，除了继承上位词的所有属性外，还有自己特有的属性。

如上面例子中的“电解”，其技术实体词典如表 5–8 所示。

**表 5–8　技术实体词典**

| 实体名称 | 相关词 | 上位词 | 下位词 |
| --- | --- | --- | --- |
| 电解 | 洗涤、水浸烧碱、生产还原、电冶金、电流密度、电解质、电极、电化学反应 | 电化学反应 | 预电解、水银电解、水溶液电解、熔盐电解、硫化镍阳极电解、离子膜电解、可溶性阳极电解、海水电解、固态电解、汞齐电解、隔膜电解、高电流密度电解、非水溶液电解、电化溶解 |

基于构建好的关键技术实体词典，我们会采用字典树（Trie 树）的方式对输入的技术需求文本进行匹配，匹配得到的关键技术点即为抽取结果。

基于词典规则的实体抽取方法的准确度较高，并且对运行平台性能的要求也相对较低。项目早期的冷启动环节，由于系统缺乏有效的训练数据，采用该方法可以推进实体识别工作的开展，既可以为数据标注争取时间，也可以快速积累一部分标注数据。但该方法无法有效涵盖词典规则之外的语言现象，因此后续需要结合其他方法进行实体库修正和补充。

### （二）基于深度学习的关键技术点抽取

为了保证输入需求文本中实体抽取准确度，还可以采用基于深度学习模型的方法。深度学习是一种基于多层神经网络的机器学习方法，主要用于解决大规模复杂问题。它包括多个隐藏层，并通过反向传播算法不断优化模型参数，从而实现高效的技术点识别和分类。

神经网络则是深度学习的基础，它是一种受到生物神经元启发的计算模型。神经网络由节点和连接组成，每个节点代表一个神经元，连接代表神经元之间的关系，通过不同连接方式和权重值来实现模型的学习和推理。

深度学习核心思想是通过标注一定数量规模的实体样本语料，设计和训练深度学习模型，将输入信息与模型进行拟合，从而实现输入信息中特定实体的抽取和预测。

典型的 BMES 标注方法中，我们给语料中的每一个字符添加表征其所在实体的位置和实体类型，标签“B-”代表实体的首字符，B 为“Begin”的缩写；标签“M-”代表实体的中间字符，M 为“Middle”的缩写；标签“E-”代表实体的尾字符，E 为“End”的缩写；标签“O”代表该字符不在实体中，O 为“Outside”的缩写；标签“S”代表该字符为一个独立实体。

例如，给定：“针对氧化石墨烯制备中不同尺寸氧化石墨烯的分离问题，研究一种有效的分离方法”这样一段技术需求文本，经过标注后，可以形成标注序列为：

针 O
对 O
氧 B-entity
化 M-entity
石 M-entity
墨 M-entity
烯 M-entity
制 M-entity
备 E-entity
中 O
不 O
同 O
尺 O
寸 O
氧 B-entity
化 M-entity
石 M-entity
墨 M-entity
烯 E-entity
的 O

分 O
离 O
问 O
题 O
，O
研 O
究 O
一 O
种 O
有 O
效 O
的 O
分 B-entity
离 M-entity
方 M-entity
法 E-entity

从上面我们可以得到 3 个实体，氧化石墨烯制备、氧化石墨及分离方法。

在完成实体标注后，以训练集语料为输入，训练集标注结果为标签，即可以开始深度学习模型的训练。

在模型选型方面，Bi-LSTM-CRF 算法是一种常用的实体抽取算法，LSTM 的全称是 Long Short-Term Memory，它是循环神经网络（Recurrent Neural Network，RNN）的一种，非常适合用于对时序数据的建模，如文本数据。Bi-LSTM-CRF 算法将时序方向相反的两个 LSTM 连接到同一个输出，通过学习上下文信息，将每个单词映射为对应于每个标签的得分概率，这些概率作为未归一化的发射概率，输入隐藏层。CRF 层可以通过学习标签之间的顺序依赖信息，改善实体抽取的效果。Bi-LSTM-CRF 算法结构如图 5-11 所示。

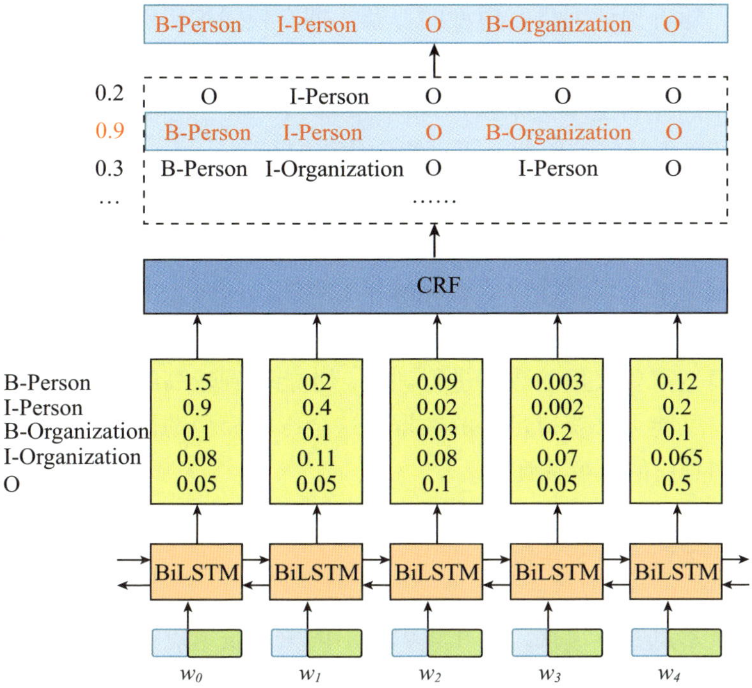


**图 5-11　Bi-LSTM-CRF 算法实体识别模型结构**

输入：以文本为例，LSTM 中输入的是句子中各个单词的词向量（按先后顺序排序）。

LSTM（神经网络层），也叫隐藏层：用来定义 Embedding 的维度。需要注意的是，由于 LSTM 的输出（每一个 t 都有一个输出）即为 CRF 模型的输入，所以二者在维度上要保持一致，如图 5-11 中黄色部分所示。

CRF 层是一种用于序列标注或命名实体识别的技术，它能够考虑到序列中相邻标签之间的依赖关系。通过使用 CRF 层，模型可以更好地捕捉标签之间的全局依赖关系，从而提高模型的预测精度。

输出：最后模型要学到在给定时序数列作为输入的情况下，找到针对每个时序数据最佳的实体标签匹配，最佳匹配值由 CRF 层打分来选出。

CRF 层和隐藏层在深度学习模型中都扮演着重要的角色。CRF 层考虑到标签之间的依赖关系，而隐藏层则负责提取输入数据中的特征。通过将它们结合起来，模型可以更有效地捕捉全局和局部特征，从而提高预测精度。

当前，随着预训练语言模型的普及，拥有较强编码能力的 BERT 逐步成为当前实体识别的主流模型，BERT 是一种语言表示模型，旨在通过联合调节所有层中的左右上下文来预训练深度双向表示。具体操作上可以将 BERT 作为底层的文本特征编码器，再进行实体标签预测。

深度学习模型可以处理大量的数据，并从中学习复杂的模式和关系。这使得深度学习方法能够处理各种复杂的实体识别任务，自动提取输入数据中的特征，避免了手工设计特征的麻烦和主观性。同时，由于模型可以处理高维数据，因此可以更好地捕捉数据的复杂特征，具有较高的泛化性。但是，深度学习模型需要大量的数据进行训练，才能达到较高的性能。对于某些领域或任务，可能无法获得足够的数据，这会影响模型的性能。此外，也需要进一步增加身份的可解释性。

### 四、关键技术点实体链接

关键技术点实体链接，旨在将识别出的关键技术点链接到关键技术点知识图谱的节点上。实体链接任务的处理模型主要由 3 个模块组成：一是实体标记，识别文本中所有提及的实体指称项；二是候选实体生成，从现有知识图谱中，为从文本中抽取到的指称项提供候选实体；三是排序模块，通过候选实体的文本特征信息进行评分，将候选实体进行排序，从而找到最优。

对于本章节要处理的任务，实体标记阶段对应于关键技术点识别；候选实体生成阶段，将实体标记阶段识别到的实体和技术转移知识图谱中的技术点节点名称进行模糊匹配，得到相关性最高的 10 个候选实体；在排序阶段，分别采用基于词典规则匹配和基于深度学习的实体链接方法。

在基于词典规则匹配的方法中，由于词典中的实体词表直接来自图谱中的实体，因此可以直接进行链接。针对基于深度学习的实体链接方法，会识别出与图谱中实体并不完全一致的实体名称，综合考虑字面意义及深层语义上的因素，我们分别采用 Jaccard 系数、基于低维嵌入的方式进行相似度计算，对两个相似度进行相似度加权融合计算，得到整体的最终相似度得分，同时设定相似度得分阈值，将大于该阈值的实体按照相似度得分从大到小进行排序，将得分最高的实体作为链接实体。

### （一）基于 Jaccard 相似度的实体链接评分计算

Jaccard 相似度算法在信息检索、数据挖掘、推荐系统等领域中被广泛应用。

它是基于集合论中的 Jaccard 系数而来，用于衡量两个集合之间的相似程度。给定两个集合 A 和 B，Jaccard 系数定义为 A 和 B 的公共元素，即交集元素个数除以 A 和 B 的并集元素个数。Jaccard 系数的取值范围在 0 到 1 之间，值越大表示两个集合的相似程度越高。

如果将文本中的词语作为集合元素，通过计算词语集合的 Jaccard 系数，就可以判断两篇文本的相似程度。

在我们当前的任务当中，可以计算已抽取出的实体及实体前后窗口大小的文本作为该实体的上下文，作为文本集合 S1；以待链接实体的一度关系结果的实体名称集合作为目标实体上下文，作为集合 S2，通过计算 S1、S2 的比值获得 Jaccard 系数，并借此判断取得最相关的链接实体。

### （二）基于低维 vec 嵌入的实体链接评分计算

基于 Jaccard 相似度计算的实体，本质上还是停留在文本层面，但上下文 S1 和 S2 并没有明显的词重叠情况下，得分可能会很低，这个时候可以将 S1 和 S2 进行向量化，转化为一个特定维度的向量表示，然后通过计算 cosine 余弦相似度的方式来进行衡量。

在向量化方法上，利用 Google 在 2013 年推出的 Word2vec 方法，可以得到给定文本的向量。Word2vec 的特点是将词向量化，也就是定量地去度量词与词之间的关系，从而用来挖掘它们之间的联系。给定一个文本，文本的向量为该文本中所有词的嵌入平均，如给定一个文本 S，对该文本 S 进行词语切分，切分后的词语列表为：

$(word_1, word_2, word_3, \cdots, word_{n-1}, word_n)$。

该文本的嵌入可以表示为：

$vec(s) = avg[vec(word_1) + vec(word_2) + vec(word_3) + \cdots + vec(word_{n-1}) + vec(word_n)]$。

举例来说，对于文本 S“张三的研究方向为石墨烯”，文本分词后可以得到切分后的词语列表：［‘张三’，‘的’，‘研究’，‘方向’，‘为’，

'石墨烯' ]。

该文本的嵌入如表 5-9 所示。

表 5-9　文本的嵌入表示

| 词语 | 向量 |
|---|---|
| 张三 | [ 0.1，0，2，-0.9，0.7 ] |
| 的 | [ -0.5，0，4，0，1，0.3 ] |
| 研究 | [ 0.9，0.3，0.4，0.1 ] |
| 方向 | [ 0.3，0.2，0.13，0.5 ] |
| 为 | [ 0.43，-0.97，-0.8，-0.9 ] |
| 石墨烯 | [ 0.34，0.23，-0.56，0.75 ] |

那么，vec（张三的研究方向为石墨烯）=avg [ vec（张三）+ vec（的）+ vec（研究）+ vec（方向）+vec（为）+ vec（石墨烯）] = [ 0.2833，-0.235，0.706，-0.308 ]。

得到的 S1 和 S2 之间的相似度可以采用 cosine 进行计算，计算公式为：

cos_sim = vec1.dot（vec2）/ [ np.linalg.norm（vec1）× np.linalg.norm（vec2）]。

同理，对于一个新的文本"李四主要研究石墨烯材料"，向量为 [ 0.2812，-0.135，0.650，-0.218 ]，两个向量相似度为：0.991。

## 五、技术点查询扩展

在完成关键技术点实体链接之后，与技术点建立了直接关系的实体（见第二节的本体设计），如技术专家、科研机构等就以实体关系图谱实例存储在图数据库中。通过提取用户输入技术需求文本中的技术点，构造 Neo4j 实体查询语句，得到知识图谱中某一实体节点的关联结果，即可匹配出相应的技术专家、科研机构等。

例如，通过输入技术点"无人机"，得到推荐的专家清单（图 5-12）。

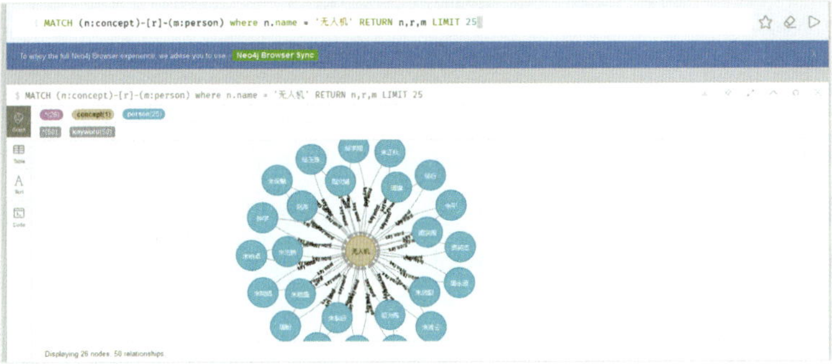


图 5-12　通过技术点获取专家清单

## 第四节　基于技术转移知识图谱的精准推荐

第三节的“需求智能匹配”是理解企业的需求后，对技术转移知识图谱的检索召回过程，需求理解过程中使用了自然语言处理相关的技术术语提取等相关算法；本节的“精准推荐”是一个排序过程，包含了粗排与精排，即将机器学习技术应用到召回数据集的相关性对比计算的加权排序模型。召回是源头，在某种意义上决定整个匹配结果优劣的天花板；粗排是初筛，一般不会上复杂模型；精排是整个推荐环节的重中之重，在特征和模型上都会相对比较复杂。

### 一、技术转移精准语义搜索应用场景与任务界定

技术转移需求智能匹配，主要解决的是从用户输入非结构化需求文本到技术转移知识图谱中实体的链接，然后可以根据实体在图谱中的多跳关系进行实体扩展，从而得到匹配实体结果。但这个匹配的结果相对较多，还无法定量地给出与特定技术点相关性更高的实体列表，这就自然而然引出了一个推荐问题。也就是说，精准推荐的目标主要是平台在对用户输入的技术需求文本进行智能解析，提取出关键技术点之后，推荐出与技术文本最相关的前 50 个专家。该任务的核心技术点在于，如何量化技术点到技术专家、科研机构及其他实体之间的相关性。

## 二、基于知识图谱的精准推荐整体架构设计

一般而言，为了量化所推荐技术专家与关键技术点之间的相关性，最显而易见的特征包括专利数量、论文数量等。为了充分发挥技术转移知识图谱在量化相关性的作用，我们一共采用三类推荐模型，分别是知识产权模型、科技成果模型、均衡组合模型，不同类别模型侧重的权重要素不同，形成相关专家推荐列表。

与简单的基于相似度的推荐方式不同，基于知识图谱的推荐有着以下天然优势。

一方面，可以充分利用知识图谱内部事先构建好的实体之间关联网络，面向不同的实体类型，可以通过多跳查询的方法进行多度召回，也可以使用知识图谱表征方法，预先将知识图谱中的实体进行嵌入表示，然后通过计算实体嵌入之间的相似度来进行推荐。

另一方面，知识图谱本质上是一个有向网络图，由多个实体节点和关系边构成，可以通过计算中心度算法、PageRank 算法得到每个实体节点的重要性权值，这个可以作为某个特定实体在整个图谱中的重要性，也可以与其本身的一些权重，如专家所拥有的专利数量、论文数量特征进行融合使用。

其中，基于知识图谱的精准推荐整体架构如图 5-13 所示。

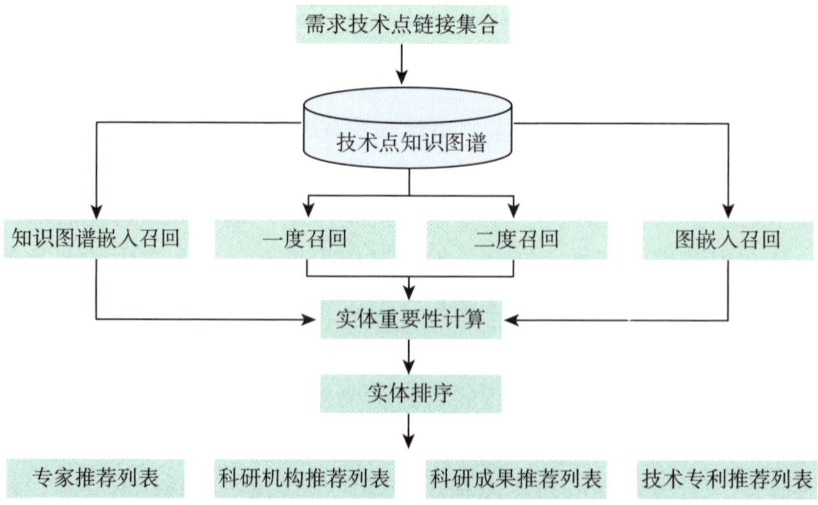


图 5-13　精准推荐整体架构

首先，基于关键技术点匹配阶段后，我们形成了若干个与技术点知识图谱对齐的实体节点。

其次，根据这个节点，分别进行 4 种方式的召回。

第一种是一度召回，根据技术点，直接在知识图谱中找到与该技术点存在一度关系的实体节点，并根据该实体的类型，分成专家实体、科研机构实体、科研成果实体及技术专利实体进行返回。

第二种是二度召回，根据技术点，在知识图谱中找到与该技术点存在二度关系的实体节点结合，同样的，也根据二度节点中的实体类型进行返回。

第三种是知识图谱嵌入召回，这是通过计算技术点的实体嵌入与其他实体节点嵌入之间的相似度进行召回，此处的核心点在于如何获取实体的嵌入。

第四种是图嵌入召回，这是通过计算技术点的图嵌入与其他实体节点图嵌入之间的相似度进行召回，此处的核心点在于如何获取实体的图嵌入。

再次，对四路召回的实体节点进行聚合，并进行实体重要性计算，在这个环节，实体重要性主要考虑两个隐私：一个是实体自身在图谱中的重要性，如 PageRank 值；另一个是其作为不同实体类型时所具备的量化指标，如专家的量化指标，包括发表期刊论文数量、申请课题数量等。

最后，对聚合并计算好重要性的实体进行排序，并最终按照不同的实体类型进行推荐，形成推荐列表。

## 三、基于多路召回的具体实现

### （一）基于知识图谱嵌入的召回

知识图谱嵌入（Knowledge Graph Embedding）是解决知识图谱表示问题的重要方法之一，它通过将知识图谱中的实体（Entity）和关系（Relation）嵌入到连续向量空间，从而在方便计算的同时保留知识图谱中的结构信息。例如，锂电池和铅酸电池两个实体很相似，那么这两个实体在向量空间中的实体嵌入应该彼此接近。另外，对于关系“就职于”和“曾就职于”，这两个关系在向量空间中也应该彼此接近。其中的结构信息，指的就是实体之间的一跳或多跳信息。

知识图谱嵌入模型大致可以分为基于距离的模型（Distance-based

Models）、双线性模型（Bilinear Models）及神经网络模型（Neural Network Models）三类。

例如，代表性的 TransE 是基于距离的模型，认为实体嵌入满足 $\boldsymbol{h}+\boldsymbol{r} \approx \boldsymbol{t}$ 的条件，尾实体是头实体通过关系平移（翻译）得到的。如图 5-14 所示，$\boldsymbol{h}$ 表示头实体的向量表示，$\boldsymbol{t}$ 表示尾实体的向量表示，$\boldsymbol{r}$ 表示实体关系嵌入表示，该模型认为，$\boldsymbol{h}+\boldsymbol{r}$ 后可以得到 $\boldsymbol{t}$ 向量。因此，可以最小化 $\boldsymbol{h}+\boldsymbol{r}$ 与 $\boldsymbol{t}$ 之间的距离来优化模型目标，也就是评分函数，从而得到 $\boldsymbol{h}$、$\boldsymbol{r}$、$\boldsymbol{t}$ 的最终表示。

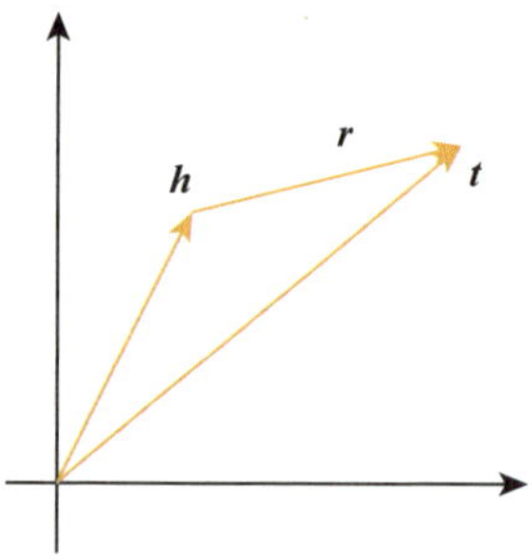


图 5-14　TransE 实体嵌入思想示意

不过，TransE 存在的弊端是它不适合多对一和多对多，因而导致 TransE 在复杂关系上的表现差。例如，〈张三，就职，北京大学〉与〈李四，就职，北京大学〉因为头实体跟关系的向量都一致，所以李四的向量和王五是重叠的，这显然是不合理的。

因此，目前出现了许多改进优化的方案，如下所示。

TransH 模型将实体投影到由关系构成的超平面上。

TransR 模型认为实体和关系存在语义差异，它们应该在不同的语义空间。此外，不同的关系应该构成不同的语义空间，因此通过关系投影矩阵，将实体空间转换到相应的关系空间。

TransD 模型认为头尾实体的属性通常有比较大的差异，因此它们应该拥有不同的关系投影矩阵。

由于技术转移知识图谱中的技术存在一对多和多对一的复杂关系，因此，我们最终选择 TransD 方法进行实体嵌入学习。例如，针对氧化锡这一实体节点形成的 Embedding 如图 5-15 所示：氧化锡为实体名称，后面的数字序列为其向量表示。

氧化锡 0.786419 0.0373911 -0.0131472 0.0347375 .0288273 0.0135693 0.00934777 0.0131472 0.0921509 -8.0313603 0.00976993 0.0332901 -0.0436631
0.0964931 -0.0537949 -0.0451105 0.0656153 0.0605494 0.05283 8.0194192 0.045593 0.0632030.264391 -0.0636854 0.00636251 0.0206254 0.0465579
-0.0124235 0.0318427 -0.0552423 -0.0417333 -0.0617556 0.153424-0.0325664 -0.012725 -0.0509001 0.031119 0.0100112 -0.0395622 0.0400446 0.0675452
-0.0926334 -0.0141121 -0.0974588.8465579 -0.029551 -0.0236488 0.0200223 8.80214894 8.0366674 -0.0685101 -0.045342 -0.0156801 -0.8400446
-0.02291710.0603082 -0.0863613 .0829841 -0.0446281 -0.00768929 0.0337726 .8685101 -0.0504176 -0.0186955 -0.00588805 -0.07622950.105177 0.098423
-0.0171275 -0.66978 -0.032084 -0.13702 0.00177909 -0.0219522 0.0308778 -0.0293098 -0.0195399 0.0376323-0.00693544 -0.0463167 -0.063203
-0.0829841 0.0509001 0.0805717 0.0203842 -0.0820191 -0.0262944 0.0235202 -0.00850345-0.0501764 0.0436631 -0.00388988 0.0434219 -0.127371
-0.00711637 -0.042457 0.058619 -0.0467991 0.0221934 -0.86086690.0950457 -0.062238 0.0080813 -0.0709224 -0.0118204 0.163073 -0.0332901
0.00729729 -0.244851 0.0612731 -0.05741340.0400446 0.083949 -0.0192986 -0.0335313 0.063203 -0.0112173 0.0361849 0.0217109 0.0718874 0.0569309
0.0800893 0.0557248-0.00678467 0.0373911 0.0221934 -0.0540361 0.0141121 0.062238 -0.0132678 0.0516238 -0.00732744 0.0261738 -0.127371-0.0605494
0.0501764 -0.147634 -0.0218316 0.00738775 0.00575943 0.0100715 -0.0443868 0.079224 0.042457 -0.0156801-0.051865 -0.0844315 0.108555 .593433
-0.0259325 0.00232186 -0.0417333 0.131231 -0.0723698 0.0153183 0.090221 -0.0177306-0.0525887 0.0296716 -0.123511 0.0537949 0.0337726
-0.00123632 -0.0118204 0.0615143 0.0184543 0.00392003 -0.000339234-0.0390797 0.120134 -0.083949 -0.373911 -0.0155595 -0.104213 -0.0670627
-0.0665802 0.0108555 -0.041492 -0.0159214-0.10373 -0.0218316 -0.8670627 -0.134125 0.038356 -0.0581371 0.0221934 -0.0202635 0.00484065
-0.0607906 0.022314 -0.101318-0.0364261 -0.106142 0.0586196 -0.00802099 0.027922 -0.0142327 -0.034255 0.0931158 -0.0494527 0.0550011
0.1678980.0863613 8.0106142 0.0439044 0.285861 -0.0598257 -0.0162832 -0.0140518 0.00648313 -0.0752646 -0.0337726 0.001093098.0104936 -0.14281
0.0646504 -0.523475 8.0545186 -0.0118807 8.0145343 -0.0742997 -0.0464373 -0.0398034 0.01338949.0231583 -0.0277418 0.0323252 -0.0116998
-0.0685101 -0.0448693 0.0603082 8.00569912 0.0081416 -0.00351295 -0.041492-0.00300033 0.00259325 0.00238217 0.0665802 -0.0033471 -0.0359437
-0.0465579 0.0328077 -0.010373 0.00934777 -0.007327440.016042 0.00292495 0.026562 8.0443868 8.0752646 -0.0196605 -0.0214697 -0.0224346
-0.8612731 -0.0235202 -0.052836.0376323 -1.14845e-05 -0.00880499 0.0446281 0.01369 0.08606097 0.0166451 -0.0448693 .00669421 -0.0979405
0.06754528.0678467 8.80153786 -0.8868438 .110002 8.8434219 0.0921509 .071449 8.063203 0.0270181 8.8431807 -0.00633236 0.01266470.8612731
-0.0308778 0.112897 -0.0294304 8.0605494 0.0388385 -0.0593433 0.091186 0.0533124 0.0829841 -0.036674 0.10373 -0.0931158 -0.00952869 0.0139312
0.0458342 -0.0566897 -0 00832253 -0.00398034 -0.0825016

**图 5-15　氧化锡实体嵌入表示示例**

基于构建好的实体 Embedding，可以通过计算 Embedding 之间的相似度，如计算余弦值，来召回不同的实体。例如，基于输入氧化锡，可以得到在向量空间上相似的实体集合有：氧化锌、氧化铜。

### （二）基于知识图谱的一度、二度召回

基于知识图谱的一度、二度召回，主要思想在于根据指定的实体，通过构造查询语句，检索该实体所在图谱中的一跳、二跳关系，得到召回结果（图 5-16）。

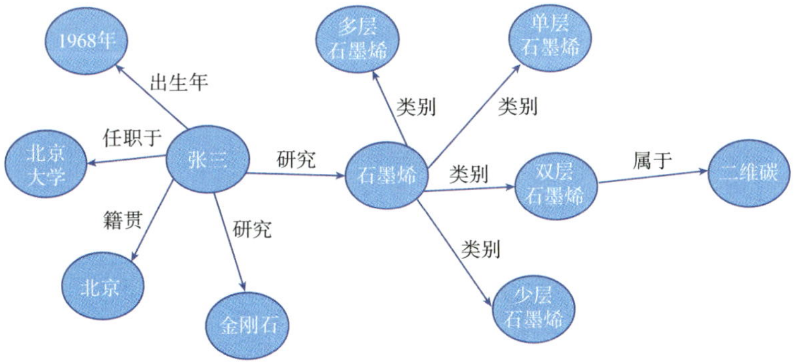


**图 5-16　实体图谱子图**

给定以上图谱子图（图 5–16），上面描述的是张三的研究方向及研究方向点之间的关联关系。一度召回指的是检索中心实体距离为一跳的实体，如上图所示，给定中心实体“石墨烯”，可以查询一跳的实体（图 5–17）。

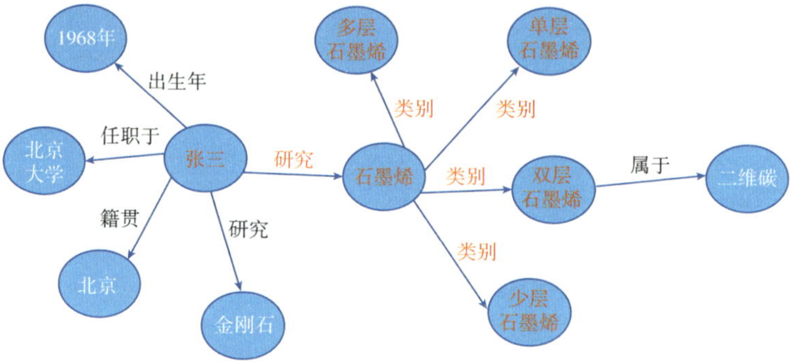


图 5–17　实体图谱子图一跳查询示意

可以得到［多层石墨烯、单层石墨烯、双层石墨烯、少层石墨烯、张三］。

二度召回指的是检索中心实体距离为二跳的实体，同样如上图所示，给定中心实体“石墨烯”，我们在［多层石墨烯、单层石墨烯、双层石墨烯、少层石墨烯、张三］中可以得到张三和双层石墨烯存在二跳路径，因此可以基于该实体得到二跳实体（图 5–18）。

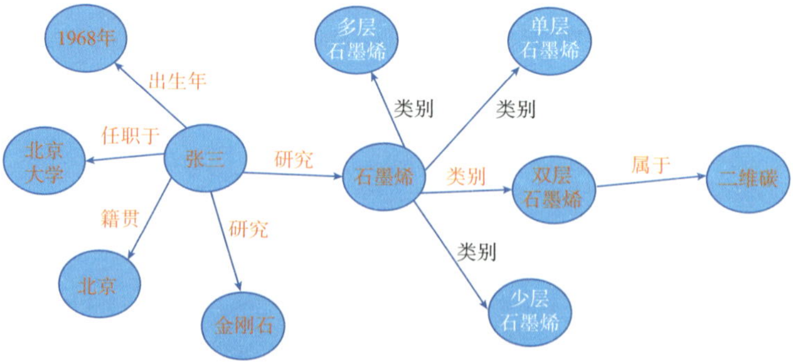


图 5–18　实体图谱子图二跳查询示意

即可以得到［二维碳、金刚石、北京、北京大学、1968］。

**（三）基于网络图嵌入的召回**

与知识图谱嵌入只考虑一度关系的方式不同，基于网络图嵌入的召回方案，综合了图谱之间的拓扑结构特征进行建模。我们可以借鉴 DeepWalk 算法的思想，把图结构数据的节点也就是实体，表示成向量即 Embedding（嵌入）。

我们的技术转移知识图谱已经是图结构的形式，因此在构图阶段，可以根据图谱实体和关系边直接构图，形成一个图网络。网络图中的节点为图谱中的实体。在我们的案例中，DeepWalk 算法生成网络图嵌入的过程如图 5-19 所示。

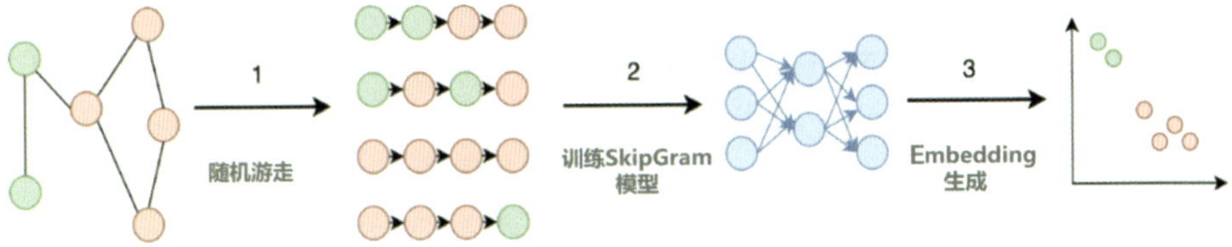


**图 5-19　网络图嵌入的生成过程**

随机游走环节，基于已有的知识图谱利用深度优先遍历和广度优先遍历方式进行游走，形成大量的实体节点序列。这些实体节点序列被当作由单词组成的句子，所有的序列就可以看作一个大的语料库。利用自然语言处理工具 Word2vec，将每一个实体节点表示为一个向量。这样，每个实体节点就被表示为了一个向量，向量的维度反映了图的某些特性，向量的值反映了节点在图中的位置及与其他节点的关系。

训练 SkipGram 模型：SkipGram 网络接受随机游走中的一个实体节点作为输入，来预测相邻节点。同时，SkipGram 是一个语言模型，用于最大化句子中出现在窗口内的单词之间的共现概率。

Embedding 嵌入生成环节：利用向量表示训练模块 SkipGram 得到结果，其核心思想为已知中心词来预测周围词，从而得到词的 Embedding 表示。

### （四）基于 RRF 的多路召回重排

在完成一度召回、二度召回、知识图谱嵌入召回、图嵌入召回 4 个召回方式之后，针对一个输入的关键技术点，可以得到 4 个召回结果，而 4 个召回结果需要合成一个最终的召回结果。在这个过程中，我们采用了具有代表性的综合排序方法（Reciprocal Rank Fusion，RRF）。

它是一种将具有不同相关性指标的多个结果集组合成单个结果集的方法。该方法只会计算不同召回结果集中的结果的排名。结果的组合顺序由每个结果集中每个结果的位置（和存在）定义，因此可以方便地忽略排名分数。RRF 无须调优，不同的相关性指标也不必相互关联即可获得高质量的结果。

四路召回可以记为：recall（一度召回）、recall（二度召回）、recall（知识图谱嵌入召回）、recall（图嵌入召回）。每个实体结果的最后排序值记为：recall_final（实体），如下所示。

recall_final（实体）=RRF［recall（一度召回）+recall（二度召回）+recall（知识图谱嵌入召回）+recall（图嵌入召回）］。

## 四、实体节点重要性计算及排序

基于 RRF 的多路召回重排，含义是针对思路召回的结果（一度召回、二度召回、图嵌入召回、图谱嵌入召回），进行 RRF 多路召回打分，合成为一个最终的召回结果，并给召回结果里每个实体排序。

实体节点重要性计算及排序是指，在完成 RRF 多路召回合并的基础上进行进一步精排。因为 RRF 部分中召回了各个来源的实体，但实体自身重要性还未考虑进去，所以再利用实体经图算法计算后得到重要性和相关性，进而得到最终的实体集合。

一般来说，我们对所有召回实体的打分即 recall_final（实体）。此外，每个实体在相关性上都有一个加权后的得分 recall_score（实体），权重系数即相关性系数为 importance_score（实体），该实体最终的加权得分为：

recall_score（实体）= recall_final（实体）× importance_score（实体）。

我们对所有实体，按照实体类型进行划分，根据 recall_score（实体）的数值大小进行排序，最终得到实体的推荐列表。

可以看出，基于 RRF 的多路召回重排是粗排，类似于从 5000 个召回结果中，先初步筛选出 100 个。实体节点重要性计算及排序指的是精排，相当于对 100 个结果二次排序。

实体节点重要性的计算和排序在网络分析中是一项关键任务，它有助于识别网络中最具影响力和重要性的节点。

以下是几种常用的实体节点重要性计算和排序方法。

PageRank 算法基于节点的入度和出度来计算节点的重要性，即一个节点的重要性取决于指向该节点的其他节点的重要性。

Betweenness Centrality 算法用于评估节点在图中的中介性。中介性是指节点在连接其他节点之间的最短路径中扮演的角色，如果一个节点在许多最短路径中都出现，则说明它在图中的中介性较高。

Degree Centrality 算法用于评估节点的度数，即节点与其他节点之间的连接数。度数越高，说明节点在图中的影响力越大。

Closeness Centrality 算法用于评估节点与其他节点之间的距离。距离越短，说明节点在图中与其他节点的联系越紧密。

Neo4j 图数据中自带了上述几种节点重要性的实现，我们可以直接采用 Neo4j 来加以实现。

## 第五节　基于技术转移知识图谱的画像应用

### 一、技术转移知识图谱画像建模的应用场景与任务界定

经过技术转移知识图谱的需求匹配、精准推荐之后，我们可以得到针对某个特定技术需求的特定实体，如科技专家或企业的推荐列表，列表中的任何一个实例，都会链接到一个实体的子图，子图的集合就是实体画像建模的一手数据来源。

基于技术转移知识图谱的画像建模，旨在帮助技术经纪人用户多维度的了解提供诊断、对接服务的科技专家或科技企业的可视化信息。以专家为例，

实体画像的信息维度包括但不限于以下几个方面。

- 研究领域：科研成果技术词云、领域专长雷达图、关键词时序演化图
- 人物背景：求学过程、科研获奖履历、各类任职经历
- 产学研合作：各类合作项目清单和合作关系
- 项目奖励：各类获奖成果清单
- 论文专利佐证：发表的论文和专利清单

## 二、基于技术转移知识图谱的专家科研合作关系数据获取

基于技术转移知识图谱的专家科研合作关系挖掘，是知识图谱的子图召回问题。算法功能的实现分为 3 个部分：子图召回、科研成果排序、科研合作者排序。整体框架如图 5-20 所示。

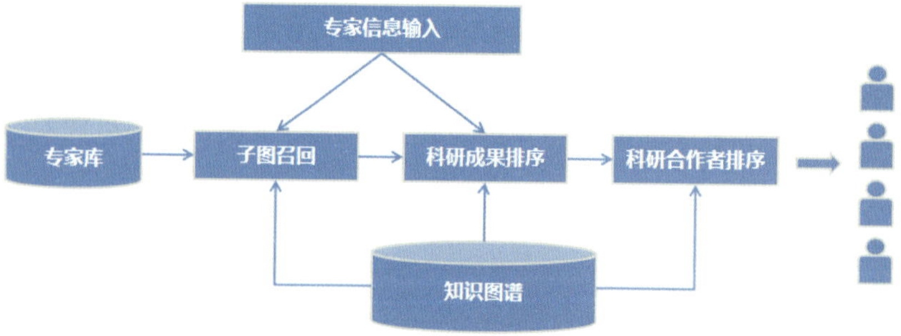


图 5-20　子图召回流程

首先，根据人物的特征信息在专家库中进行子图召回，然后将召回得到的科研成果候选集利用排序算法进行排序。在此过程中利用 Dijkstra 算法分别提取网络关系特征和科研成果及科研人员信息，得到科研项目的排序列表。在此基础上根据每个科研成果中的科研人员合作情况生成合作者列表，将其排序得到最终的推荐列表。在召回和排序阶段引入知识图谱补充辅助信息，生成完整的专家子图，并结合前端可视化技术生成画像页面。

第一，子图召回：即输入一个实体实例并得到 TT-KG 中的子图，需要进行以下步骤。

①确定实体实例的类型和属性。需要先明确要输入的实体实例是什么类

型的，它有哪些属性。例如，如果输入的是一个名为“张三”的专家学者的实例，那么他的属性可能包括姓名、性别、工作单位、研究领域等。因此，在实际的平台设计实现中，输入的可能性有多种，如输入专家学者的实体属性值，或者将输入的技术需求进行向量化等。

②构建子图模型。根据实体实例的类型和属性，可以构建一个子图模型。子图模型通常由一个或多个节点组成，每个节点代表一个实体或概念，节点之间通过边连接，表示它们之间的关联关系。

③输入实体实例并搜索知识图谱。将实体实例作为子图模型中的一个节点，然后使用知识图谱中的搜索算法来查找与该节点相关的其他节点和边。搜索算法可以根据不同的相似度度量方法和约束条件进行优化，以实现更准确的召回结果。

④构建并返回子图。根据搜索结果，可以构建一个包含多个节点的子图，节点之间通过边连接。然后将该子图作为召回结果返回给用户。

以下是专家画像子图召回的查询示例和图数据库层的预览效果（图5-21）。

match（n：person）-[ ]-（m：qikan）where n.id＝‘L02501845’ return n，m limit 10 union all

match（n：person）-[ ]-（m：zhuanli）where n.id＝‘L02501845’ return n，m limit 10 union all

match（n：person）-[ ]-（m：huiyi）where n.id＝‘L02501845’ return n，m limit 10 union all

match（n：person）-[ ]-（m：concept）where n.id＝‘L02501845’ return n，m limit 10

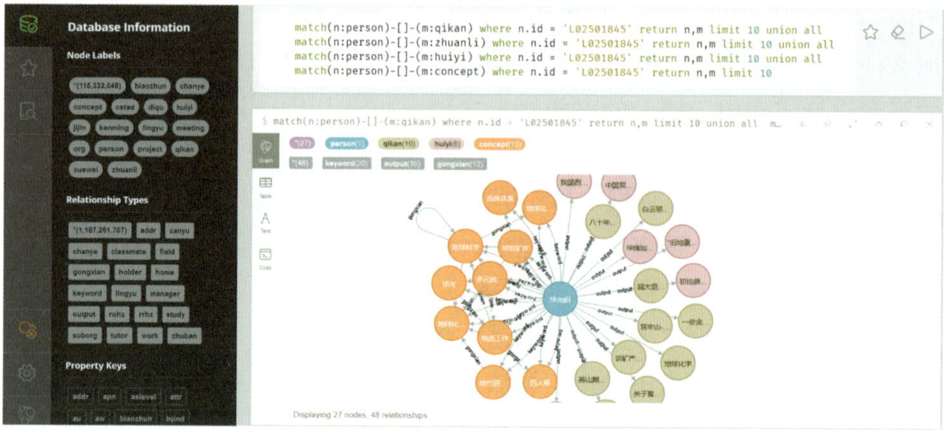


**图 5-21　子图召回：通过姓名获取专家画像**

子图召回为了避免资源消耗过大，直接利用专家姓名和所在机构筛选出候选集（可能存在同一机构重名情况），然后再利用知识图谱进行子图抽取。在利用专家姓名进行召回时，会出现不在知识图谱中的情况（比如专家在现实中产生工作调动，但知识图谱数据未及时更新）。

第二，子图召回科研成果排序：直接选择按照成果发布时间及作者排序位次综合排序，即时间越新，作者位次越靠前，同时列表顺序也越靠前。

第三，科研合作者召回与排序：为了更好地利用科研人员自身属性和知识图谱中的科研项目合作信息，科研合作的召回和排序算法分为 2 个部分，一度召回完成跟当前科研人员每个科技成果（如论文、专利、项目等）中的合作情况生成科研项目合作者集合，这里称之为一度合作关系揭示；二度召回将以当前科研人员机构内的合作者为第二次子图召回检索命令，获取这些合作者的一度合作关系。合作数量作为排序依据。

以下是专家科研合作网络子图召回查询示例和图数据库层的预览效果（图 5-22）。

match(n:person)–[ ]–(m:person) where n.name = ‘吴广印’ return n,m limit 5 union all

match(n:person)–[ ]–(m:org) where n.name = ‘吴广印’ return n,m limit 5 union all

match(n:person)–[ ]–(m:concept) where n.name = ‘吴广印’ return n,m limit 5

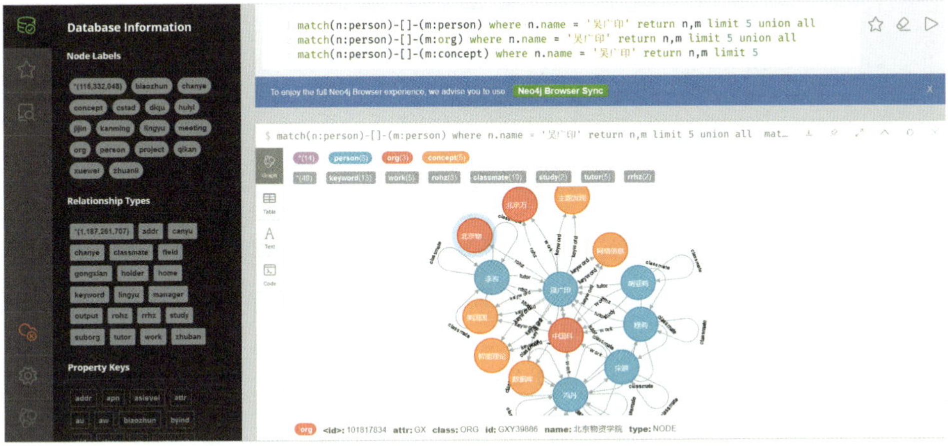

图 5-22　子图召回：通过姓名获取专家的科研合作

## 三、技术转移服务实体画像的可视化实例

在技术转移服务中，重点的实体画像包括专家画像和企业画像。画像形式包括数据清单和可视化。

对专家的研究领域可视化，通常可以采取技术词云和领域专长雷达图 Wordcloud 词云可视化来描述该人物的研究主题。科技专家关联到 TT-KG 的所有研究文献、发表成果等信息会被收集，借助 Jieba 开源分词工具进行切分后进行统计，得到每个词的频次后使用 Wordcloud 库生成科研画像词云图，文本中出现频率较高的“关键词”予以视觉化放大，当排序靠前的研究主题以特定的形状、颜色等元素组合成一个图形，就直观地展示出科研人员的研究重点。

为生成研究画像的词云图，我们进行词云可视化处理（图 5-23）。

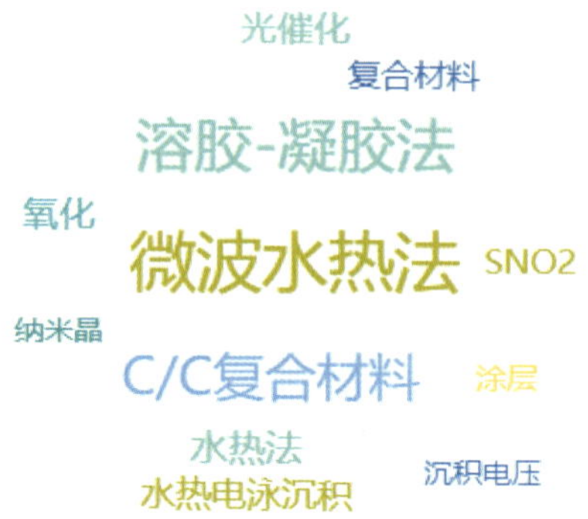


图 5-23　词云示意

雷达图（Radar Chart）是比较科研人员在不同交叉学科上的表现，以及展示各个学科研究深度之间的相对关系。每个学科在雷达图上的表现可以通过长度、角度、面积等方式进行表示。通过观察雷达图的形状和变化，可以直观地了解科研人员对该学科的相对重要性、差异程度和趋势（图 5-24）。

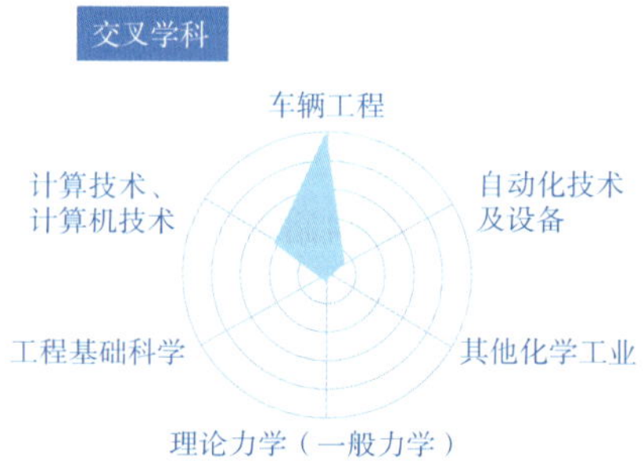


图 5-24　雷达图示意

## 第六节　技术转移服务平台的设计与实现

在确定数字经济环境下技术转移的服务模式即“供需对接工具化”和“服务流程数字化”的基础上，综合前述知识图谱层的组织结果、算法模型，我们设计实现技术转移服务平台“宁创荟”，本节将进一步说明应用平台具体功能模块的设计实现过程和实际效果。

## 一、基于知识图谱的技术转移服务平台的应用场景需求

### （一）业务流程概述

技术转移服务平台是围绕地方科技大市场推动企业与高校专家对接合作开展工作。第一在需求侧，重点针对企业技术需求，关注企业的需求生命周期，即挖掘、诊断和对接的过程和结果，这部分因为依赖人的技术储备和知识背景，将重点开发“以知识图谱为基础的数据驱动智能匹配工具”来提升效能，降低门槛。第二在服务侧，平台重点串联技术大市场的技术经纪人、专家团队、科技管理人员等三类角色，以提升科技服务中数字管理能力的维度，将经纪人的需求表达、业务工单、专家工作记录、数据管理权限、统计分析模型等按照标准化流程进行记录和推进，进而从外部管理上保证技术经纪人和企业的服务过程更加流畅，过程有据可查，未来决策有数可考。

技术转移服务平台的总体流程和应用架构，如图 5-25 所示。

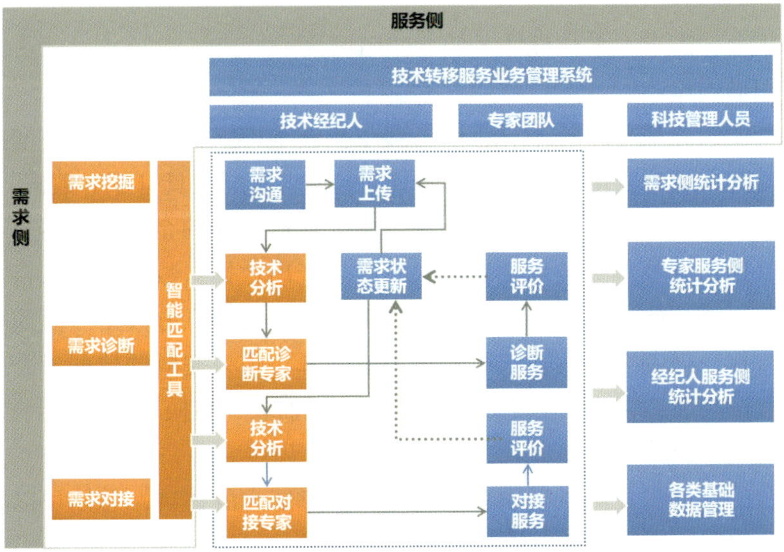


图 5-25　基于知识图谱的技术转移服务平台的总体流程和应用架构

建立基于知识图谱的技术转移服务平台，从业务逻辑上重点解决两大问题。一部分以“需求链”即“需求挖掘—需求诊断—需求对接”为基础，将知识图谱的智能匹配工具实现嵌入，每个环节需要专家介入，工具的核心价值在于企业的技术需求分析和专家智能推荐。技术经纪人可以通过工具化手段，直接拿到可支持专家团队的画像数据，并决定下一步的工作任务目标。另一部分是以“业务链”即“专家服务—服务评价—需求更新—统计分析”为出发点，对线上线下相结合的技术转移过程进行跟踪。

传统的技术转移服务过程中，问题、假设、思路、方案等的提出是基于经验性判断。我们设计的技术转移服务平台，一方面提供数据工具，将技术转移工作的底层基础转化为构建科技资源类的知识图谱等基础设施。另一方面将传统的信息化系统、办公自动化系统等 IT 系统，转化为技术转移服务工作台，并设计移动端应用，拓展上层应用空间。

综合来说，技术转移服务平台将遵循“数据汇聚治理—知识图谱构建—搭建技术服务平台”的实施路径。工具端重在知识图谱构建和算法能力建设，业务端重在业务系统建设，多终端适配等技术手段的综合处理。

### （二）应用场景

基于上述需求，平台设计了如下应用场景。

1. 图谱构建

平台要想完成传统技术转移服务线下到线上模式的转化，需要解决数据采集渠道和方式的变化，为建立数据驱动的需求匹配工具打下“数据”基础。

基于知识图谱的技术转移服务平台需要存储实时的企业技术需求、专家团队的基础信息及相关技术领域的科技成果产出数据，数据可以来自企业提交的表单、调查问卷、公开信息，还可以与可信的第三方数据厂商或科技出版机构合作，得到客观真实的第一手科技资源。采集完成的数据，需要经过深度的数据整理，完成结构化加工，经历知识抽取、转换才能加载到数据库，最终映射成知识图谱。

平台的图谱构建场景是系统后台运营支撑能力的体现，总体可以分为数据采集、数据治理和图谱生成，如表 5-10 所示。

表 5-10 平台图谱构建场景分类

| 业务场景 | 具体内容 |
| --- | --- |
| 数据采集 | 通过表单录入或批量导入方式，包括但不限于企业技术需求、专家团队的基础信息及相关技术领域的科技成果产出等数据 |
| 数据治理 | 完成基本的数据清洗，包括检查数据一致性，处理错误值和格式化等，以保证提取数据的有效性及后续操作的便捷性 |
| 图谱生成 | 将治理好的数据结合知识图谱的概念设计，通过加载或导入工具完成图谱数据的生成和存储 |

2. 供需匹配

供需匹配场景是基于知识图谱的技术转移服务平台的核心，它为技术经纪人用户提供了脱离经验判断，只依靠数据、证据的专家推荐功能。平台封装的推荐引擎模块，根据专家的产学研成果数据，分析专家研究方向和企业需求的技术领域匹配程度，通过计算技术领域的相关性及诸如历史合作数据等其他特征实现个性化推荐。

技术经纪人可以按企业技术需求推荐的专家名单，对不同的专家进行技术对比，进而判断专家和企业的匹配度，并进一步完成需求的诊断和对接等相关操作。

由于技术经纪人在技术市场工作的时间、经验、知识储备等限制，水平参差不齐。为了更好地适应技术经纪人的使用习惯，供需匹配场景设计了多种匹配用例，如表 5-11 所示。

表 5-11 供需匹配用例

| 匹配类型 | 适用范围 |
| --- | --- |
| 定向检索匹配 | 适用于能够自行拆解企业需求，并进行技术点逻辑组合的资深经纪人 |
| 技术点组合匹配 | 适用于有具体企业需求，但不太能看懂需求，不熟悉具体技术含义的初级技术经纪人 |
| 需求语义匹配 | 适用于有具体企业需求，但看不懂需求的跨行业技术经纪人或小白技术经纪人，通过对需求文本的语义整体分析，推荐专家团队 |

续表

| 匹配类型 | 适用范围 |
| --- | --- |
| 产业链图谱匹配 | 适用于没有具体企业需求，但了解服务企业的相关产业或产品的初级技术经纪人 |
| 专家画像 | 按照技术需求匹配专家，会从基本信息、研究方向、人物背景、产学研合作、项目奖励、论文专利等维度进行展示，为技术经纪人提供判断专家合作匹配度判断依据 |
| 企业画像 | 按照技术需求匹配企业，从基本信息、核心技术产出、技术骨干清单、研发合作关系、产品业务领域等维度进行展示，为技术经纪人提供判断企业竞争关系或合作关系匹配度的判断依据 |
| 数据接口 | 平台的供需匹配和实体画像功能，能够为第三方提供数据服务 |

3. 需求跟踪

技术转移服务是一个多角色、长周期的服务，为了保证更好的服务效果，定期的需求跟踪、记录要确保需求挖掘后，数次的需求诊断和对接工作都能够有据可查。数据保存在线上，既能够为技术经纪人提供一个从挖掘到对接的漏斗模型，又能为其他授权经纪人提供需求池的共享机制。

综上所述，需求跟踪场景包含以下用例：需求挖掘、需求诊断和需求对接，如表 5–12 所示。

**表 5–12　需求跟踪场景用例**

| 业务场景 | 具体内容 |
| --- | --- |
| 需求挖掘 | 与企业用户访谈，获取企业的技术需求信息，并梳理出需求内容、技术领域、项目规模、时间要求等信息，填写到系统中 |
| 需求诊断 | 技术经纪人通过供需匹配工具，从推荐的诊断专家清单中选择合适的人选，与企业进行再次访谈交流，进一步获取需求的真实性、紧迫性、上下游的技术链等信息，并上传到系统 |
| 需求对接 | 技术经纪人通过供需匹配工具，从推荐的对接专家清单中选择合适的人选，与企业进行再次访谈交流，以求对诊断后的技术需求确定解决方案，并跟踪最后的结果，每次对接的信息记录到系统 |

4. 业务管理

业务管理是对参与技术转移服务的专家和经纪人的工作过程和结果的反馈与跟踪。技术经纪人对企业需求的诊断和对接工作，离不开专家团队的支持，为更好地筛选出技术水平高、责任心强的专家团队，平台设计专家评价机制。同时，为提升技术市场的数字化管理水平，平台也将经纪人记录提交的需求跟踪数据进行统计，输出可视化图表供个人和管理者参考决策。

业务管理场景包含以下用例：专家评分、统计分析，如表 5–13 所示。

**表 5–13　业务管理场景用例**

| 业务场景 | 具体内容 |
|---|---|
| 专家评分 | 技术经纪人与专家一起与企业用户访谈，完成需求诊断或者对接活动后，如实记录专家技术、专家态度、响应时间，填报到系统中 |
| 统计分析 | 平台基于累计的需求挖掘、诊断和对接数据，为单个经纪人或平台总体企业服务情况输出统计分析报告，包括按时间和人名统计需求挖掘总数、诊断总数、对接总数，并输出月度柱状图、排行榜、漏斗图等 |

## 二、基于知识图谱的技术转移服务平台的详细设计与实现

本章节将对基于知识图谱的技术转移服务平台进行概要设计，按逻辑架构、技术架构和功能模块设计展开。平台将面向宁波技术大市场的企业服务需求，建立汇聚本地和商业数据库厂商的科技活动、科技产出数据，制定数据服务接口规范，形成知识图谱的底座支撑，将供需匹配、需求跟踪等工作内容在线化，实现企业服务和市场管理职能相结合，促进企业技术评估、商业计划落地等业务的提速增效。

### （一）架构设计

平台采用三层架构体系，分为应用表现层、业务逻辑层和数据持久层，如图 5–26 所示。

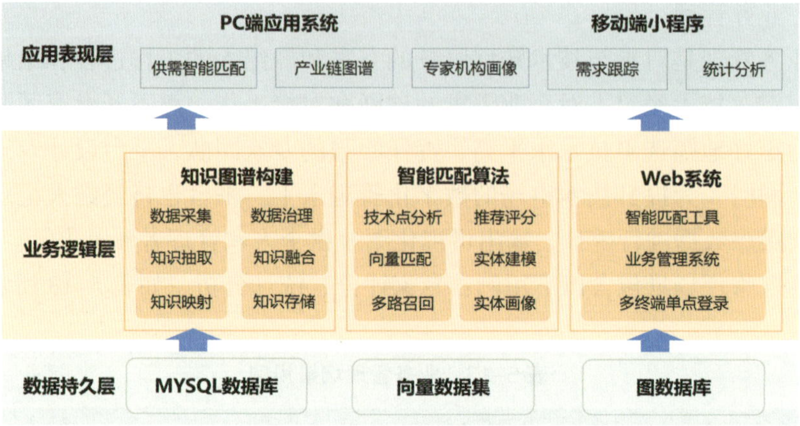


图 5-26　系统技术架构

应用表现层主要负责处理用户的交互操作和结果展示，包括供需智能匹配结果展示、产业链图谱页面展示、专家机构画像、需求挖掘诊断等交互界面展示。业务逻辑层涵盖系统主体功能，接收来自表现层的请求，并调用数据持久层提供的数据，具体内容包括知识图谱构建、智能匹配算法和 Web 系统用户操作处理的业务实现。数据持久层对原始的科研主体数据、知识图谱数据、节点向量数据、用户运营产生的过程数据进行存储，结合不同数据的各自特点和用户采用不同的数据库技术。

### （二）功能设计

根据系统需求分析及系统体系结构设计，基于知识图谱的技术转移服务平台被划分为知识图谱构建模块、匹配算法模块和 Web 应用系统 3 个模块，如图 5-27 所示。

Web 应用系统的后端应用分为供需匹配、业务管理两个部分。供需匹配根据用户的不同匹配请求，获取相关数据并在处理后进行展示，包括获取供需匹配结果、匹配清单报告生成、专家画像、企业画像、产业链画像等。业务管理是指系统提供的与企业技术需求对接流程相关的数据交互功能，包括企业需求挖掘、诊断、对接记录的增删改查、专家入驻、需求发布、工作统计等，功能模块划分如图 5-28 所示。

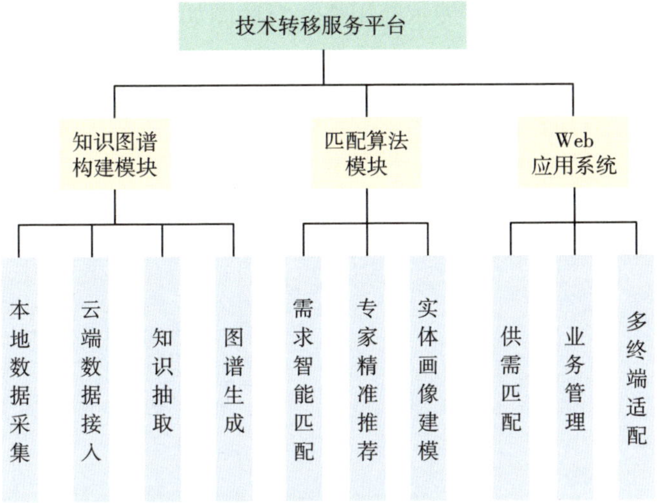


图 5-27 技术转移服务平台模块

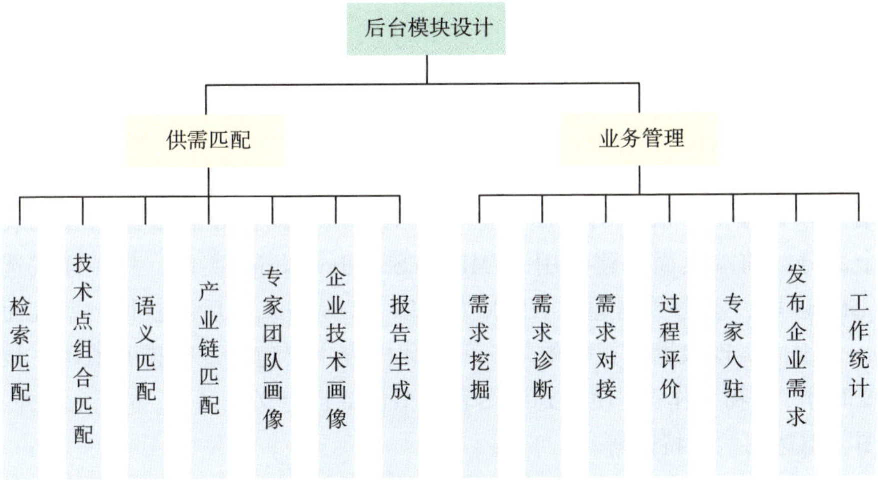


图 5-28 后端应用模块

以专家画像结果为例：首先，用户选择人物的姓名，后端接收到请求后从数据库中获得专家团队基本信息、合作作者、科技成果产出等数据。其次，分析团队技术领域的关键词和合作关系网络，并根据科研成果发表的时间分析团队的技术领域演变。最后，将计算的结果格式化后返回到前端，由前端进行数据可视化渲染，最终展示给用户，时序图如图 5-29 所示。

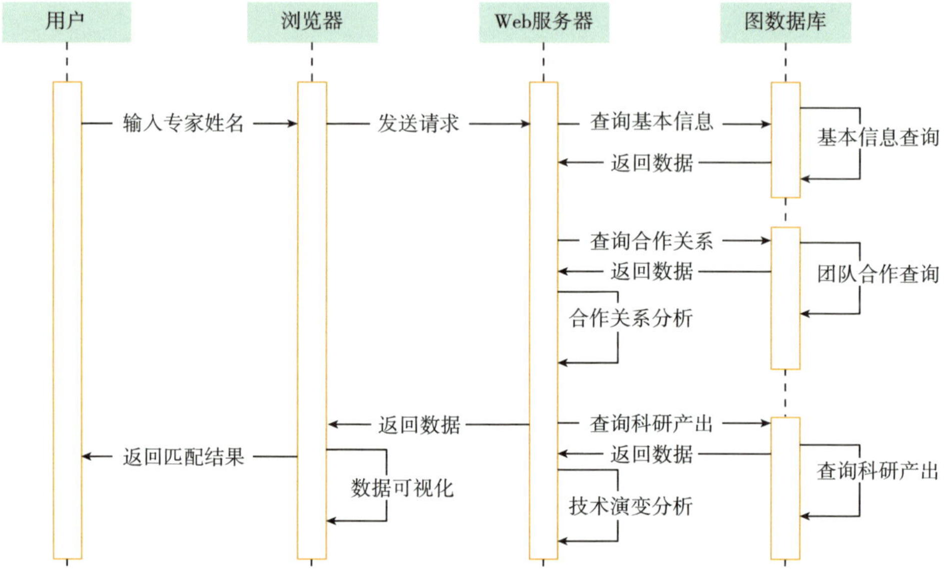


图 5-29　供需匹配时序

数据可视化是 Web 应用的前端交互部分，为用户提供查看校企合作推荐结果和管理工作成果的界面，主要包括前端页面搭建和数据图表化展示两个部分。前端页面搭建使用 HTML5+CSS3+JavaScript 实现，前端样式选择 Bootstrap4 库，动态数据通过 AJAX 方式以 JSON 格式从后端获得。系统使用 Echarts 组件实现数据可视化效果，可视化内容主要包括专家推荐清单、技术演变时序、人物合作等，使用到的图表类型包括自定义关系图、词云、堆叠图、树图、雷达图、甘特图等。

系统前端的多终端适配问题是指在不同设备上（如手机、平板电脑、电脑等）保持应用程序界面和用户体验的一致性，需要考虑不同设备的屏幕大小、分辨率、触摸方式等因素，以确保用户能够舒适地使用应用程序。平台在开发过程中采用如下适配方法，来实现同一套后台管理和多终端数据同步和交互界面的适配。

响应式设计：响应设计是一种基于网页技术的多终端适配方法。它可以根据设备的屏幕大小和分辨率，自动调整页面布局和元素大小，以确保在不同设备上显示良好。

流式布局：流式布局也是一种基于网页技术的多终端适配方法。它通过设置百分比单位来实现元素相对于父容器宽度的自适应变化。这种方法可以在不同设备上保持页面结构稳定，并且可以随着屏幕大小变化而自动调整元素大小。

移动优先设计：移动优先设计是一种注重移动设备优化的多终端适配方法。它强调在开发过程中首先考虑移动设备，并采用简单明了的设计风格和易于操作的交互方式，以提高移动设备上的用户体验。

自适应布局：自适应布局是一种通过媒体查询和 CSS 样式表来实现多终端适配的方法，可以根据不同设备的屏幕大小和分辨率，选择不同的样式表，并调整元素大小和位置，以保持页面在不同设备上显示良好。

通过上述技术策略的组合运营，平台进行充分测试和优化，以确保在各种设备上都能提供良好的用户体验。

### （三）主要服务

平台正常启动后主要有首页、检索匹配、需求导航匹配、语义匹配、产业链匹配、个人中心、需求发布、专家入驻等页面。页面搭建使用 HTML5 + CSS3 + JavaScript 实现，采用通用搜索引擎和个性化推荐相结合的页面风格，以期达到简明流畅的用户体验。

1. 定向检索匹配

用户在登录基于知识图谱的技术转移服务平台 PC 端后，可以在搜索框中输入研究方向、机构名称、专家姓名，检索相关技术领域的专家（图 5–30）。

图 5–30　首页检索

2. 技术点组合匹配

用户可以通过输入需求，系统拆解需求文本的关键技术词，用户借助逻辑运算符对关键技术点进行组合，获取更加精准的匹配结果（图 5–31）。

图 5–31 需求导航匹配

3. 文本语义匹配

技术经纪人直接输入技术需求文本，系统智能解析，提取出关键技术点，并推荐出与技术文本最相关的前 50 个专家（图 5–32）。

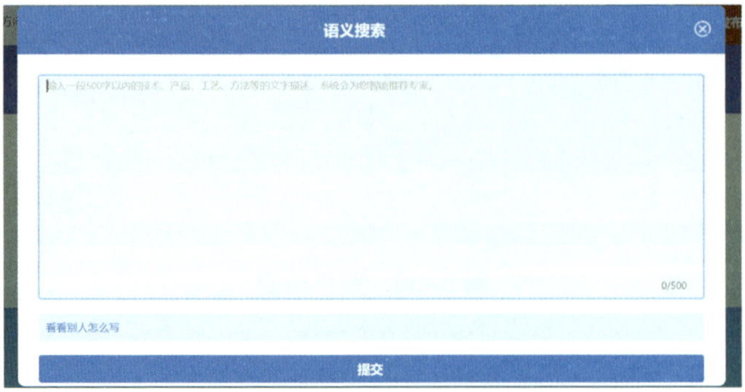


图 5–32 需求导航匹配

4. 产业链图谱匹配

平台梳理出相关产业链，深入挖掘与其配套的本地、区域及全国人才链、企业连、创新链的多源创新要素（图 5–33）。

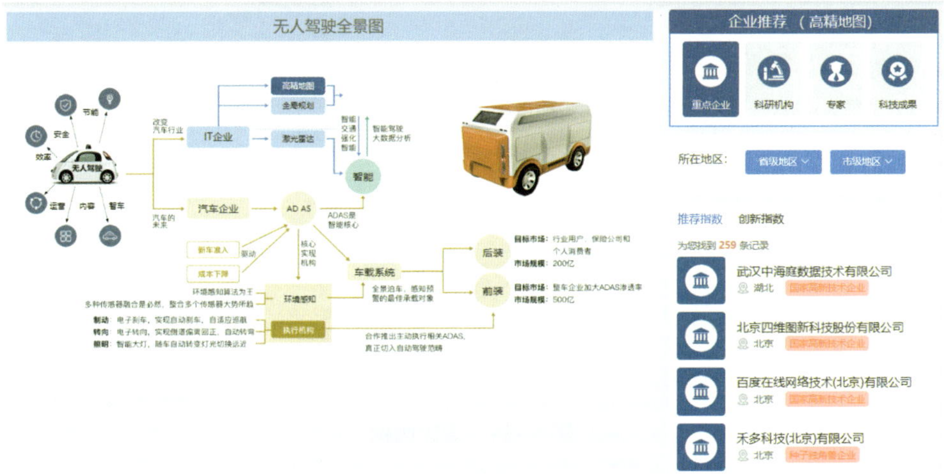


**图 5–33　产业链图谱匹配示意**

5. 专家画像

平台从专家的个人科研背景、研究领域、产学研合作、项目奖励、论文专利等多个维度以可视化和成果清单的形式，对专家的科技创新和技术转移服务能力进行画像，用“图文 + 数据”的客观结果帮助技术经纪人快速了解专家的科研状况，获得参考性线索，进而与企业开展高效联系对接工作（图 5–34）。

图 5-34　专家画像

本书实现的供需匹配系统通过企业和高校专家专利数据分析其技术领域，结合专利数量、发表时间及专利权状态，分析其技术水平，并且综合历史合作数据，最终实现为企业推荐技术领域相关且有一定技术水平的高校专家的功能，帮助技术经纪人完成促成校企合作的工作。而且在此过程中，对企业技术需求的描述准确度没有过高的要求，相对于现有系统而言是一种有效的补充，在为企业匹配高校专家的问题上，帮助技术经纪人更好地完成工作。

本书结合技术转移服务机构数字化转型的自身要求，设计平台和服务支撑数字经济环境下的技术转移新模式——“供需对接工具化”和“服务流程数字化”，即以知识图谱技术构建数智化的工具，实现企业需求与高校技术研发团队的智能匹配，帮助技术经纪人利用数据分析工具挖掘技术转移线索，缩短企业与专家型人才的对接周期；以规范化的流程记录技术转移关键节点，生成服务需求漏斗，推动技术转移全生命周期的数字化管理。

目前，本书中实现的供需匹配工具和需求还有一些不足。首先，本书中的基础图数据结构是保持稳定不变的，对大规模数据的采集和维护需要一个更复杂的系统进行维护。其次，团队成员共享成果可能会导致推荐的结果大多属于同一团队，会出现重复推荐的情况，知识图谱构建过程需要优化团队核心节点，集中团队成果、代表整个团队的方案，既能减少同一团队成员重复出现的问题，也能提高团队被发现的可能性。最后，虽然大模型能够提供自助式的智能匹配工具，对技术转移服务会更合适，但目前还是黑箱模型，给出答案的依据是概率模型。如何利用KG的可解释性优势，用知识驱动大模型，在训练阶段，将结构化的高质量知识与大模型结合起来；在推理阶段，整合知识库以检测和减少知识错觉，提高输出结果的可靠性，也是未来探索的新方向。

# 第六章

# 基于知识图谱技术转移创新与实践

## 第一节　生产力促进中心服务体系构建

### 一、生产力促进中心简介

科技中介服务组织是指为科技创新主体提供社会化、专业化服务，以支撑和促进创新活动的机构。我国科技中介机构大多产生于20世纪80年代，从功能上大体可划分为三类：一是直接参与服务对象技术创新过程的机构，包括生产力促进中心、创业服务中心等；二是主要利用技术、管理和市场等方面的知识为创新主体提供咨询服务的机构；三是主要为科技资源有效流动、合理配置提供服务的机构。

科技中介在促进我国经济发展方面发挥着日益重要的作用，越来越受政府重视。近20年来，为推动科技中介机构的发展，我国政府采取一系列措施，使之已经具备了相当的基础。科技中介机构正在迅速发展壮大，功能日趋多样化，为我国科技创新和科技成果产业化作出了重要贡献。

生产力促进中心是政府扶持中小企业创新的不以营利为目的的中介技术服务机构。在二十世纪五六十年代，我国的台湾、香港地区及新加坡、日本等国就依法成立了这类公益性的非营利机构，亚洲已有19个国家和地区建有此类机构，欧美国家一般也在政府的支持下建有促进中小企业科技进步和创新的机构。我国内地借鉴国际上的经验，于1992年7月经原国家科委批准，在山东省威海市科技情报所基础上成立了全国第一家生产力促进中心——山东省生产力促进中心。之后经过十年的发展，全国已成立800余家生产力促进中心，其中国家示范中心65家，从业人员超过1万人，资产总额超过30亿元，为5万余家企业提供各类服务。生产力促进中心已成为连接科技界和经济界的桥梁和纽带。

生产力促进中心是我国在深化科技体制改革过程中创立的与国际惯例接轨的新型技术创新与社会化科技中介服务机构，是国家技术创新服务体系的重要组成部分。其宗旨是背靠政府，面向企业，组织社会科技力量，为广大中小企业提供综合配套服务，协助其建立技术创新机制，增强技术创新能力和市场竞争力，从而提高社会生产力水平，使经济发展保持旺盛的活力。1995年，中共中央、国务院在《关于加速科学技术进步的决定》中明确，“要建立、健全为中小型企业提供技术、信息服务的生产力促进中心等技术服务机构”。

## 二、宁波市生产力促进中心

1999年4月，宁波市生产力促进中心经科技部和宁波市人民政府批准成立，单位性质为基于政府立场的公益性、非营利性科技中介服务机构。宁波市生产力促进中心的组建，是为建立和完善宁波市中小企业技术创新服务体系，背靠政府、依托科技、面向企业的新型社会化科技服务机构。它在政府的引导和支持下，按照政府的发展战略和目标，动员社会科技力量为产业创新提供服务，致力于提高中小企业技术创新能力的社会公益性组织，是社会主义市场经济条件下社会中介服务体系的重要组成部分。宁波市生产力促进中心的建立不仅健全了科技创新体系，还进一步完善了全市中小企业服务体系。

2001年，宁波市生产力促进中心被国家科技部评为国家级示范中心，被浙江省科技厅授予浙江省第一批科技创新示范中心。2006年，宁波市科技开发中心、宁波市对外科技交流中心、宁波市技术交易中心和宁波市生产力促进中心4家事业单位合并，组建了新的宁波市生产力促进中心（简称“中心”），同时增挂宁波市对外科技交流中心牌子。2013年，中心受宁波市科技局委托，承担了科技金融服务业务，增挂宁波市科技金融服务中心牌子，并组建成立宁波市天使投资引导基金有限公司。

2015年，通过承担国家科技支撑计划“基于云服务的科技集成服务平台关键技术研发与应用示范”子课题“一站式科技服务关键技术研发及应用示范”，宁波市生产力促进中心有效集成科技服务资源，以线上线下结合的方式开展咨询、培训、科技金融、技术交易、知识产权管理规范贯标咨询等科技管家服务。通过科技管家服务，提升中小科技型企业的科技成果转化和自主创新持续能力，加强中小企业的可持续发展能力和市场竞争力。科技管家服务应用示范采用服务成果示范、区域服务示范、专家咨询团队、合作机构示范、个人科技管家示范相结合的方式，形成可复制、可推广的一站式科技服务业态。其服务载体如下。

### （一）宁波市生产力促进中心

中心主要业务为协助做好科技计划项目管理工作，承担宁波市行政服务中心科技分中心相关服务职能；协助做好科技型、高新技术企业培育和创新创业孵化平台管理服务等高技术产业培育发展工作；协助做好技术市场体系建设，做好科技成果转移转化服务工作；协助做好科技金融服务体系建设，配合做好科技金融服务平台管理和宁波市天使投资引导基金等投融资工作；协助开展科技创新资源综合管理服务，开展大型仪器设备共享服务；开展企业科技创新创业服务。

### （二）宁波市升力同创科技咨询服务有限公司

宁波市升力同创科技咨询服务有限公司由中心受托监管，背靠宁波市政府，依托中心平台优势，聚集广泛的服务资源，提供技术转移、成果转化、企业技术创新需求（难题）对接、科技创新体系建设和科技项目评审验收等综合性科技服务。公司在科技创新服务领域方面具有丰富经验，拥有一支覆盖全门类的科技创新服务人才队伍，长期与相关领域专家合作，面向企业开展企业科技创新体系构建、科技创新项目辅导、科技信息推广、技术合作及转移等咨询服务。

### （三）宁波市天使投资引导基金有限公司

宁波市天使投资引导基金有限公司主要承担宁波市天使投资引导基金的日常运行与管理。宁波市天使投资引导基金总规模50亿元，投资模式包括种子直投、初创跟投、天使子基金。经过 10 年运营，目前基金管理团队承担宁波市天使投资引导基金、宁波市知识产权运营基金、宁波市科技信贷风险池基金、宁波市知识产权质押融资风险池的日常管理和运营。

## 三、服务平台建设

### （一）宁波科技大市场服务平台

建设宁波科技大市场服务平台是宁波市深入实施创新驱动发展战略，推动经济提质增效升级的具体要求，有利于加快宁波市科技服务业发展，推动科技创新和科技成果转化，促进科技经济深度融合，是实现科技创新引领产业升级、推动经济向中高端水平发展的关键环节。

2015 年，根据《市发展改革委关于同意宁波科技大市场服务平台建设项目实施方案的复函》（甬发改审批〔2015〕624 号），宁波市科学技术局实施了科技大市场服务平台建设项目，项目由宁波市科技局牵头，具体委托市科技局下属自收自支事业单位宁波市生产力促进中心负责承建，并于 2016 年 12 月 21 日建成且试运营开业。

宁波科技大市场按照“展示、服务、共享、交易、合作”功能设定，着眼“小核心大网络”，着力互联网支撑下的“全方位布局 + 多元化路径 + 精准化服务”网格式的技术市场发展促进体系。大市场由科技大市场网站和科技大市场综合大厅两部分组成，即“一网一厅”。科技大市场线上平台宁波技术交易网汇集宁波本土企业、市内外高校院所、科技服务机构在设备、技术、成果、资金等方面的科技资源，为企业科技创新、推动产业发展搭建科技资源信息交流和服务平台。同时，实现门户网站数据库与现有科技服务平台数据库联通，提供更便捷的线上服务。科技大市场综合大厅让企业及社会各界人士更直观了解科技服务工作，更便捷享受科技服务，以有型的大市场形式展示无形的科技服务工作，同时提供一站式服务。大市场日常管理和总体运营由宁波市科技局委托宁波市生产力促进中心承担，具体业务对接由专业化服务机构宁波市升力同创科技咨询服务有限公司执行。

大市场构建了多层次的技术转移服务体系，形成了“1+12+9+7”服务网络，以专业化机构宁波升力同创为核心，协同各区县（市）科技部门建设 12 个分市场，依托塑料、磁性、智能制造、铸造等协会、商会建设了 9 家专业市场，线下服务大厅引进入驻机构 7 家，分领域、分行业为企业提供精准的解决方案，基本建成覆盖全市服务范围的网格化技术转移服务体系。

服务队伍方面，大市场在宁波市高校、研究院所、科技型企业内筛选出有一定应用研究基础并有与企业合作经验的人员作为专家型技术经纪人，形成 442 人的专业服务队伍。深度参与企业难题诊断，大幅提高技术转移效率，成为技术转移和成果转化服务的中坚力量。

针对宁波以生产型民营企业为主，研发力量弱、技术需求多的特点，发挥区域站点的辐射作用，深入企业挖掘技术需求，重点帮助企业明确需求的核心技术点及关键技术指标。制定技术需求信息挖掘标准，保证企业提交的技术需求真实性和有效性。依托宁波市专家型技术经纪人的技术优势，做好现场技术需求诊断服务。

通过以企业技术需求为导向的全流程、标准化的技术转移服务，帮助企业解决技术瓶颈，促进产学研合作。多渠道开展技术转移对接服务，寻找潜在合作团队。利用科技查新、文献检索等大数据平台检索分析结果，开展定向精准邀请有技术需求前期研究基础的研发团队。同时发挥“科创帮”“迈科技”“浙大宁波技术转移中心”等市内外知名的专业技术转移机构作用，多方合作，开展更广泛的解决方案征集。

### （二）科技金融服务平台

科技金融服务平台为创新型初创企业与天使投资机构（人）之间搭建公共对接平台，助创新型企业实现快速融资，引导天使投资引导基金和银行等金融机构加大对创新初创企业的融资支持力度，引导社会资金投资科技产业，促进科技和金融结合。天使投资引导基金总规模 50 亿元，目前到位资金 4.86 亿元。截至目前，天使投资引导基金累计投资宁波市初创企业 355 家，合同金额 37 320.22 万元，累计放款 318 家，共计金额 33 245.28 万元，直接撬动社会资本 20.86 亿元，直接放大倍数 5.6 倍。

## 第二节　技术转移组织与推进体系

科技成果如何迅速转化为生产力是一个全球关注的问题，技术转移是其中的重要渠道，是实现创新主体向企业过渡的重要手段，是企业增强核心竞争力的重要途径。推动科学技术发展，并实现经济、社会双重价值的重要方式，是实现科技成果转化的重要手段，是我国实施创新驱动的发展战略。我国从 20 世纪 80 年代开始推进成果转化、技术转移服务，通过政府主导建设、政府支持市场化运营和市场自发建设平台等方式，为企业提供需求挖掘、诊断分析、技术搜索、技术评估、对接撮合等技术转移服务。其中，各级各类的科技大市场平台就是一个典型例子，通过引进从事技术转移、咨询评估、投资融资、知识产权等科技中介机构入驻，形成一站式创新服务链，初步实现实体技术市场与网上技术市场功能的互补。

技术转移服务位于技术转移网络供需双方的中间节点，可以加速技术信息、科技资源的流通。基于互联网的在线对接与交易平台构建了跨越时间空间、汇聚海量信息的技术转移服务模式，可以降低技术转移的搜寻和交易成本。大市场成立至今，从 1.0 时代发展成 3.0 数字化时代，创新服务架构，扩充科技成果、技术需求、专利、人才四大资源库，开发智慧对接系统，建成集需求发布、成果展示、技术交易、科技金融、创新服务等功能于一体的“一站式”综合服务平台。

1.0 时代（2016—2018 年），大市场坚持以需求为导向的科技成果转移转化。针对宁波以生产型民营企业为主，技术需求多的特点，重点开展以企业技术需求为导向的全流程、标准化的技术转移服务，建立“需求挖掘→现场诊断→大数据分析→需求推送→精准对接→在线交易”线上线下融合服务模式，帮助企业解决技术瓶颈，促进产学研合作。

从 2.0 时代（2019—2021 年）开始，大市场牵头组建宁波市科技创新与产业应用联盟，依托全市 163 家高校、科研机构、产业技术研究院创新资源，同时组建专家型技术经纪人团队，开展成果需求双向对接。建设宁波市国家技术转移人才培养基地，通过规范化、制度化培养宁波市技术转移从业队伍，构建宁波市技术转移人才培训体系，培育打造甬城技术转移成果转化服务中坚力量。

3.0时代（2022年至今），为适应技术要素市场发展面临的新形势新要求，大市场着力推进数字化改革，以数字化改革撬动技术要素市场改革，建设智慧技术交易市场。2022年9月27日，宁波科技大市场3.0正式启用，创新底层架构、扩充成果库、需求库、专利库、人才库四大资源库；开发智慧对接系统，提升对接转化效率和智能化、精准化程度；打造区县市大市场子平台，满足个性化需求。通过迭代升级，着力搭建一个集成果展示、需求发布、技术交易、科技金融、创新服务等功能为一体的“一站式”综合服务平台。

宁波科技大市场技术转移工作的特色主要有以下几点：一是多层次服务机构布局，通过分市场和专业市场的建设，多级联动、协同合作，实现科技创新服务的有形覆盖和有效覆盖相统一；二是多类型服务队伍建设，打造来源于高校院所及科技型企业研发生产一线的专家型技术经纪人队伍，通过小核心建设大网络，充分利用社会资源，用有限的投入解决核心服务人员短板，满足专业性和技术性都有要求的复合型人才需求；三是立足“需求端”，坚持需求导向，紧紧抓住企业是技术创新主体这个“牛鼻子”，推动创新要素向企业集聚，促进产学研深度融合。

自宁波科技大市场成立以来，累计发布技术需求9568项，发布科技成果102 897项，促成技术合同1036项，成交合同金额9.55亿元。在大市场的引领带动下，宁波市技术市场活力不断增强，技术交易量实现持续跨越式增长，2022年技术交易额达515.89亿元，同比增长61.5%，年均增长率达50%。

大市场技术转移工作获得国家有关单位和协会的高度评价和充分肯定，被评为国家优秀技术转移示范机构；第二批国家技术转移人才培养基地；被中国技术市场协会确认为在技术市场中作出突出贡献的集体，并获得中国技术市场协会金桥奖集体奖第二名；中央电视台新闻联播栏目以《浙江宁波：科技引领　助力高质量发展》为题，用2分40秒的篇幅对宁波科技大市场进行了专题报道。科技大市场的工作得到了国家科技部和社会各界的广泛认同。

## 第三节　技术服务标准化建设

### 一、基于知识图谱的技术服务规范建设

为确保知识图谱的技术服务规范且高效，使技术需求方充分享受和体验知识图谱的专业技术支持服务，对于技术需求方的服务过程，必须用专业、统一、标准的形式加以规范，技术支持服务的规范性。通过对技术需求方所提需求的迅速响应、准确匹配、有效对接、方案商榷、达成合作、项目验收等各个工作环节的有效及时完成，达到并提升技术需求方满意度，形成知识图谱智能匹配服务品牌，增加并提高该服务模式的竞争力。

在提高并完善技术服务的同时，对内稳定健全知识图谱系统结构，细化并规范服务支持流程，全面提高技术服务能力，对外清晰加强对技术需求方的支持能力，以达到提高整体工作效率的目的。

知识图谱的技术服务规范将全流程贯穿整个服务流程。随着后续支持平台增广、服务项目增多、变化增大，整体服务范围也会扩充，在现阶段我们必须尽快地稳定健全知识图谱的技术服务规范，以适应知识图谱技术服务的规划与需要。宁波市生产力促进中心在基于知识图谱技术转移模式的研究与实践过程中，完成了相关行业标准研制。

#### （一）服务范围定义

面向技术转移智能匹配服务确立服务对象和服务原则，提出服务要求和服务内容，描述服务流程、服务保障和监督。适用于技术转移服务过程中的智能匹配服务提供与服务保障。

服务对象：①技术需求方。企业在生产过程中遇到企业自身不能解决需寻求外部力量协助的问题。②技术提供方。各高校、研究所、各类企事业单位可以在自身领域中提供相关技术支持的团队与组织。

服务内容：对技术需求方所提需求的响应、匹配、对接、商榷、合作、验收等服务。

服务例检：主要用于服务流程内定期进行例行检查，包括供需双方合作进度，知识产权归属、合作后续服务完善等。

顾问服务：需求全过程咨询，需求解决方案设计，供需双方技术交流。

### （二）服务对象定义

技术转移智能匹配服务平台的服务对象为技术转移服务机构、技术经纪人。

### （三）基本服务原则

知识图谱服务需贯彻落实以下 4 项原则：真实性原则、公正性原则、公开性原则及权利保护原则。技术转移服务机构 / 技术经纪人应确保技术需求方和技术供给方所披露的各项信息真实、可信，如有虚假信息将被追究相关责任。技术转移服务机构 / 技术经纪人应公平、公正地对待服务过程中涉及的任何角色与流程，充分发挥居中协调作用，促进技术服务顺利进行。技术转移服务机构 / 技术经纪人应全面、及时和准确地告知技术需求方和技术供给方技术转移智能匹配服务平台的服务内容、服务流程、收费方式、服务保障等基本情况和服务过程中应披露的各项信息，并确保信息真实性，不得有任何形式隐瞒或修改双方意图的行为。技术转移服务机构 / 技术经纪人应尊重和保护技术需求方和技术供给方的知识产权，对于技术需求方和技术供给方双方的技术秘密和商业秘密承担保密义务，充分尊重技术供需双方对知识产权的分配与规划，未经许可情况下不应泄露给第三方。

### （四）服务基本要求

技术转移智能匹配服务平台的信息采集和信息披露应符合数据安全和隐私保护领域有关法律、法规及政策要求，不得通过该平台散播任何有损国家声誉的言论，不得散布虚假宣传表现的图片和视频，不得散布传播政治谣言。如有发现将对相关账号及所属机构永久封停。应坚持智慧应用，优质服务，诚实信用的指导方针，坚持把社会效益放在首位，为需求对接提供服务，最大限度满足技术需求方与技术供给方的需求，力求令双方得到满意的结果。平台具有收集、识别、智能匹配技术信息的能力，协助技术经纪人分析相关技术核心内容与便捷匹配相关技术专家，后续工作节点记录，提高工作效率。以相应算法辅助人工完成技术信息的真实性、准确性和可靠性审核，并确保技术项目披露信息的合法性，也会对技术提供方的专家技术团队进行资格审核、成果考察团队综合实力评估等，确保专家团队可以很好地符合本需求所需技术方向。

（五）服务内容划分

知识图谱智能匹配服务内容根据需求阶段的不同，通常分为“需求挖掘—需求诊断—专家对接”3个步骤。

挖掘阶段服务内容：主要为技术经纪人在企业生产过程中对技术需求进行挖掘的服务内容，包括但不限于提出技术需求领域和专业方向、描述技术需求的主要内容和关键词，整理技术需求信息的清单与列表明细、描述前期研发基础（前期研究开发概况、人力、资金、设备等投入情况）、所需达到的技术目标（指标参数）等；技术需求信息的收集与筛选：描述技术需求的迫切程度、预期成果交付形式（技术解决方案、仿真分析模型、数据库、专利、论文及文献等数据库、实体交付物等）、预期合作方式（委托开发、合作开发、技术转让等）、预期投入研发成本范围（含委托研发费用）、预期研发时间范围、确定技术关联保密内容和保密期限等。

诊断阶段服务内容：主要为技术经纪人或技术转移机构在挖掘服务内容与关键词后，组织相关专家通过其专业知识对该需求进行鉴别与评估，包括但不限于分析判定技术需求真实性、确认技术需求迫切性、分析判定需求委托研发必要性、分析评估技术需求对接可行性、分析技术需求相关的风险责任等；再次确认收集与整理的各项技术需求信息；提炼技术需求所涉核心技术内容、指标及关键词。

对接阶段服务内容：主要为技术经纪人或技术转移机构在诊断服务内容后，组织相关专家通过其专业知识对该需求进行对接，与企业需求方交流想法，提出解决方法并互相协商。主要涵盖下列要点：通过平台在线智能匹配专业对口、实力强劲的技术团队；同步线上线下结合开展匹配信息实时记录诊断与评估、线下对接、现场考察、商务洽谈、确定合作方式等；对接完成后对该次对接结果进行总结与整理，记录整理技术转移智能匹配结果、总结与推广成功案例等。

其他服务内容：技术转移服务机构/技术经纪人可根据技术转移服务过程中的实际需求企业与技术需求方实时提出的问题进行解决。提供技术经纪与代理、技术咨询与培训、技术投融资等与技术转移业务相关的其他配套服务。

### （六）服务流程定义

知识图谱智能匹配服务由技术需求方委托技术转移服务机构/技术经纪人分析、整合、发布技术需求；知识图谱智能匹配服务平台通过相应算法辅助人工评估技术需求可行性，提炼技术需求所涉核心技术内容、指标及关键词。依托专利、论文、研究报告、科技成果等信息资源，通过知识图谱智能匹配服务平台内置的分析算法，形成相关领域专家推荐列表进行匹配。技术转移服务机构/技术经纪人根据知识图谱智能匹配服务平台推荐的领域专家协作对接并促成线下沟通对接。技术需求对接的状态、过程信息被及时统计，并在技术转移智能匹配服务平台归档（图 6–1）。

### （七）服务保障和监督

服务保障：实时跟踪技术供给方和技术需求方项目对接进展情况，及时解决对接过程中遇到的问题。了解双方对智能匹配服务的满意程度；服务项目结束后，供需双方需对服务效果进行综合评价，必要时可持续跟踪技术供给方和技术需求方的后续合作。

服务监督：面向服务全过程建立服务质量监控机制，开展日常监督检查和定期评价，确保供需双方在合作过程中的权益不受侵害，服务项目结束后，应将服务资料进行整理归档并妥善保存。

服务改进：统计和记录技术转移智能匹配服务各相关方的服务反馈和社会反馈信息，并依据信息评价智能匹配服务平台各项功能的充分性、适宜性和有效性。根据分析结果，调整服务内容、服务方式，优化服务流程，制定改进措施并予以实施，提高技术转移智能匹配服务平台服务质量。

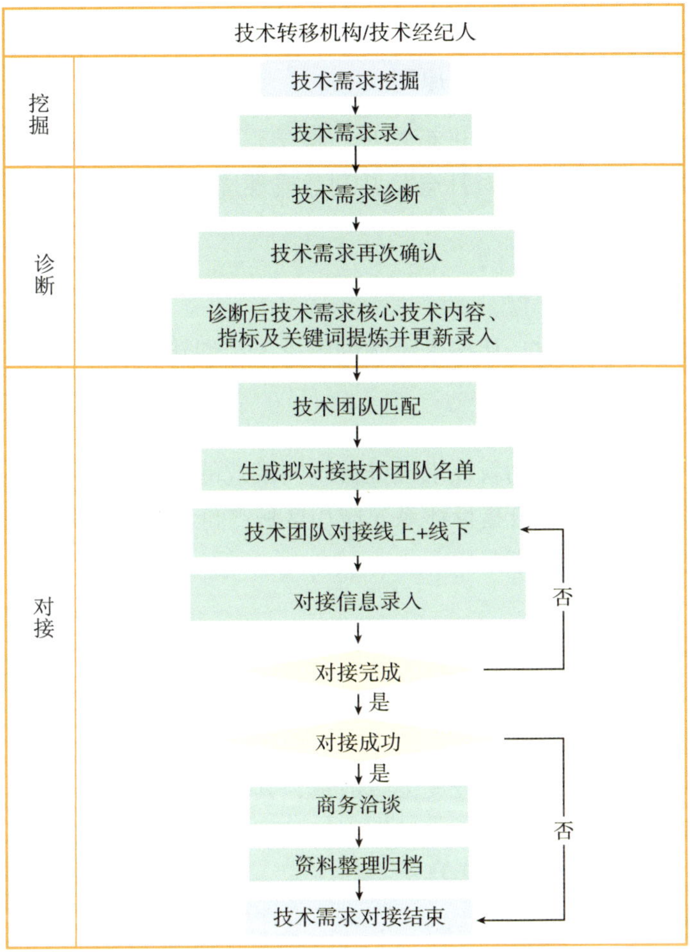


图 6-1　技术转移智能匹配服务流程

## 二、高价值区域技术成果评价规范建设

在技术转移服务中，需要对高价值技术成果技术团队评价建立可参考的规范和标准，以实现对科技成果的技术提供方进行评价，即按照用户要求，由具有相关资质的科技成果评价机构依照规定的程序和标准，组织同行专家对科技成果提供方的创新投入、创新产出等进行评价，并出具报告作出相应结论。

其中，评价原则主要包括以下几个方面。

### （一）客观、科学、公正原则

对申报成果的事实情况进行客观、科学、公正的评审和评议。违反国家法律、法规规定，有可能对社会公共利益或环境和资源造成危害的成果不予以评价。

### （二）定量定性原则

在定量评分基础上，从技术团队创新投入、创新产出两个方面进行。

### （三）分类评价原则

对不同类别的科技创新成果应进行不同模式的评价。

首先，需要建立评价指标体系，应用区域高价值技术成果提供技术团队，按表 6-1 中权重进行排序。

第一步排序指标：

①需求关键词与技术团队专业的贴近度系数。

②需求关键词在技术团队科技成果中出现的总频次。

第二步排序指标：

①需求关键词对口的科技成果总数量，其中包括专利的占比。

②需求关键词对口的科技成果发表年份评价系数。

③技术团队所在高校国内排名。

④技术团队总人数。

⑤承担国家级项目数。

⑥承担省部级项目数。

⑦参与起草行业标准数。

⑧参与起草国家标准数。

⑨国家级奖励数。

⑩省部级奖励数。

表 6-1　技术团队排序权重

| 指标 | 指标分解 | 说明 | 权重系数 |
|---|---|---|---|
| 创新投入 | 中小企业创新基金 | 承担国家级创新基金数量 | 3 |
| | | 承担省级创新基金数量 | 2 |
| | 自然科学基金 | 承担国家自然科学基金数量 | 4 |
| 创新产出 | 核心期刊 | 核心期刊发文数量 | 1 |
| | 标准 | 参与国家标准起草的数量 | 6 |
| | | 参与行业标准起草的数量 | 3 |
| | 专利 | 发明专利申请数量 | 6 |
| | | 实用新型申请数量 | 3 |
| | | 外观设计申请数量 | 1 |
| | 成果 | 国家级奖励成果数量 | 6 |
| | | 省部级奖励成果数量 | 3 |
| | | 一般成果数量 | 2 |
| 推荐方案 | Σ（每个产出的数量 × 每个产出的系数） | | |

其次，建立规范的评价程序流程。用户可自由配置指标的权重，以解决由行业不同引起评价侧重点的不同，来作为不同行业成果提供技术团队的评价依据。根据各指标的权重，为需求方提供固定的排序评价模式做选择，如应用软件类、机械零件类、新材料类、专利优先法、论文优先法等排序评价模式。分级顺序首先对“关键词贴近度”和“总频次”两个指标进行排序，权重分别是 50%，取结果的前 50 个名额。再对该 50 个名额进行“指标可配置的评价排序”或“固定权重评价排序”。评价结束后，第三方组织应在评价报告上加盖公章，并书面通知委托方，对申请资料和评价报告进行归档保存。

## 第四节　基于知识图谱的技术转移服务实践案例

知识图谱平台以企业技术需求为导向开展基于数据检索分析的主动式对接服务方面具有良好应用前景，通过前期构建基于云服务的科技成果转移转化平台，建设与运营宁波科技大市场，组建相应的服务队伍和服务机构，形成线上线下相结合的科技成果转化服务能力，聚合高端创新资源要素、加快技术要素市场发展，构建培育完善技术交易服务体系。

### 一、案例背景

20世纪90年代，象山经济是以工业为主体，建筑和海洋经济为两翼的“一体两翼”；进入新世纪，中国经济水平上升，居民生活水平提高，私家车保有量大幅度提升，截至2023年，全国机动车保有量达4.3亿辆，已跃居世界第一。因此，汽车产业成为国民经济中非常重要的支柱产业，汽模配产业是汽车整车产业的上游产业，具有广阔的市场空间优势。同时，随着新能源汽车的普及，汽模配行业还有很大的增长潜力。

象山县以汽模配产业作为工业龙头，统一谋划，抢抓发展机遇，崛起一批优秀的汽模配企业，产业保持良好的持续发展态势，形成完整的汽模配产业集群。为全县经济增长增添动能，不断拉动全县工业经济上扬，象山县也先后在宁波创建国家制造业高质量发展试验区，打造“246”万千亿级产业集群等战略部署框架下，立足汽模配产业高质量发展，加速培育“123”百亿级产业集群。

### 二、产业现状

随着近年机动车市场增长，象山县汽模配产业规模明显扩大。2020年汽模配产业产值达到138.8亿元，占全县规上工业产值21.3%，与“十二五”末相比提升2.45个百分点。主体不断增多，目前共有汽模配企业400余家，其中规上企业83家，比2015年增加了20家，贡献显著提高。2020年汽模配产业实现利税总额21.7亿元，占象山县规上利税总额比重32.6%。从业人员达到 1.25 万人，占规上从业人员比重 18.04%。“中国铸造模具之乡”“宁波市汽车轻量化特色产业园”等荣誉相继花落象山。

汽模配行业在象山县西周镇产业集群化发展明显，西周镇共有汽配企业 212 家，其中规上企业 35 家，上市公司 2 家，拥有汽模配实用性专利 205 件（其中发明专利 19 件），全国著名汽车生产厂家认定一级供应商 10 家，涵盖汽车内外饰件、汽车发动机零部件、汽车空调零部件等领域，实现“模具—汽车零部件加工”的基础链条及上下游产业的无缝对接。“宁波市汽车轻量化特色产业园”落户西周镇，空间聚集明显，集群化发展优势凸显。

2018 年 9 月，成立象山县汽模配产业联盟，强化企业间沟通交流，推动企业抱团发展、开拓市场，为政府、企业、资本三方搭建桥梁。引进机械科学研究总院南方中心、中国电科院创新分中心、航天云网等技术平台，推动汽模配产业向数字化模具技术、三维模具技术等高技术领域延伸。截至 2021 年年末，汽模配产业集群内规上工业企业拥有研发机构 357 家，其中包括省级企业研究院 3 个、省级高新技术研发中心 18 个、市级及以上企业研究院 4 个、市级及以上企业技术中心 33 个，企业博士后工作站 1 个。2020 年产业集群从业人员 11 806 人，研发投入 4.35 亿元，科技人员 1669 人。

在象山，全县已形成西周工业园区、城东工业园区、滨海工业园区 3 个汽模配重点产业区块，形成分工合理、配套健全、协作紧密的汽模配产业链。产业已集聚了模具、汽车零部件、塑料制品、数控机床、智能控制系统、工业机器人和自动化生产成套设备企业近千家。

象山县为了加速产业整合提升，将汽车零部件和模具制造合并为汽模配产业，实现上下游产业的无缝对接。

## 三、存在问题

象山县全县已形成以华翔集团为龙头的汽配产业集群。仅华翔集团在象山基地的 11 家规上汽配企业，2020 年实现产值 86.7 亿元，占整个汽模配产业规上产值的 64%，产业集群中企业间技术水平和产能效益差距大，且发展不均衡。同时多数企业产品仍处于价值链中低端，在市场供需层面仍以“性价比”为取胜关键，几乎无议价权，可替代性极强，缺少以核心技术为基础的产品竞争力。产品创新受上下游需求市场控制，无自主创新能力与渠道。

在产品营销策略上品牌意识薄弱，仍处于分散代理商制度和企业产品价格竞争的传统策略，无法与采购商形成紧密的战略伙伴关系，目前整个象山汽配产业集群仅华翔、博宇等20多家汽车零部件企业进入汽车产业链一级配套，大多数汽车零部件企业产品仍处于二、三级配套领域。

西周镇汽配产业研究与开发普遍薄弱。2021年，西周镇汽配产业投入研究与开发经费合计3.17亿元，只占行业产值2.9%，低于宁波市企业平均水平。其中有研发费投入企业仅32家，占行业规上企业数量88.9%，其中180家企业无研发费用投入，行业研发投入整体上处于较低水平。由于研发投入过少，西周镇汽配企业基本没有固定的研发人员，专业人才的结构性短板明显，特别是精密模具制造领域的高层次人才。整个西周镇汽配产业企业共拥有研究开发人员1669人，其中博士2人，硕士16人，研发人员层次较低，高层次人才缺乏。在项目研发、人才培养上没有形成有效的支撑力，不具备对新产品开发的研发能力。华翔、合力等龙头企业在区域汽车工业中地位较高，可依靠外部资源合资合作。大部分中小微汽模配企业生产条件、管理水平、技术创新能力较弱，产品高端化发展后劲不足。西周镇多数中小企业又以传统模式为主，对外合作始终保持保守态度，与外来技术团队深度合作意愿不高，导致企业在薄弱的研发能力下开发新产品的想法几乎不可能实现。同时，西周镇企业产权意识薄弱，西周镇212家汽配企业中仅有37家拥有有效专利，共648项，其中发明专利57项、实用新型专利577项、外观设计专利14项，有相当数量的专利处于无效状态，35家规上企业中有6家无有效专利。

象山县汽模配产业企业之间与宁波整车企业长期以来均未形成有效且稳定的供应关系，全市自主整车企业对零部件产业的带动作用有限。龙头企业长期面向国际市场，更倾向于服务高端车型和产品，主攻国内市场的一些企业又因生产水平低下难以满足自主品牌“高质量、低成本”的配套要求。整车厂与本地零部件企业间尚未形成研发风险共担机制，造成零部件企业之间恶性竞争，研发成本和风险进一步加大，不利于整零协同。特别是中小企业生产自成体系，难以建立企业间紧密有效的分工协作，而象山县汽模配产业企业智能化程度较低，多数工作内容需人工完成，也导致企业之间专业化分工与协作能力较弱，未能形成企业高效生产、价格联盟、多层次错位竞争局面，也难以形成发展合力。

综上所述，象山县汽配产业有较好的发展潜力，以及初具规模的产业集群，但对产业长期发展而言仍存在较多问题。因此，通过知识图谱平台为象山县西周镇汽模配企业对接技术人才、引进研发机构、建立检测中心、整合专业服务机构、搭建合作交流平台、人才培训、多机构协同创新上显得至关重要。

## 四、实践应用

针对目前象山西周汽模配产业群存在的上述问题，知识图谱平台围绕象山县汽模配产业转型升级的重大需求为背景，结合大数据分析，全面采取智能匹配模式以协助企业提高创新发展水平、产业服务能力为目标，发展、完善技术转移服务体系，不断拓展服务内涵和功能，增加技术有效供给，提高产业发展能力，从而将产业群中各企业打造成布局合理、功能齐备、作用明显、特色鲜明的汽模配产业创新服务中心，帮助西周镇和象山县的汽模配产业从制造向智造转变，从制造走向创造，为象山县经济社会高质量发展提供有力支撑。

本文以象山汽车零部件 3 家企业开展的智能匹配技术转移项目作为个案研究对象，来体现知识图谱智能匹配服务对企业技术需求解决中的重要作用。具体如下。

象山汽车零部件企业 A 位于浙江省象山县西周工业开发区，注册时间为 2004 年，注册资本 208 万元，共有专利 59 项，2022 年收入达到 4000 万元，是从事水箱、油箱、贮气筒、门扶手、车用管路、电磁阀、排气管隔热罩、门锁、座椅配件等各种汽车零部件的设计、开发、生产、销售和售后服务为一体的制造企业。多年来，公司曾向一汽、东风、潍柴、大柴、杭汽、宇通、金龙、神龙、重汽、福特等国内外汽车及柴油机制造商提供高品质的零部件配套服务。该企业属于西周镇典型的小型汽车配件制造企业，也是西周镇产业群中处于中下层具有代表性的企业，企业本身在产业中议价能力较弱，产品可替代性强，无明显竞争优势，但却具有一定的研发意识。该公司在气门室罩盖总成开发过程中，客户需要企业方提供油雾分离试验性能报告，但企业由于本身研发能力薄弱、研发底子薄，因此公司用简易方案试制的试验台架无法试验出稳定的结果，无法达到客户要求，导致订单中断，在产品市场中失去竞争力，企业本身对油雾分离检测装置了解程度不够，无法准确描述需求内容与需求细节，因此在前期对接过程中困难重重。通过将企业需求上传至知识图谱平台后，利用大数据智能分析归纳出需求关键点，然后智能匹配当地的诊断专家，与企业负责人举行线上会议，并对企业进行线下实地走访，对企业本身经营情况、研发能力等有了初步了解，与企业沟通后诊断专家对企业需求进行归纳总结凝练后得出该技术产品应用在发动机罩盖和油气分离器上，用途是试验相关产品的分离效率，得知相关产品的性能，判断是否可满足客户要求。将凝练后的需求内容上传至知识图谱，根据诊断专家判断该需求是否可以完成及对接，通过智能匹配对该需求的对接专家进行精准匹配并进行团队评估，极大提高对接专家与企业需求的对口程度。并安排对接专家与需求企业负责人进行线上会议、线下沟通，结合企业前期的尝试，对接专家认为可能是前期尝试的技术方案中油雾发生器装了加热管，通入压缩气体后生成的油雾不稳定，输入的油雾不可控导致试验结果不稳定。通过与专家技术团队合作，对油雾发生器进行改进。通过加热、加压、输入大气等可调节开关控制，同时又对企业本身的试验方案进行优化调整，成功地将目前在做的气门室罩总成盖所需达到的性能指标达到目标需求，且能够提供油雾分离实验性能报告。

象山汽车零部件企业 B 位于浙江省象山县西周工业开发区，注册时间为 2003 年，注册资本 4000 万元，共有专利 80 项，2022 年收入达到 28 800 万元，是一家具有自营进出口权，集各类汽车塑料零部件设计、开发、生产、销售为一体的制造型企业。公司占地面积 42 000 多平方米，建筑面积 2 万多平方米。拥有先进的生产设备和检测设备及资深的管理团队和高素质的技术研发队伍，始终坚持技术创新和管理创新并举，目前拥有国家级产品技术专利 18 项。已成功开发了汽车空调壳体，控制面板、暖风水阀、尿素箱及传感器、线束等 12 个系列的产品。2004 年 3 月，公司通过了德国 DQS 审核的 ISO/TS16949 国际质量体系认证。该企业属于西周镇典型的汽车配件制造企业，是西周镇产业群中具有代表性的企业类型，企业本身在产业具有一定议价能力，产品有明显技术壁垒，有一定的技术优势，且企业本身研发能力较强。该企业在汽车 LIN 执行器开发过程中遇到技术瓶颈，通过知识图谱平台对该需求进行价值评估后发现该需求技术难度较大，且属于目前行业通病，智能匹配诊断专家对企业本身需求进行诊断，并精准凝练发现 LIN 执行器是安装在车内多个位置，通过 LIN 总线与 BCM.ECU 等相连接，不同配置的车型，执行器的数量也不一样，而且随着后续车辆功能增多，LIN 执行器安装会越来越多，后续线束集成至中控 PCB 板后，线束繁杂会导致 PCB 板体积变大非常臃肿，而且 PCB 在生产安装过程中，为了防止节点位置安装错误，一般采用在外观、标签或线束做差异化进行区分，不便于物料管控和售后处理。结合了解企业本身的情况与需求情况，将凝练后的需求内容上传至知识图谱，诊断专家判断表示该需求可以对接但是难度较大，需合适的团队进行配合工作。通过智能匹配对该需求的对接专家进行匹配，并对匹配的对接专家进行团队评估，给企业匹配两个通信与电子相关的团队，然后对接专家与需求企业负责人进行线上会议、线下沟通，结合企业前期的尝试，在对接过程中专家认为技术难点是在有限的 PCB 空间，集成众多功能，目前国产芯片集成度不高，对 PCB 空间有很高要求，质量稳定性方面有欠缺。而随着新能源汽车的发展，对执行器电气化、功能化要求也越来越高。下一步汽车控制模块将主要往 LIN 执行器方面进行发展。现下国外供应商 Elmos 和 Melexis 都有支持自动寻址功能的高度集成单芯片解决方案，集成 LIN 收发器和电机驱动，内置 LDO 等，但受西方制裁缺货行情影响，价格较高、货源不稳。结合上述情况对接专家提供了令企业满意的解决方法，开发相对高度集成的车规级国产芯片，同时将分立设计元器件小型化模块化，将线束集成分散至各个部件中，开发匹配硬件底层逻辑的软件，实现执行器本土化，使企业后续研发有较明确的方向。

象山汽车零部件企业 C 位于浙江省象山县西周工业开发区，注册时间为 2004 年，注册资本 51 130 万元，共有专利 64 项，2022 年收入达到 168 900 万元，是一家专业从事中高档乘用车零部件的设计、开发、生产、销售及售后服务的跨国集团公司，全球总部位于中国，并在北美、欧洲、南亚均拥有分支机构，全球拥有超过 60 家生产基地及 3 家区域研发中心，员工超过 1000 人。作为世界汽配五百强企业华翔汽车下属子公司，为众多国际知名汽车品牌提供内外饰件、车身金属件、汽车电子等产品和相关服务。主要客户包括大众、宝马、福特、通用、捷豹路虎、奔驰、丰田、沃尔沃、上海汽车、一汽轿车、东风日产等。该企业属于西周镇具有代表性的汽车配件制造企业，是西周镇产业群中处于顶层的企业，企业本身规模大，有非常完整的产业链，在产品上有较强的议价权，且企业本身研发能力强劲。该企业在研发生产过程中主要聚焦阻碍相关企业大规模工业生产的共性“卡脖子”问题，研制高性能汽车内饰件智能生产技术与智能装备，实现车间全面智能化。通过知识图谱平台对企业需求价值评估后，发现该企业需求是目前实现生产自动化至关重要的一个环节。然后对该需求进行智能匹配，并安排诊断专家对企业本身需求进行凝练，推荐多位来自 985、211 高校及各地研究所的技术专家团队与企业实地对接，剖析企业现状与实际情况。面向汽车内饰件复杂纹理背景下的微小缺陷检测难题，以前都是采取人工检测，该方法不仅检测效率低、误检率及漏检率高、劳动强度大，而且人工检测成本高，易受工人经验和主观因素的影响，不适用于大规模工业生产的要求。因此，专家与企业负责人讨论并确定发展汽车内饰件表面质量人工智能视觉检测技术，以及相关软硬件配套。利用多源数据采集机制，采集产品表面质量图像、设备运行参数，构建生产设备的信息大数据库，形成高效汽车内饰件生产质量控制机器人技术，形成在线高精度质量监督与智能预警机制，提高产品质量和成品率，实现大规模量产。研发高精密伺服驱动多轴运动控制标定系统，发展高效汽车内饰件生产质量控制机器人，在人工智能视觉检测出汽车内饰件表面微小缺陷后，准确、稳定、可靠、高效地对复杂纹理铝板表面缺陷进行准确标记，并进行板材裁剪修整再次返工利用，进而减少板材使用浪费。最终研制出高性能汽车内饰件智能生产技术与智能装备，实现智能高精度快速汽车内饰件表面质量检测，提高汽车内饰件产量和质量，实现车间全面智能化。

以上 3 家案例，企业规模、经营模式、主营产品、行业地位等几乎可以涵盖整个象山西周汽模配产业群。知识图谱系统在以上 3 家企业中知识图谱智能匹配模式都有很好的应用，智能匹配极大地提升了技术供给方与技术需求方的匹配效率与匹配准确性。在后续合作中也对校企合作过程各个节点进行实时记录，在各种需求对接过程中该系统均有较好的应用，且适用面较大。

### 五、成效总结

将知识图谱平台全面铺开深入至当地技术经纪人手中，从而可以更高效率为企业服务，通过知识图谱的智能匹配极大提升技术对接匹配效率和匹配范围。传统方法匹配解决方案通常需要通过人工查询专家相关领域文献，并且出具大数据报告，耗时长且花费高，然而知识图谱通过智能匹配在输入技术需求后，通过关键词识别仅需几分钟即可完成相关领域专家的最优筛选与匹配且无任何费用。在传统行业中，企业遇到生产研发中的相关问题很难有专业渠道去寻求相关领域的专家，基本都是靠同行和熟悉的朋友来解决问题，企业可寻求的专家极少，这类问题在中小企业中尤为明显，而通过知识图谱平台则提供给企业一个面向全国专家的渠道，企业可以通过该平台查询到全国范围内与其生产相关的专家，同时也可以通过该平台联系到相关专家进行交流合作。部分企业会顾虑专家可能不是当地的而无法与其顺利合作，或者后期合作交流不顺畅等问题，但知识图谱平台可以通过机构搜寻相关专家，会根据企业所在城市给企业优先匹配同一城市的对口专家，提高专家与企业的合作效率。因此，通过知识图谱智能匹配模式可以很大程度消除企业在解决技术难题中产生的问题，使企业在研发过程中无后顾之忧。

## 第五节　服务成效分析与探索

### 一、知识图谱开发实践

在“大数据 + 技术洞察”的技术转移服务理念加持下，在对技术转移业务流程建模分析的基础上，该知识图谱平台提出数据驱动配合 AI 大数据分析的科技成果供需对接服务模式。结合对宁波科技大市场平台传统技术转移及成果转化案例的过程分析，发现诸多传统技术转移过程的弊端与不足，如供需双方信息差、合作前期效率低、合作过程不透明等诸多问题。基于以上问题，知识图谱系统结合大市场历史交易数据的组织、整合、规范、治理，建立高价值技术成果评价体系与评价流程，规范高价值技术成果认定程序与后续开发流程，充分发挥技术成果在应用市场的潜在价值，最大程度提高该成果对需求方产生的效益。

利用知识图谱大数据分析功能来辅助或协助需求挖掘、诊断、匹配、合作各个过程中的数据沉淀和智能信息挖掘，包括对企业前期情况摸排。例如，前期研究开发概况、人力、资金、设备等投入情况、主营产品、产品市场占有率、供应链情况、产品议价能力、公司经营状况与负债等。对匹配对接的技术专家进行技术领域的摸排，如前期研究成果、技术团队人力、所在机构设备等投入情况、发表的论文专利、行业中的地位、前期与企业合作的成果等。通过大数据大量摸排后，开发适应区域技术转移服务特点的智能匹配工作模式，进而形成基于大数据和人工智能技术构建线上线下融合的技术转移高效对接模式，大幅度提高宁波市技术转移与成果转化效率，提升企业生产力，为企业寻求技术、专家寻求转化提供广阔的渠道与平台。为浙江省全面实现技术成果智能转化起到示范与引导作用。

知识图谱平台通过理论架构与前期大市场传统模式经验指导下的数据赋能、工具赋能、业务赋能，辅助政产学研各类角色的技术服务需求整合，通过大数据分析全面扩展数据广度，将企业对技术的刚性需求与技术转移的柔性服务通过人工智能进行有机结合，减少传统技术转移过程中存在的风险，大幅度提高技术转移的供需匹配效率，与现有技术转移匹配模式相比可节约大量的人力与时间成本，提高匹配准确率。该平台还可逐步消解技术转移供需双方的信息差，避免服务工作因效率而产生风险。

知识图谱平台具有服务理念的先进性、业务流程的独创性、平台维护的积极性，以及运营模式的可推广性，有效解决以往技术市场运营过程中存在的各类潜在问题，如技术需求挖掘难、供需双方技术匹配难、高价值成果发现难、供需双方合作难等问题，同时具备可复制性和示范性。利用基于知识图谱后台具备的庞大人工智能团队与高端数据智能技术手段，在整合梳理历史技术交易数据的基础上，充分融合区域产业特色、政府政策支持、企业本身情况、当地高校研究情况等行业性特色资源配合商业数据库供应商的专业型科技资源，实现静态与动态数据、全国与区域的行业数据、技术研发成果数据与成果转化活动数据等异构多类资源的聚合，构建服务区域技术转移业务的数据中心。

知识图谱平台通过对技术转移熟化转移模型建立与推演，运用大数据智能推荐与匹配技术，在对实体智能化抽取基础上，构建技术转移领域的大数据知识图谱，完成“人—技术—产业—区域”全方位画像，利用高价值成果评价指标来对技术专家的成果进行智能辅助赋值，形成深度、合理、层次化的成果智能评分模型和成果价值评估工具。

知识图谱基于成果数据挖掘、可视化等技术，具有高适配性的技术转移智能化匹配算法，有独特的“技术 / 专家”推荐工具，以平台海量的数据来支撑技术经纪人筛选对接对象、大幅度提升匹配需求过程的效率与准确性，平台人工智能自动学习总结技术对接规律、建立服务工作规范。该平台具有对技术驱动产业升级的先进性、数据驱动业务发展的智能性、工具辅助服务提升的高效性，在宁波等区域示范应用中推广数据驱动的技术转移服务模式，具有较好的创新性与代表性。知识图谱平台充分实现区域企业科技创新，技术转移精准对接服务需求，具有解决技术交易中信息不对称问题、降低技术转移成本、提升技术转移效率等众多优势。

知识图谱的技术转移智能分析技术和基于价值体系的技术成果智能评价技术构建了技术转移高效对接的创新模式，开发了数据融合和服务集成的技术架构、需求匹配和技术推荐的智能工具等对技术转移过程中十分有利的工具，促进技术转移服务机构的数字化智能化转型，加速科技创新市场化。形成一种技术转移高效对接新模式，建设一个技术转移智能对接系统功能平台，并且将该平台逐步铺开。

在平台建设 3 年间，知识图谱平台在宁波区域内建设分服务站点，直接快速地服务企业技术需求，并根据宁波地区企业特点对汽车及零部件行业等典型领域开展示范应用，形成一个区域性技术转移智能对接系统，实现技术转移多源信息融合、高价值成果评估、在线化对接交流、可视化技术资源匹配及安全交易服务等功能，其中构建的资源图谱节点数大于 10 000 个，智能匹配命中率达到 90%。摸索研究出一套区域技术转移工作模式和服务体系，建立一套技术转移服务行业技术标准，建立一个高价值技术成果评价机制，在技术转移行业中进行模式推广，并在技术转移过程中形成诸多应用。

## 二、需求对接成效

知识图谱平台与宁波区域内各个技术转移机构积极沟通建设分服务站点，直接快速地服务企业技术需求，成功建立常态化成果需求对接机制，消除双方信息差，完善供需双方精准对接、快速服务机制，形成科技成果评估评价新模式，对科技成果成熟度、先进度、创新度通过人工智能进行多点定量评估；形成以需求为导向，运用知识图谱、人工智能、大数据等多种手段，力求达到精准、快速的供需对接匹配。

目前，开发出基于知识图谱的技术转移服务平台，具有 PC 端和移动端的技术需求挖掘、诊断、对接业务流程记录系统，改变原先采用手动记录的方式，使数据后处理效率明显提高。考虑到移动端对信息记录的不便，知识图谱移动端在 PC 端具有的功能基础上，提升完善移动端信息采集模块功能，加入语音识别、文字识别、地点识别、图片识别、AI 文字自动生成等功能，将采集到的技术需求数据与大市场网上平台数据进行双向同步且可实现双端实时在线同步信息。同时，该平台为进一步发挥集核心服务团队资源集聚功能，平台紧密联合各分服务站点，各级专业市场、专家型技术经纪人、技术经纪人、需求企业形成联合体，深入企业进行技术需求调研、挖掘，升级业务合作紧密度、统一化模式管理和升级技术转移服务流程标准。平台定期召开联合体服务模式研讨。形成稳定的技术转移工作人员业务能力培养计划，定期邀请高校、行业技术转移知名专家召开技术经纪人培训会，定期召开技术经纪人内部交流分享会。增加技术转移人员对平台的凝聚力，提高各技术经纪人对企业的技术需求挖掘能力。

依托知识图谱技术转移平台快速配对合适的诊断专家，技术撮合宁波市专家型技术经纪人与需求企业，充分发挥大数据专家型技术经纪人技术优势，对发掘的技术需求及时做好现场技术需求诊断服务与企业现场情况摸排，重点帮助企业明确需求的核心技术点及关键技术指标，同时挖掘新的技术需求，开展现场诊断提炼需求核心并上传至平台。

依托知识图谱技术转移平台多维度推进技术需求对接工作，通过多种渠道开展技术转移对接服务，寻找有意向有实力合作团队。一是利用知识图谱平台数据库所形成的产学研合作网络资源，直接向国内知名高校、研究院所发送，开展需求对接服务。二是发挥知识图谱与专业技术转移机构作用，多方合作，开展更广泛的解决方案征集。三是知识图谱的数据库连接科技查新、文献检索等大数据平台检索分析结果，开展定向精准邀请。推进技术需求对接工作，开展大数据检索。出具报告并开展定向精准邀请，有多家企业通过知识图谱平台达成产学研合作。知识图谱平台的建设成立形成以技术经纪人、核心服务团队、专家型技术经纪人为一体的服务综合体内部管理体制，通过该平台及时更新技术需求的对接状态，随着平台在宁波的全面铺开，有效提升知识图谱使用效果，引导企业用户加入平台。知识图谱的解决方案智能化搜索引擎，实现海量科技成果与技术需求的快速精准对接。

### 三、知识图谱合作成效与后期探索

知识图谱平台中需求类型可分为以下 4 种类型：一是源于传统制造企业，立足行业知识沉淀和工业基因，深耕制造业在开发过程中产生的问题。二是源于信息和通信设备制造企业，立足信息技术优势和互联网基因，为制造业工业场景提供云化软件集成服务在信息化过程中遇到的问题。三是源于软件企业，兼顾软硬件研发，为制造业工业场景提供信息和通信设备生产运维服务过程中遇到的问题。四是源于其他企业，中小微型企业研发过程中个性需求。知识图谱平台立足于宁波企业现状，着重发挥居间作用，大幅度提高技术转移效率，在近年也得到一定发展成果。

宁波市高度重视打造知识图谱平台，从政策体系、人才培养、生态载体等方面加强保障，目前正在打造以知识图谱平台为牵引的技术转移生态。知识图谱平台发展覆盖渐趋均衡，在宁波各县市区均有分服务点。平台自建设以来，发展规模呈现健康有序、高质量的增长态势，也得到宁波市高校、科研院所的积极响应。

在知识图谱平台推动下，宁波市技术市场活力不断增强，技术交易量实现持续的跨越式增长，交易总额连创新高。近年，知识图谱平台逐步扩大服务企业覆盖面，提高科技合作交流频次与效率，围绕区域企业科技创新，技术转移精准对接服务需求，加速科技创新市场化，降低技术转移成本，构建出科技资源精准匹配软件架构。建设宁波区域多个服务分站点，对智能匹配算法不断升级，大幅度提升用户使用体验及效率。

# 附　录

# 知识图谱实体设计样例

## 一、技术点实体

在特定的科技领域或技术领域，技术点是指相关技术中的关键要素或关键技术。它可以是一个特定的技术、方法、工具、材料或流程，对于实现某个目标或解决某个问题至关重要，附表 1 是技术点实体的属性。

附表 1　技术点实体的属性名称及含义

| 属性名称 | 属性含义 | 实例 |
|---|---|---|
| 名称 | 技术点名称 | 电动汽车 |
| 技术点关键词 | 代表该技术点的关键词 | 电动汽车；布鲁姆式轿车；纯电动乘用车；纯电动轿车；电池汽车；电传动汽车 |
| 相关词 | 技术文档中共现度较高的词 | 电动汽车；驱动电动机；驱动系统；燃料电池；蓄电池；永磁同步电动机 |
| 上位词 | 上一层级概念的关键词 | 电动车；汽车 |
| 下位词 | 下一层级概念的关键词 | 纯电动汽车；混合动力汽车；燃料电池汽车 |

## 二、科技期刊论文实体

科技期刊论文是指专门刊载科学和技术领域研究成果的出版物。它们通常由学术机构、学会、出版社或科研机构出版，并以固定的周期发布。为研究人员、学者和科技从业者提供一个重要的知识交流和传播平台，附表 2 是科技期刊论文类实体的属性。

附表 2 科技期刊论文实体的属性类型及含义

| 属性类型 | 属性含义 | 实例 |
| --- | --- | --- |
| ID | 期刊论文的唯一标识符 | 1671—024X（2023）05—0036—07 |
| DOI | 论文的 DOI 号 | 10.3969/j.issn.1671-024x.2023.05.006 |
| 中文标题 | 由创建者或出版者赋予文献的名称 | 钠离子电池用石墨烯掺杂多孔材料的电化学性能 |
| 英文标题 | 翻译题名 | Electrochemical properties of porous materials doped with graphene for sodium ion battery |
| 作者 | 原文标注的作者姓名 | 张庆印，刘小露 |
| 第一作者 | 原文标注的第一个作者姓名 | 张庆印 |
| 作者单位 | 原文标注的作者单位名称 | 天津工业大学 |
| 第一作者单位 | 原文标注的第一个作者单位名称 | 天津工业大学化学工程与技术学院 |
| 单位一级名称 | 五级词表规范后的中文第一作者单位的一级机构名称，若五级词表没有给出的取程序自动切分的一级机构名称 | 天津工业大学 |
| 英文作者单位 | 原文标注的与正文语种不同的作者单位名称 | Tiangong University |
| 英文第一作者单位 | 原文标注的与正文语种不同的第一个作者单位名称 | School of Chemical Engineering and Technology, Tiangong University |
| 中文关键词 | 由文献创建者或出版者赋予的能够反映论文内容主题的关键词 | 钠离子电池；硬碳；石墨烯；多孔材料；电化学性能 |
| 英文关键词 | 文中标注的关键词的翻译 | sodium ion battery; hard carbon; graphene; porous materials; electrochemical property |

续表

| 属性类型 | 属性含义 | 实例 |
|---|---|---|
| 中文摘要 | 文献的正文简介 | 为了增加硬碳电极材料的导电性，选取石墨烯作为添加剂，采用涂覆法制备了石墨烯掺杂多孔材料，通过 SEM、XRD、BET、蓝电电池测试系统和电化学工作站等对所得石墨烯多孔材料的结构和电化学性能进行表征和测试，探究不同碳化温度对于石墨烯掺杂多孔材料电化学性能的影响。结果表明：石墨烯掺杂多孔材料显示出均匀、丰富的孔结构和增强的石墨化程度，可降低接触电阻，缩短扩散距离，增强电子的传导性，用作电池负极时可有效提高钠离子电池的可逆比容量、倍率和循环性能；当碳化温度为 1100 ℃时，所制备的石墨烯掺杂多孔材料电极表现出 363.8 mA·h/g 的高可逆比容量，在 100 mA/g 的电流密度下，循环 300 圈后，其可逆比容量基本无损失，表明该石墨烯掺杂多孔材料具有优异的电化学性能 |
| 英文摘要 | 原文中对应的文献正文摘要的翻译部分 | In order to increase the conductivity of the anode material for hard carbon, the graphene was selected as an additive, the graphene-doped porous material was produced by coating method. The prepared graphene-doped porous material was characterized by SEM, XRD and BET, and the electrochemical property was tested using electrochemical workstations and blue battery test systems. The effects of different carbonization temperature on electrochemical properties of the graphene -doped porous material were explored. The results show that the graphene-doped |

续表

| 属性类型 | 属性含义 | 实例 |
|---|---|---|
| 英文摘要 | 原文中对应的文献正文摘要的翻译部分 | porous material has uniform and rich pore structure and enhanced graphitization degree, which can reduce contact resistance, shorten diffusion distance, and enhance electronic conductivity. When used as the battery cathode, they can effectively improve the reversible specific capacity, magnification and cycling performance of sodiumion battery. When the carbonization temperature is 1100 ℃, the prepared graphene-doped porous material electrode exhibites a high reversible specific capacity of 363.8 mA · h/g. After 300 cycles at current density of 100 mA/g, its reversible specific capacity has almost no loss, which indicating that the graphene-doped porous material electrode has excellent electrochemical properties. |
| 基金项目 | 原文中标注的基金名称和项目编号 | 国家自然科学基金资助项目（21476172） |
| 发表时间 | 文章发表时间 | 2023 年 10 月 |
| 发表地域 | 文章作者所在地区 | 天津 |
| 中图分类 | 图书馆学分类号 | TQ152（工业技术） |
| 母体文献 | 发表的期刊名称 | 《天津工业大学学报》 |

## 三、学位论文实体

学位论文是作者为获得某种学位而撰写的研究报告或科学论文。一般分为学士论文、硕士论文、博士论文 3 个级别。其中尤以博士论文质量最高，是具有一定独创性的科学研究著作，跟前述的期刊论文实体有类似之处，附表 3 是学位论文实体属性设计。

附表 3　学位论文实体的属性类型及含义

| 属性类型 | 属性含义 | 实例 |
| --- | --- | --- |
| ID | 学位论文的唯一标识符 | Y3204917 |
| 中文标题 | 中文标题 | 非线性场地放大模型及地震动衰减关系研究 |
| 作者 | 作者 | 侯瑞彬 |
| 作者单位 | 作者单位 | 西南交通大学 |
| 中文摘要 | 中文摘要 | 地震动衰减关系可用于估计某一地区未来可能遭受的地震动强度大小，其具有很强的工程应用价值。作为地震动衰减关系的重要组成部分，场地项用于估计场地对地震动的放大比预测值，衰减关系中与之对应的标准差可用于评估其变异性大小。在确定衰减关系中的场地项时，非线性场地反应的准确估计和场地参数的选取为其中的两个关键问题，二者均会对模型预测值和模型标准差产生显著影响。我国强震观测工作开展相对较晚，很多台站的场地资料仍有缺失，目前关于以上问题的研究成果较少。基于此，本文对非线性场地反应的预测及地震动衰减关系的建立开展详尽研究并分析场地参数对二者的影响 |
| 关键词 | 关键词 | 强震观测、地震动衰减、关系非线性场地、放大模型共振效应 |
| 授予学位 | 授予学位 | 博士 |
| 学科专业 | 学科专业 | 岩土工程 |
| 导师姓名 | 导师姓名 | 赵兴权 |
| 学位年度 | 学位年度 | 2022 |
| 语种 | 语种 | 中文 |

## 四、会议论文实体

会议论文是在学术会议上宣读的文章，是学术论文的一种主要类型，属于公开发表的论文，一般正式的学术交流会议都会出版会议论文集，是国际进行学术交流的一种工具，附表 4 是会议论文实体的属性设计。

**附表 4　会议论文实体的属性类型及含义**

| 属性类型 | 属性含义 | 实例 |
| --- | --- | --- |
| ID | 会议论文的唯一标识符 | 0xe051623100b13504 |
| 标题 | 标题 | 异丙肾上腺素诱导 FVB/N 小鼠心脏肥大模型的建立 |
| 摘要 | 摘要 | 目的：心脏重塑是众多心血管疾病重要的病理基础。异丙肾上腺素（ISO），常用于模拟内源性儿茶酚胺建立心脏重塑小鼠模型。随着转基因小鼠的广泛应用，FVB/N 品系小鼠由于具有繁殖力能力强，受精卵前核大，易于显微注射 DNA，注射后活力强，被大量应用于转基因研究。但常规 ISO 诱导 BALB/c 和 C57/B6 小鼠心肌重塑模型的剂量及方式并不能成功诱导 FVB/N 小鼠心脏重塑。本研究旨在探索 ISO 诱导 FVB/N 小鼠心脏重塑的实验条件。方法：经皮下注射和埋泵控释两种途径给予小鼠 ISO 诱导心脏肥大和纤维化。每种给药途径 FVB/N 小鼠的随机分为两组。皮下注射给药途径：ISO 组皮下注射 ISO14 天，对照组注射生理盐水。皮下埋泵给药途径：ISO 组皮下埋泵控释给予 ISO 14 天，对照组行假手术。两种给药途径 ISO 剂量均为 30 mg/（kg · d）。采用心脏重量与胫骨长度比值（心胫比）、小动物超声心动图检测小鼠心室壁厚度等指标衡量心脏肥大程度。使用天狼猩红染色方法检测胶原沉积面积。结果：ISO 皮下注射不能诱导 FVB/N 小鼠明显的心脏肥大和纤维化，且实验终点前有 50% 小鼠死亡。ISO 皮下埋泵控释给药诱导 FVB/N 小鼠显著心脏肥大，但不能引起明显的心脏纤维化，小鼠全部存活。结论：ISO［30 mg/（kg · d）］皮下埋微量泵 2 周可成功诱导 FVB/N 小鼠心脏肥大模型 |

续表

| 属性类型 | 属性含义 | 实例 |
| --- | --- | --- |
| 关键词 | 关键词 | 心脏肥大；异丙肾上腺素；诱导机制；重塑模型 |
| 作者 | 作者 | 杨承志，田爱炬，孟增慧，吴济民，张幼怡，郭丽君，李子健 |
| 作者单位 | 作者单位 | 北京大学第三医院心内科血管医学研究所、卫生部心血管分子生物学与调节肽重点实验室、分子心血管学教育部重点实验室、心血管受体研究北京市重点实验室 |
| 母体文献 | 母体文献 | 2014 北京大学心血管转化医学论坛论文集 |
| 会议名称 | 会议名称 | 2014 北京大学心血管转化医学论坛 |
| 会议时间 | 会议时间 | 2014 年 7 月 12 日 |
| 会议地点 | 会议地点 | 北京 |
| 主办单位 | 主办单位 | 北京大学医学部、卫生部心血管分子生物学与调节肽重点实验室 |
| 语种 | 语种 | 中文 |
| 中图分类号 | 中图分类号 | TP3 |

## 五、技术专利实体

专利是指国家法律法规对某种发明、技术、设计或商标等作出的授权，授权持有人在专利权期限内对该发明、技术、设计或商标享有专有的使用权和排他权利，附表 5 是技术专利的实体属性。

附表 5　技术专利实体的属性类型及含义

| 属性类型 | 属性含义 | 实例 |
| --- | --- | --- |
| 申请号 | 申请号 | CN202321107170.0 |
| 授权公告号 | 授权公告号 | CN219974475U |
| 申请日 | 申请日 | 45055 |

续表

| 属性类型 | 属性含义 | 实例 |
|---|---|---|
| 授权公告日 | 授权公告日 | 45237 |
| 分类号 | 分类号 | G09B25/02；E21B43/16；E21B49/00 |
| 专利权人 | 专利权人 | 中国华能集团有限公司；<br>中国华能集团清洁能源技术研究院有限公司 |
| 地址 | 地址 | 北京市西城区复兴门内大街 6 号 |
| 发明人 | 发明人 | 张健；朱明宇；郭建忠；张茂元；孙京；周文斌；赵清泉 |
| 摘要 | 摘要 | 本实用新型公开了一种新型 $CO_2$ 泡沫驱替系统，包括泡沫产生系统、岩心夹持器、压力控制系统、气液计量系统和抽真空装置等。其中，泡沫产生系统包括气体供应组件、泡沫发生器和用于放置起泡液的第一活塞容器，泡沫发生器设置在气体供应组件和第一活塞容器的下游，气体供应组件包括气瓶，气瓶的出口管线上设置第一流量计，第一流量计出口管线的支路上设置第三活塞容器。本实用新型的 $CO_2$ 泡沫驱替系统的气体供应组件能够实现气体的量化注入；压力控制系统可稳定、准确控制岩心夹持器内的压力；安全阀能够对驱替过程进行更好地控制，减少安全隐患，为研究带来极大方便 |
| 法律状态 | 法律状态 | 授权 |
| 技术关键词 | 技术关键 | 泡沫驱替；活塞；压力控制；安全阀 |
| 发表地域 | 发表地域 | 北京 |

## 六、科技成果类实体

科技成果类实体指的是科技领域中的具体成果或产物，它们是科技发展和创新的结果。科技成果类实体可以包括发明和创新产品及科学研究成果等，附表 6 是科技成果类实体的属性。

附表 6 科技成果类实体的属性类型及含义

| 属性类型 | 属性含义 | 实例 |
| --- | --- | --- |
| 成果名称 | 成果中文名称 | 基于自主大模型绘制技术的 BIM5D 项目精细管理软件研发与应用 |
| 完成人 | 成果的参与者 | 王鹏翊，刘晓栋，陈丽新等 |
| 完成单位 | 完成单位 | 广联达软件股份有限公司 |
| 中图分类号 | 成果所属中图分类号 | TU717（建筑施工） |
| 关键词 | 成果相关的技术点 | 精细管理软件、大模型绘制、建筑行业信息化 |
| 应用行业名称 | 成果应用行业名称 | 工程建筑 |
| 成果简介 | 描述成果内容的简要介绍 | 该项目采用信息集成方式，内置各工程信息（BIM模型、预算文件、进度文件）集成规则，整体考虑施工现场的特点和要求，依据有关国家规范和地方规范，以 BIM 模型为载体，运用自主三维图形技术、模型转换技术结合自主数据库平台和共有云平台提供模型集成、清单关联、模型视图、模型划分、施工模拟、物资查询、合约管理等功能，打造一款基于 BIM 技术的项目管理工具，用于辅助施工阶段的成本、进度、质量安全的管理工作。该项目的主要研发工作包括：超大规模BIM 模型的绘制与施工模拟；自主研发 IFC 解析引擎、自主研发 IGMS 文件传输技术，实现将不同的设计模型（revit、tekla、magicad 等）全部导入系统内部，并通过调整原点、标高等方法，集成为全专业的模型；使用自主研发的 GSP 平台，将业务与数据统一起来，通过数据层面的规则配置来处理复杂的业务逻辑和计算关系，极大地减少了应用层的代码开发工作，提高产品开发效率。BIM 技术作为建筑行业的新兴技术， |

续表

| 属性类型 | 属性含义 | 实例 |
| --- | --- | --- |
| 成果简介 | 描述成果内容的简要介绍 | 凭借本身技术特点正在不断地改变传统的工程作业方式。该项目产品的应用于北京及全国各地的工程项目建设方，包括建设方、设计院、施工企业、中介公司等机构，目前使用单位超过 300 家。推动建筑领域信息化的进程，满足建筑行业信息化发现需求，适应社会发展需要。该项目产品通过集成全专业模型，并以集成模型为载体，关联施工过程中的进度、合同、成本、质量、安全、图纸、物料等信息，将相关数据的获取更加的快速、精确、及时、直观，从而答复提高各参建方的生产效率，在施工过程中，项目本身能够利用合理的资金和资源，同时可较大幅度降低工程人员的工作压力，创造更多的价值，促进建筑行业信息化的进程 |

## 七、技术标准类实体

技术标准类实体描述的是技术标准，即从事科研、设计、工艺、检验等技术工作及商品流通中共同遵守的技术依据，一般是企业为了确保生产过程的规范性和产品质量的稳定性，对生产对象、生产条件、生产方法等相关技术性内容所作的必须执行的规定。技术标准种类繁多，主要包括基础标准、产品标准、设计标准、工艺标准、检验和试验标准等。附表 7 是技术标准类实体的属性。

附表 7　技术标准类实体的属性类型及含义

| 属性类型 | 属性含义 | 实例 |
| --- | --- | --- |
| 标准题名 | 标准题名 | 电动汽车传导充电用连接装置　第 1 部分：通用要求 |
| 标准类型 | 标准类型 | 国家标准 |
| 执行强度 | 执行强度 | 推荐性 |

续表

| 属性类型 | 属性含义 | 实例 |
|---|---|---|
| 时效性 | 时效性 | 现行 |
| 标准号 | 标准号 | GB/T 20234.1—2023 |
| 发布日期 | 发布日期 | 2023-09-07 |
| 实施日期 | 实施日期 | 2023-09-07 |
| 代替标准 | 代替标准 | GB/T 20234.1—2015 |
| 起草单位 | 起草单位 | 中国汽车技术研究中心有限公司、中国电器科学研究院股份有限公司、比亚迪汽车工业有限公司、苏州智绿环保科技有限公司 |
| 起草人 | 起草人 | 廉玉波、徐枭、陈斌、周光荣 |
| 归口单位 | 归口单位 | 全国汽车标准化技术委员会 |
| 执行单位 | 执行单位 | 全国汽车标准化技术委员会电动车辆分会 |
| 主管部门 | 主管部门 | 工业和信息化部 |

## 八、科技项目类实体

科技项目类实体指的是科技领域中的具体项目或计划，旨在推动科学研究、技术开发和创新。这些项目通常由科研机构、学术机构、企业、政府或其他组织主导和实施，附表 8 是科技项目类实体的属性。

**附表 8　科技项目类实体的属性类型及含义**

| 属性类型 | 属性含义 | 实例 |
|---|---|---|
| 项目编号 | 项目的编号 | 61272119 |
| 项目名称 | 项目的名称 | 基于大数据和云环境的两类关键问题优化建模与优化方法研究 |
| 依托单位 | 承担项目主要单位 | 西安电子科技大学 |
| 项目负责人 | 项目的负责人 | 王宇平 |

续表

| 属性类型 | 属性含义 | 实例 |
| --- | --- | --- |
| 批准年度 | 批准年度 | 2012 年 |
| 资助金额 | 资助金额 | 70 万元 |
| 项目类别 | 项目类别 | 面上项目 |
| 研究期限 | 研究期限 | 2013 年 1 月 1 日至 2016 年 12 月 31 日 |
| 中文关键词 | 中文关键词 | 优化模型；优化算法；多目标优化；大数据；云计算 |
| 英文关键词 | 英文关键词 | Optimization model；Optimization algorithm；Multi-objective optimization；Big data；Cloud computing |
| 中文摘要 | 中文摘要 | 云计算是处理大数据问题的一个有效环境和未来发展的重要方向。云计算环境下的大数据重要应用问题会随着互联网的快速发展越来越多，急需研究新的建模方法和求解算法。而资源和任务调度问题、特定领域 WDB 数据源的快速准确发现问题是其中两个关键应用问题。对第一个问题，已有研究主要以任务的完成时间、执行效率、安全性、可靠性、多任务的公平性、数据本地化率和以平台资源利用率、平台可靠性和能源效用等某个（最多不超过两个）为优化目标设计模型和算法，没有综合考虑这些可能相互矛盾的目标。本项目从总体权衡这些目标，研究统一的建模方法论，建立可满足不同实际需要的新的优化模型及其高效算法。对第二个问题，已有研究只考虑表单覆盖率最大或收获率最大，没有考虑爬过页面总数与特定领域表单页面总数之比（简称“爬虫负荷率”）最小，而后者与前两者是矛盾的。本项目综合考虑这些目标，建立可满足各目标要求的新的统一优化模型并设计高效的求解算法 |

续表

| 属性类型 | 属性含义 | 实例 |
| --- | --- | --- |
| 英文摘要 | 英文摘要 | Cloud computing is an effective environment and important research direction for handling big data problems in the future. There will be more and more key big data application problems based on the cloud computing environment with the fast development of internet technology, and it is very necessary and urgent to develop new models and solution algorithms for these key application problems. The resource and task scheduling problems and the domain-specific deep web database sources quick discovery problem are two of the key application problems for the big data problems in the cloud computing environment. For the resource and task scheduling problems in the cloud computing and big data environment, ln the existing studies... |

## 九、企业类实体

企业类实体是指在商业活动中作为独立法律主体存在的组织或单位。它们是经济运作的主体，以经营活动为目的，追求利润或其他经济利益，附表9是企业类实体的属性。

**附表 9　企业类实体的属性名称及含义**

| 属性名称 | 属性含义 | 实例 |
| --- | --- | --- |
| 企业名称 | 企业名称 | 中国华能集团有限公司 |
| 简称 | 简称 | 中国华能集团公司 |
| 成立时间 | 成立时间 | 2017 年 12 月 28 日 |
| 负责人 | 负责人 | 温枢刚 |
| 注册资本 | 注册资本 | 3 490 000 万元人民币 |

续表

| 属性名称 | 属性含义 | 实例 |
|---|---|---|
| 核心团队 | 核心团队 | 赵义、潘铁华、崔义等 |
| 省名 | 省名 | 河北省 |
| 市名 | 市名 | 雄安新区 |
| 县名 | 县名 | 启动区 |
| 行政区代码 | 行政区代码 | 100038 |
| 经营项目 | 经营项目 | 组织电力（煤电、气电、水电、风电、太阳能发电、核电、生物质能发电等）、热、冷、汽的开发、投资、建设、生产、经营、输送和销售；组织煤炭、煤层气、页岩气、水资源的开发、投资、经营、输送和销售；信息、交通运输、节能环保、配售电、煤化工和综合智慧能源等相关产业、产品的开发、投资和销售；电力及相关产业技术的科研开发、技术咨询服务、技术转让、工程建设、运行、维护、工程监理及业务范围内设备的成套、配套、监造、运行、检修和销售；国内外物流贸易、招投标代理、对外工程承包；业务范围内相关的资产管理、物业管理；业务范围内的境内外投资业务 |
| 产品关键词 | 产品关键词 | 电力；新能源；环保产品 |
| 机构类型 | 机构类型 | 国有独资 |
| 行业 | 行业 | 批发业 |

## 十、高校类实体

高校类实体是指专门从事科学研究和技术创新的组织或单位。它们致力于推动科学进步、开展基础研究、应用研究和技术开发，并为社会提供科学和技术支持，附表 10 是高校类实体的属性。

附表 10　高校类实体的属性名称及类型

| 属性名称 | 属性类型 | 实例 |
|---|---|---|
| 机构 ID | 机构 ID | 001001001 |
| 机构名称 | 机构名称 | 北京大学 |
| 机构曾用名 | 机构曾用名 | 国立北京大学 |
| 机构简称 | 机构简称 | 北大、PKU、Beida |
| 英文名称 | 英文名称 | Beijing University |
| 上级主管单位 | 上级主管单位 | 中华人民共和国教育部 |
| 院系名称 | 下属院系名称 | 理学部、信息与工程科学部、深圳研究生院、人文学部、社会科学学部、经济与管理学部、医学部、跨学科类 |
| 重点实验室名称 | 重点实验室名称 | 人工微结构和介观物理国家重点实验室；天然药物及仿生药物国家重点实验室 |
| 现任领导 | 现任领导 | 郝平（党委书记）、龚旗煌（校长）（检索日期：2023 年 11 月） |
| 院校代码 | 院校代码 | 10001 |
| 学校特色 | 学校特色 | 双一流（2017 年、2022 年）<br>985 工程（1998 年）<br>211 工程（1995 年） |
| 省 | 省 | 北京 |
| 市 | 市 | 海淀区 |

## 十一、科研机构类实体

科研机构类实体是指专门从事科学研究和技术创新的组织或单位。它们致力于推动科学进步、开展基础研究、应用研究和技术开发，并为社会提供科学和技术支持，附表 11 是科研机构类实体的属性。

续表

| 属性名称 | 属性含义 |
| --- | --- |
| 性别 | 专家的性别 |
| 民族 | 专家的民族 |
| 出生年份 | 专家的出生年份 |
| 籍贯 | 籍贯地 |
| 工作单位 | 专家的工作单位 |
| 工作职务 | 专家的工作职务 |
| 技术职称 | 专家的技术职称 |
| 研究方向 | 专家的专业领域与研究方向 |
| 专家荣誉 | 专家的专家荣誉 |
| 教育背景 | 专家的教育背景 |
| 最高学位 | 专家的最高学位 |
| 外语语种 | 专家的外语语种 |
| 工作简历 | 专家的工作简历 |
| 外部任职 | 国内外学术或专业团体任职情况 |
| 院士 | 各国的院士头衔 |
| 专家特色 | 各类各级成果的技术特长关键词 |

## 十四、区域类实体

区域类实体是指在地理或行政范围内具有一定独立性和特征的地区或区域组织，附表 14 是区域类实体的属性。

附表 14　区域类实体的属性名称及含义

| 属性名称 | 属性含义 | 实例 |
| --- | --- | --- |
| 区域编号 | 区域的整体编号 | 162100 |
| 省 | 区域所在的省 | 黑龙江 |
| 市 | 区域所在的市区 | 哈尔滨 |
| 县 | 区域所在的县 | 甘南县 |
| 所在地理访问 | 区域所在国内方位，如东北、西南、东南、西北等 | 东北 |

## 十五、行业类实体

行业类实体是指在经济活动中，根据产业的划分而形成的特定领域，附表 15 是行业类实体的属性。

附表 15　行业类实体的属性名称及含义

| 属性名称 | 属性含义 | 实例 |
| --- | --- | --- |
| 行业编号 | 行业的唯一编号 | 1.1.2 |
| 行业名称 | 行业的名称 | 新型计算机及信息终端设备制造 |
| 行业全称 | 行业名称的全称 | 战略性新兴产业分类名称 |

# 参考文献


[1] ARTHUR W B, POLAK W.The evolution of technology within a simple computer model Complexity[J].Complexity, 2006, 11(5):23–31.

[2] ARTHUR W B.The nature of technology: what it is and how it evolves[M].New York: Free Press, 2009.

[3] CHEN C . CiteSpace II: Detecting and visualizing emerging trends and transient patterns in scientific literature [J] . Journal of the American society for information science and technology, 2005, 57 (3) : 359–377.

[4] CHEN X J, JIA S B, XIANG Y. A review: knowledge reasoning over knowledge graph [J] . Expert systems with application, 2020, 141(3): 112948.1–112948.21.

[5] CHUNG C J, PARK H W . Mapping triple helix innovation in developing and transitional economies: webometrics, scientometrics, and informetrics[J]. Entometrics, 2014, 99(1): 1–4.

[6] CUTLER R S. A comparison of Japanese and US high–technology transfer practices [J] . Ieee transactions on engineering management, 1989, 36(1) : 17–24.

[7] LIU D Y, SHIEH L F .The effects of government subsidy measures on corporate R&D expenditure: a case study of the leading product development programme [J] . International journal of product development, 2005, 2 (3): 17 .

[8] HOFFART J, SUCHANEK F M, BERBERICH K, et al.YAGO2: a spatially and temporally enhanced knowledge base from wikipedia [J] . Artificial intelligence, 2013 (194) : 3161 – 3165.

[9] JANKOWSKI J E. R&D: foundation for innovation [J] .Research technology management, 1998, 41 (2): 14–20.

[10] JI S, PAN S, CAMBRIA E, et al. A survey on knowledge graphs: representation, acquisition and applications [J] . IEEE transactions on neural networks and learning systems, 2021,

33 (2): 494 – 514 .

[ 11 ] JIA Y, WANG Y, JIN X, et al.Link inference in dynamic heterogeneous information network: a knapsack–based approach [ J ] . IEEE transactions on computational social systems, 2017(3): 80–92.

[ 12 ] JIN X, WAH B W, CHENG X, et al. Significance and challenges of big data research [ J ] . Big data research, 2015, 2(2): 59–64.

[ 13 ] JORGC M, THOMAS R S.The determinants of pharmaceutical R&D expenditures: evidence from Japan [ J ] .Review of industrial organization, 2006, 28(2): 145–164.

[ 14 ] WAKELIN K. Productivity growth and R&D expenditure in UK manufacturing firms [ J ] . Research policy, 2001, 30(7): 1079–1090.

[ 15 ] KEJRIWAL M, SEQUEDA J, LOPEZ V . Knowledge graphs: construction, management and querying: editorial [ J ] . Semantic web, 2019, 10 (6) : 1–2.

[ 16 ] LAO N, COHEN W W. Relational retrieval using a combination of path–constrained random walks [ J ] . Machine learning, 2010, 81 (1) : 53–67.

[ 17 ] LAYTON E T. Technology as knowledge [ J ] . Technology and culture, 1974, 15 (1) : 31–41.

[ 18 ] LIN J, ZHAO Y, HUANG W, et al. Domain knowledge graph–based research progress of knowledge representation [ J ] . Neural computing and applications, 2020, 33(2) : 681–690.

[ 19 ] ODAGIRI, HIROYUKI. R&D expenditures, royalty payments and sales growth in Japanese manufacturing corporations [ J ] . The journal of industrial economics, 1983, 32 (1) : 61–71.

[ 20 ] PAULHEIM H, BIZER C. Improving the quality of linked data using statistical distributions [ J ]. International journal on semantic web and information systems, 2014 (2) : 63–68.

[ 21 ] PAVITT K, ROBSON M, TOWNSEND J. The size distribution of innovating firms in the UK: 1945—1983 [ J ] . Journal of industrial economics, 1987, 35 (3) : 297–316.

[ 22 ] ROGERS E M. The nature of technology transfer [ J ] .Science communication, 2002, 23 (3): 323–341.

[ 23 ] SCHERER F M.Size of firm, oligopoly, and research: a comment [ J ] .The Canadian journal of economics and political science, 1965, 31 (2): 256.

[ 24 ] SCHOLEFIELD J H.The allocation of R&D resource [ J ] .R&D management, 1994, 24 (1): 91–97.

[ 25 ] SEGERSTROM P S, ZOLNIERRK J M.The R&D incentives of industry leaders [ J ] .

International economic review, 1999, 40 (3): 745–766.

[ 26 ] SMITH D A. Online interactive thematic mapping: applications and techniques for socioeconomic research [ J ] .Computers environment & urban systems, 2016, 57 (5): 106–117.

[ 27 ] SOMSUK N.University–industry technology transfer programme's success analysis: using the analytic hierarchy process–based model.IEEE international conference on industrial engineering and engineering management[EB/OL].[2022–10–11].https://www.infona.pl/resource/bwmeta1.element.ieee–art–000005674207/tab/summary.

[ 28 ] SWAR B, KHAN G F. Mapping ICT knowledge infrastructure in South Asia [ J ] . Entometrics,2014,99(1):117–137.

[ 29 ] VEUGELERS, REINHILDE. Internal R&D expenditures and external technology sourcing [ J ] . Research policy, 1997, 26 (3) : 303–315.

[ 30 ] BRIAN A W. The structure of invention [ J ] . Research policy, 2007, 36 (2) : 274–287.

[ 31 ] WU Y H. The effects of state R&D tax credits in stimulating private R&D expenditure: a cross–state empirical analysis[ J ]. Journal of policy analysis and management, 2005, 24 (4) : 785–802.

[ 32 ] YAN J, WANG C, CHENG W, et al. A retrospective of knowledge graphs [ J ] . Frontiers of computer science, 2018, 12 (1) : 55–74.

[ 33 ] YASUDA, TAKEHIKO. Firm growth, size, age and behavior in Japanese manufacturing[ J ]. Small business economics, 2005, 24 (1) : 1–15.

[ 34 ] ZINS C . Knowledge map of information science [ J ] . Journal of the American society for information science and technology, 2007, 58 (4) : 526–535.

[ 35 ] 贝尔纳・斯蒂格勒 . 技术与时间：爱比米修斯的过失 [ M ] . 南京 : 译林出版社 , 2000: 20–21.

[ 36 ] 布莱恩・阿瑟 . 技术的本质 [ M ] . 杭州 : 浙江人民出版社 , 2014.

[ 37 ] 陈娟 , 李建清 . 高校技术转移的管理困境与优化 [ J ] . 中国成人教育 , 2015 (9) : 30–32.

[ 38 ] 陈祖新 , 翁洁 . 试论科技成果转化的一般过程、机制和对策 [ J ] . 研究与发展管理 , 1995(4): 16–22.

[ 39 ] 程斌 . 技术转移对我国区域创新能力影响研究 [ D ] . 武汉 : 华中师范大学 , 2015.

[ 40 ] 单丽曼 . 中国技术转移效率研究 [ D ] . 北京 : 北京交通大学 , 2019.

[41] 丁明磊，周密．德国私营技术转移机构的营运模式及其启示：史太白技术转移中心的经验借鉴［J］．科技进步与对策，2012, 29(23): 21–23.
[42] 方炜，郑立明，王莉丽．改革开放 40 年：中国技术转移体系建设之路［J］．中国科技论坛，2019(4)：17–27.
[43] 浮肖肖．用户画像方法在技术转移精准服务中的应用探究［J］．内蒙古科技与经济，2022 (2): 24–26.
[44] 顾升高．基于综合集成法的技术精准对接机理与实证研究［D］．哈尔滨：哈尔滨工业大学，2020.
[45] 郭东妮．高校技术转移模式与动力机制研究［D］．合肥：中国科学技术大学，2012.
[46] 贺艳．美国、德国大学和科研机构技术转移模式及启示［J］．华北电力大学学报（社会科学版），2019(2): 128–134.
[47] 胡冬云，李林．中美大学技术转移研究述评［J］．研究与发展管理，2008, 20 (4)：117–123.
[48] 胡泽文，孙建军，武夷山．国内知识图谱应用研究综述［J］．图书情报工作，2013, 57 (3)：84, 131–137.
[49] 黄传慧，郑彦宁．科技成果转化中的信息不对称问题研究［J］．科技管理研究，2011, 31 (23)：188–191.
[50] 黄海洋，陈继祥．大学技术创新扩散影响因素的路径分析［J］．工业工程与管理，2012, 17 (6)：7–14, 21.
[51] 姜波．科技成果转化过程中的风险与对策研究［J］．科技与管理，2004 (2)：50–53.
[52] 姜洪强．基于语义 Web 文档的索引技术研究［D］．北京：北京工业大学，2010.
[53] 李继红，徐桂珍，江珊，等．文章关键词和标题分词多样性及其绘制知识图谱的比较［J］．知识管理论坛，2021, 6 (1)：46–55.
[54] 李家深，王灏，张正锋．基于智能供需匹配的成果转化服务工具构建研究［J］．企业科技与发展，2022 (2): 31–33.
[55] 李律成．创新网络中科技中介的作用机制研究［D］．武汉：武汉理工大学，2018.
[56] 李慢．基于 citespace5.2 视角的国内人工智能研究可视化分析［J］．智库时代，2018 (44): 201–202.
[57] 李涛．技术创新成果转化研究［D］．上海：上海财经大学，2009.
[58] 李威．我国技术转移与成果转化的困境及对策分析［J］．石河子科技，2011 (5)：30–33.

［59］李文元．科技中介机构功能完善和体系构建研究［D］．镇江：江苏大学，2008.
［60］李玉清，田素妍，高江宁，等．德国技术转移工作经验及借鉴［J］．中国高校科技，2014 (10)：56–58.
［61］刘冰，赵永瑞，李欣欣．几种信息可视化工具的比较［J］．黑龙江科技信息，2013 (9)：114.
［62］刘开振，李刚，陈啸寅，等．美国高校技术转移的主要模式与发展成效及其启示［J］．科技资讯，2020, 18 (13)：198–201.
［63］刘伟，李秀娟，赵党书，等．专利技术评估在科技成果转化中的作用［J］．中国高校科技，2016 (9)：34–35.
［64］刘志迎，赵晓丹．基于复杂性理论的科技成果转化系统研究［J］．中国科技论坛，2005(2): 73–76.
［65］鲁曦，姜楠．我国科技服务业发展及标准化研究［J］．中国质量与标准导报，2022 (3)：106–111.
［66］罗素．西方哲学史［M］．北京：商务印书馆，1981: 146.
［67］马凌云．人工智能仍需冷思考，莫使热潮变寒潮［J］．中国工程咨询，2018 (1)：88–90.
［68］马瑞新，李泽阳，陈志奎，等．知识图谱推理研究综述［J］．计算机科学，2022, 49 (S1)：74–85.
［69］马忠贵．倪润宇，余开航．知识图谱的最新进展、关键技术和挑战［J］．工程科学学报，2020, 42 (10)：1254–1266.
［70］孟琦．地方高校技术转移的困境及 DIM 法对策［J］．中国高校科技，2012 (21)：114–115.
［71］孟申思．高校技术转移本地实践破解转移障碍的作用机制研究［D］．杭州：浙江大学，2021.
［72］潘镜伊，魏宇航．大数据时代信息标签化现象及其影响［J］．管理工程师，2019, 24 (3)：68–72.
［73］乔治・巴萨拉．技术发展简史［M］．上海：复旦大学出版社，2000.
［74］秦长江，侯汉清．知识图谱：信息管理与知识管理的新领域［J］．大学图书馆学报，2009, 27 (1)：30–37, 96.
［75］邵邦，刘庆莲．中科院国家技术转移机构技术转移模式研究［J］．科技和产业，2017, 17 (3)：128–131.

［76］深度．知识图谱：谷歌打造未来搜索［J］．电脑爱好者，2013 (5) : 28–29.
［77］沈淦，李倩．价值链理论视角下科技服务模块化探究［J］．科技创业月刊，2022, 35(6): 1–8.
［78］沈林，何婷婷．论影响科技成果转化的非技术因素［J］．合肥工业大学学报（社会科学版），2007 (5) : 94–98.
［79］施振佺．基于大数据的科技创新成果精准转化模式研究［J］．科技管理研究，2020, 40(1): 148–154.
［80］石善冲．科技成果转化评价指标体系研究［J］．科学学与科学技术管理，2003(6): 31–33.
［81］宋超臣．基于推荐网络的服务搜索技术研究［D］．哈尔滨：哈尔滨工程大学，2010.
［82］宋子超．我国产业层面互联网＋技术转移的探索与研究［J］．科技经济市场，2019 (11): 74–78.
［83］王成伟．浅谈人工智能技术的实际应用 [C]// 天津市电子学会．第三十六届中国（天津）2022' IT、网络、信息技术、电子、仪器仪表创新学术会议论文集．[ 出版者不详 ], 2022 : 191–194.
［84］王经亚．技术交易市场研究：以上海技术交易市场为例［D］．上海：同济大学，2009.
［85］王能东．实践生成论：对技术否定性本质的一种解读［J］．自然辩证法研究，2005 (1): 63.
［86］王欣欣．基于深度学习的学科知识图谱构建［D］．温州：温州大学，2020.
［87］王志伟．现代技术的谱系［M］．上海：复旦大学出版社，2011: 48.
［88］王智悦，于清，王楠，等．基于知识图谱的智能问答研究综述［J］．计算机工程与应用，2020, 56 (23) : 1–11.
［89］魏瑞斌．我国图书情报学期刊信息交流结构的实证研究［J］．现代情报，2010, 30 (11): 37–41, 45.
［90］文金书．信息可视化工具 prefuse 初探［J］．现代情报，2014, 34 (12) : 74–79.
［91］吴芳．基于语义相似度的本体中分类关系的评价研究与实现［D］．上海：华东师范大学，2010.
［92］吴寿仁．科技成果转化若干热点问题解析（九）：技术及技术转移概念辨析及相关政策解读［J］．科技中国，2018 (2) : 54–60.
［93］吴伟，孟申思，徐梦玲．如何破除技术转移障碍？——基于五所“双一流”高校的

质性研究［J］. 科学学研究, 2021, 39 (12) : 2213–2222.
［94］伍虹儒. 德国企业在华直接投资中的技术转移活动实证分析［J］. 科技管理研究, 2010, 30(6) : 144–146.
［95］肖新友, 聂鸣. 中介服务机构在区域创新网络中的地位与作用研究［J］. 科技管理研究, 2007 (4) : 40–41, 29.
［96］徐国兴, 贾中华. 科技成果转化和技术转移的比较及其政策含义［J］. 中国发展, 2010, 10(3): 45–49.
［97］徐兰, 徐婷. 德国技术转移体系对我国的启示［J］. 中国高校科技, 2017 (4) : 51–53.
［98］许可, 肖冰, 贺宁馨. 技术转移理论演进与前沿: 由中美贸易战引发的思考［J］. 财经论丛 (浙江财经学院学报), 2019(1): 12–20.
［99］闫佳宁, 李燕. 日本学术机构技术转移机制及其对我国的启示［J］. 日本研究, 2019(3): 39–47.
［100］杨剑英, 董樊丽. 高校技术经理人角色定位及其提升策略研究［J］. 内蒙古科技与经济, 2022 (13) : 32–34.
［101］杨水旸. "头戴三尺帽不怕砍一刀" 透析: 从技术交易看技术评估及其影响因素［J］. 高科技与产业化, 2002 (1): 34–36.
［102］杨思洛, 韩瑞珍. 国外知识图谱绘制的方法与工具分析［J］. 图书情报知识, 2012 (6): 101–109.
［103］姚宏, 魏海玥. 基于科学知识图谱的盈余管理研究前沿分析［J］. 管理评论, 2012, 24 (6): 137–145.
［104］尹俊玲. "互联网 +" 背景下知识产权交易平台建设研究［D］. 合肥: 中国科学技术大学, 2018.
［105］袁毓林, 曹宏. "语义网—本体知识—知识图谱" 和语言研究［J］. 汉语学报, 2021 (1): 8–19.
［106］斋藤优. 技术转移理论与方法 [Z]. 丁朋序, 谢燮正, 译. 1985.
［107］张栋豪, 刘振宇, 郑维强, 等. 知识图谱在智能制造领域的研究现状及其应用前景综述［J］. 机械工程学报, 2021, 57 (5) : 90–113.
［108］张海, 崔宇路, 余露瑶, 等. 人工智能视角下深度学习的研究热点与教育应用趋势: 基于 2006—2019 年 WOS 数据库中 20708 篇文献的知识图谱分析［J］. 现代教育技术, 2020, 30 (1) : 32–38.
［109］张吉祥, 张祥森, 武长旭, 等. 知识图谱构建技术综述［J］. 计算机工程, 2022, 48 (3):

23–37.
[110] 张龙斌 . 面向成果转化的知识图谱研究及应用 [D]. 杭州 : 杭州电子科技大学 , 2018.
[111] 张妮 , 王婧媛 . 基于 CiteSpace 的知识图谱国内外研究热点分析与趋势展望 [J]. 情报资料工作 , 2017 (3) : 33–41.
[112] 张士运 , 刘彦蕊. 德国史太白技术转移网络的发展经验与政策启示 [J]. 中国科技论坛 , 2013 (3): 145–149.
[113] 张武平 , 张桂新. 大学技术转移的探索与思考 [J]. 中国高校科技 , 2012 (8) : 17–18.
[114] 张月红 .HistCite: 一个新的科学文献分析工具 [J]. 中国科技期刊研究 , 2007, 18 (6): 1096.
[115] 赵广凤 . 科技转移途径与模式研究 [D]. 镇江 : 江苏大学 , 2008.
[116] 赵明 , 焦姣 , 刘知鑫 , 等 . 引进技术评估方法研究与应用 [J]. 石油科技论坛 , 2020, 39(1): 43–48.
[117] 郑永平 , 党小梅 , 吴荫方. 美国高校技术转移工作的成功经验及其对我国高校的启示 [J]. 科技进步与对策 , 2004 (7) : 109–110.
[118] 周柳柳 . 技术转移的复杂性研究 [D]. 长沙 : 湖南大学 , 2015.
[119] 朱冬亮 , 文奕 , 万子琛 . 基于知识图谱的推荐系统研究综述 [J]. 数据分析与知识发现 , 2021, 5 (12) : 1–13.
[120] 朱宁宁 , 王溦溦 . 我国科技成果转化典型模式及影响因素研究 [J]. 科技与管理 , 2011, 13 (6) : 34–37.
[121] 朱田 . 从技术转移办公室到概念验证中心 : 美国大学技术转移机构的发展变迁和对比 [J]. 产业创新研究 , 2021 (18) : 51–53.
[122] 邹蔚 . 技术有效需求与供给的机理研究 [D]. 武汉 : 武汉理工大学 , 2006.
[123] 邹小伟 . 产学研结合技术转移模式与机制研究 [D]. 武汉 : 华中师范大学 , 2013.